AI / データサイエンス ライブラリ "基礎から応用へ" ④

位相的データ解析から構造発見へ

パーシステントホモロジーを中心に

池祐一・E.G. エスカラ・大林一平・鍛冶静雄 共著

サイエンス社

編 者 の 言 葉

　本ライブラリは AI/データサイエンスの基礎理論とその応用への接続について著した書籍群である．AI/データサイエンスは大量のデータから知識を獲得し，これを有効活用して価値につなげる技術である．今やビッグデータの時代における中核的な情報技術であり，その発展は目覚ましい．この事情に伴い，AI/データサイエンスに関する書物は巷に溢れている．その中には基礎，応用それぞれの書物は沢山有るが，その架け橋的な部分に重きをおいたものは少ない．実は，AI/データサイエンスを着実に身につけるには，基礎理論と応用技術をバランスよく吸収し，その「つなぎ」の感覚を磨いていくことが極めて重要なのである．こうした事情から，本ライブラリは AI/データサイエンスの基礎理論の深みを伝え，さらに応用への「架け橋」の部分を重視し，これまでにないライブラリとなることを目指して編集された．全ての分冊には「（基礎技術）から（応用技術）へ」の形式のタイトルがついている．

　ここで，基礎には様々なレベルがある．純粋数学に近い基礎（例：組合せ理論，トポロジー），応用数学としての基礎（例：情報理論，暗号理論，ネットワーク理論），機械学習理論の基礎（例：深層学習理論，異常検知理論，最適化理論）などである．本ライブラリの各分冊では，そのような様々なレベルの基礎理論を，具体的な応用につながる形で体系的にまとめて紹介している．コンパクトでありながら，理論の背景までを詳しく解説することを心掛けた．その中には，かつては応用されることが想像すらできなかった要素技術も含まれるであろう．一方で，最も基本的な要素技術としての確率，統計，線形代数，計算量理論，プログラミングについては前提知識として扱っている．

　また，応用にも様々なレベルがある．基礎に近い応用（例：機械学習，データマイニング），分野横断的な応用（例：経済学，医学，物理学），ビジネスに直結する応用（例：リスク管理，メディア処理）などである．これら応用については，基礎理論を理解してコーディングしたところで，すぐさま高い効果が得られるというものではない．応用では，分野特有の領域知識に基づいて，その価値を判断することが求められるからである．よって，基礎理論と領域知識

を融合し，真に価値ある知識を生み出すところが最も難しい．この難所を乗り越えるには，応用を念頭に基礎理論を再構成し，真に有効であった過去の先端的事例を豊富に知ることが必要である．本ライブラリの執筆陣は全て，応用に深く関わって基礎理論を構築してきた顔ぶれである．よって，応用を念頭にした，有効な基礎理論の使いどころが生々しく意識的に書かれている．そこが本ライブラリの「架け橋」的であるところの特長である．

　内容は大学学部生から研究者や社会人のプロフェッショナルまでを対象としている．これから AI やデータサイエンスの基礎や応用を学ぼうとしている人はもちろん，新しい応用分野を開拓したいと考えている人にとっても参考になることを願っている．

編者　山西健司

まえがき

　本書では位相的データ解析（Topological Data Analysis, TDA）の基礎と応用を解説する．位相的データ解析は 2000 年代初頭から発展してきた比較的新しいデータ解析手法である．原子配置のような 3 次元空間内の点群データ，画像やグラフなど多種多様なデータに対して，その「かたち」に着目する新しい特徴量抽出法をもたらした．位相的データ解析とその考え方は物質科学・機械学習などへの広い応用を生んでいる一方で，その正当性を支える基礎理論や純粋数学の研究にも寄与している．このような状況を踏まえて，本書は位相的データ解析，特にパーシステントホモロジーを中心に，その数理的基礎・アルゴリズムから様々な応用までをコンパクトに解説することを目的とする．

　本書では主に次のタイプの読者を想定した：
1. 位相的データ解析に関係する数学を学びたい人．
2. 位相的データ解析を実際に様々なデータに適用したいユーザ．

一方で，これらのタイプに限らず，なるべく多様な目的を持つ読者が興味の赴くままに読み進められるように内容の配置を心掛けた．具体的には，本書は数理的基礎・代数的構造・応用にあたっての理論・応用例からなる 4 つの章を総括的な第 1 章と第 6 章で包んだ以下のような構成になっている．第 1 章は位相的データ解析の概説であり，本書のイントロダクションの役割を担うと同時に分野全体の論説としても読める．第 2 章では，位相的データ解析における重要な道具であるパーシステントホモロジーと，その情報をエンコードするパーシステンス図を導入する．第 3 章では，さらにパーシステントホモロジーを一般化する数学的対象として，パーシステンス加群とクイバーの表現を扱う．第 4 章では，パーシステントホモロジーを応用するにあたって重要な 3 つの理論（ベクトル化・逆解析・微分可能性）について解説する．第 5 章では，点群・画像・ネットワークといった様々なデータに対する位相的データ解析の具体的な応用を紹介する．位相的データ解析の応用について興味のある読者は，第 2 章のパーシステントホモロジーの定義，あるいは第 1 章の概説の後すぐに，第 5 章の各トピックに進むという読み方も可能である．応用例に関しては，多く

の例を網羅的に羅列するよりも個々の例を詳しく説明する方がパーシステント
ホモロジーの実応用に役立つとの判断から，特定の応用分野に話を限った．最
後の第 6 章には，本書のまとめに加えて，今後の展望と文献案内を付した．位
相的データ解析の基礎理論・応用研究の入り口の一助になれば幸いである．

　本書の特色は大きく 3 つ挙げることができる．1 つ目は，パーシステントホ
モロジーの導入にあたって 2.3 節で具体的に理解しやすい生成消滅対を導入し
て，2.4 節でパーシステンス図の計算アルゴリズムを数学的に保証することで
その正当化を与えていることである．2 つ目は，最も基本的な定理である有限
複体のパーシステントホモロジーの区間加群への分解について，定理 3.1.12 で
前提知識を最小限とする初等的な証明を与えたことである．3 つ目は，第 5 章
において，具体的な応用例を筆者自身が取り組んだ研究を中心に紹介している
ことである．これらの特色は，既にパーシステントホモロジーを利用した解析
を行っていて理論面も理解したい読者，逆に理論がどのように具体的な応用に
活かされるかを知りたい読者双方に有用であろうと期待している．

　本書の執筆にあたって，浅芝秀人氏・浅野知紘氏・市原大輔氏・井元佑介氏・
金森憲太朗氏・小林健氏・杉山聡氏・竹内博志氏・多田駿介氏・千葉直也氏・
名取雅生氏・西川直輝氏・深沢尚希氏・古田幹雄氏・細野元気氏・松山伊吹氏・
八尋耕平氏・吉脇理雄氏・Frédéric Chazal 氏には様々な助言をいただいた．
落合啓之氏には原稿を通読いただき数多くの建設的な指摘や示唆を頂戴した．
Bastian Rieck 氏には 5.4.1 項の図の作成に関してご助力をいただいた．サイ
エンス社編集部の田島伸彦氏・足立豊氏には，様々なご支援をいただいた．ま
た，本 AI/データサイエンス ライブラリ "基礎から応用へ" 編者の山西健司氏
には，原稿に対して数々の有益なコメントをいただいた．ここに，著者一同深
く感謝申し上げたい．

2023 年 5 月

　　　　　　池祐一，エマソン・ガウ エスカラ，大林一平，鍛冶静雄

目　　　次

記 号 表

$\mathbb{N}$	： 0 を含む自然数全体の集合	p.19
$\mathbb{Z}$	： 整数全体の集合	p.19
$\mathbb{R}$	： 実数全体の集合	p.19
$\overline{\mathbb{R}}$	： 実数全体に無限大 $\pm\infty$ を付け加えた集合 $\mathbb{R} \cup \{\pm\infty\}$	p.19
$\mathbb{F}$	： 係数体. 本書では 2 元体 $\mathbb{F}_2$, 実数体 $\mathbb{R}$ のいずれかを指すことが多い.	
$\cong$	： 同型	p.20・定義 3.1.1
$V \oplus W$	： ベクトル空間 V と W の直和	p.20
$\mathrm{Conv}(S)$	： 集合 $S \subset \mathbb{R}^d$ の凸包	定義 2.1.2
$\#A$	： 有限集合 A の要素数	p.26
2^V	： 集合 V の部分集合全体のなす集合（V のべき集合）	p.26
$C_k(K;\mathbb{F})$	： k 次 $\mathbb{F}$ 係数チェインのなす空間	定義 2.1.12・定義 A.2.1
∂_k	： 境界準同型	定義 2.1.13・定義 A.2.1
$Z_k(K;\mathbb{F})$	： k 次 $\mathbb{F}$ 係数サイクル群	定義 2.1.15・定義 A.2.3
$B_k(K;\mathbb{F})$	： k 次 $\mathbb{F}$ 係数バウンダリ群	定義 2.1.15・定義 A.2.3
$H_n(K;\mathbb{F})$	： n 次 $\mathbb{F}$ 係数ホモロジー群	定義 2.1.15・定義 A.2.3
$\simeq$	： ホモトピックまたはホモトピー同値	p.49
$F(G)$	： グラフ G の旗複体	定義 2.2.4
d_p	： ℓ^p 距離	例 2.2.7
$B_X(x,r)$	： 距離空間 X 内の中心 x 半径 r の閉球	p.56
$\check{C}(P;r)$	： Čech 複体	定義 2.2.9
$N(F)$	： 閉集合の集合 F の脈体	定義 2.2.10
$\mathrm{VR}(Y;r)$	： Vietoris–Rips 複体	定義 2.2.14
$\alpha(P;r)$	： アルファ複体	定義 2.2.19
$\mathcal{X}(f)$	： 関数 f に関する劣位集合フィルトレーション	定義 2.2.27
$D_n(\mathcal{K}), D_n(f)$	： n 次パーシステンス図	定義 2.3.2・定義 2.3.11
$H_n(\mathcal{K}), H_n(\mathcal{X}(f))$	： n 次パーシステントホモロジー	定義 2.3.7
$M : D \leftrightarrow D'$	： D と D' の間の部分マッチング	定義 2.5.1
d_{B}	： ボトルネック距離	定義 2.5.1
$W_{p,p'}, W_p$	： ワッサースタイン距離	定義 2.5.5
$\mathbf{V}$	： パーシステンス加群 $((V_r)_{r \in R}, (V_{r,s})_{r \le s})$	定義 3.1.1
$\Phi : \mathbf{V} \to \mathbf{W}$	： パーシステンス加群の射 $(\phi_r)_{r \in R}$	定義 3.1.1
$\bigoplus_{\alpha \in A} \mathbf{V}_\alpha$	： パーシステンス加群の族 $(\mathbf{V}_\alpha)_{\alpha \in A}$ の直和	定義 3.1.5
$\mathbb{F}_I$	： 区間 I に付随する区間加群	定義 3.1.6

$\mathbf{V}[\varepsilon]$ ：　パーシステンス加群の ε シフト　　　　　　　　　　　　定義 3.1.14

d_{I} ：　インターリービング距離　　　　　　　　　　　　　　　定義 3.1.15

$A_n(\tau)$ ：　向き τ の A_n 型クイバー　　　　　　　　　　　　　定義 3.2.2

$\vec{A}_n$ ：　向きがすべて順 f である A_n 型クイバー　　　　　定義 3.2.2

$I[b,d]$ ：　区間表現　　　　　　　　　　　　　　　　　　　定理 3.2.6

$\vec{G}_{n_1,\ldots,n_d}$ ：　d 次元可換格子　　　　　　　　　　　　　　定義 3.2.11

rk_M ：　ランク不変量　　　　　　　　　　　　　　　　　p.120

$\beta_n(K;\mathbb{F})$ ：　n 次 $\mathbb{F}$ 係数ベッチ数 $\dim H_n(K;\mathbb{F})$　　　　　　p.125

$\lambda(D)\,(\lambda_k(\mathbf{V}))$ ：　$(k$ 次$)$ パーシステンスランドスケープ　　　定義 4.1.1

$\rho(D)$ ：　パーシステンス面　　　　　　　　　　　　　　　定義 4.1.3

Filt_K ：　フィルトレーションを定めるベクトルの集合　　　p.146

Pers ：　パーシステンス写像　　　　　　　　　　　　　p.147

$A^\dagger$ ：　行列 A の擬似逆行列　　　　　　　　　　　　　p.148

$\mathrm{TotPers}(D)$ ：　D の全パーシステンス　　　　　　　　　　例 4.3.4

V/W ：　ベクトル空間 V の部分空間 W による商ベクトル空間　　定義 A.1.2

位相的データ解析の概観 1

　位相的データ解析とは，トポロジーという分野で培われた発想や道具立て
をデータ解析に活かすという，実用的な面と学問的な面を両方備えた分野で
ある．本章ではその全体を俯瞰する．まず，主要な道具であるパーシステン
トホモロジーの考え方を説明し，その数理的背景を概観する．次に，パーシス
テントホモロジーが点群データ・画像データ・ネットワークデータの解析にど
う活かされるかに触れた後，解析の一般的な流れと本書の構成を対応付けて
提示する．最後にパーシステントホモロジー以外の位相的データ解析の道具
を手短に紹介する．

　データ解析の目的の 1 つとして「与えられたデータに対して，分類や性質
の記述を与えること」がある．この 1 文で「データ」を「図形」と読み替えれ
ば，まさにトポロジーの説明そのものになる．つまり，かなりの部分は似通っ
ていてお互いにアイデアを共有できる．トポロジー（特に代数的位相幾何学）
では，空間 ⇒ 代数 ⇒ 特徴量という構成が多数与えられている．データをこの
既設レールに載せてしまおうというのが，位相的データ解析の端的な戦略であ
る（図 1.8）．本書では，具体的な「レール」としてパーシステントホモロジー
を中心に取り上げ，その高い実用性を提示する．また同時に，位相的データ解
析全体に通じる俯瞰的な視点を示唆することを試みる．

1.1　データの穴：パーシステントホモロジー

　ここでは形式的な定義に入る前に，位相的データ解析の感覚的な説明を行
う．データとは多くのサンプルの集合であり，数学的な視点からはデータ解析
とは，サンプル間の類似性をもとに距離を導入したり，つながりをネットワー
クであらわしたりすることでデータ集合から構造を抽出し，その構造を要約す

る特徴量を定めることだと言える．位相的データ解析とは，データの大域的な「形」に着目する解析手法であるとよく表現されるが，より正確にはデータ集合から位相的・幾何的な構造を抽出して解析する方法論である．その概観をつかむために，本書の主役となるパーシステントホモロジーについて，データの特徴量を捉える道具としての観点から直感的に見てゆこう．

1.1.1　パーシステントホモロジーの概要

簡単なデータの例として，平面上の点からなる点群データを考えよう．図 1.1 (a) と (b) の点群データを見れば，人は直ちに塊の数の違いを認識するし，図 1.1 (c) の点群データには「2 つの輪」が見える．このように，人間はデータに「形」を見出して，それをデータの特徴と認識する．つまり，有限個の点の背後に連続的な図形があるという暗黙の仮定に基づいて，その図形の大域的な特徴を捉えることができる．しかし，実際には有限個の点の集まりでしかないものから，塊や輪の数といった特徴を合理的に推定するにはどうすればよいであろうか．1 つの方法は，図 1.2 や図 1.3 のように各データ点を中心とする適当な半径の円板の和集合を考えることだろう．人間は無意識のうちに適切なスケールを選択して，図 1.2 (b) のように「2 つの塊がある」と，図 1.3 (b) のように「輪をなしている」と認識していたことになる．このように人間が無意識にできることを発展させて，測定・観測・実験・シミュレーションによる生成などで得られるデータから，コンピュータによる計算が可能なデータ特徴量を得ることが位相的データ解析の目的である．

　与えられた点群に対して，図 1.2 や図 1.3 のような円板の和集合として空間を再構成すれば，連結成分や輪といった大域的な特徴はホモロジー群によって定式化され，実際に計算することができる（2.1 節）．しかし，空間の再構成に使う円板の半径 r をどう選択するかは自明でない．半径 r が小さすぎると和集合の空間はばらばらになり，逆に r が大きすぎるとすべてがくっついて輪が捉えられなくなってしまう．そこで r を 1 つ固定するのではなく，r を小さい値から大きい値まで動かして特徴の変化を追跡するということを考える．大きな輪は生成から消滅までの期間（r の範囲）が長く，輪とその持続時間（persistence）の双方を見ることで空間の特徴をつかむことができると期待される．この大域的特徴の変化の追跡を定式化したものがパーシステントホモ

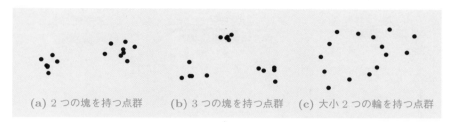

図 1.1　3 つの点群データ

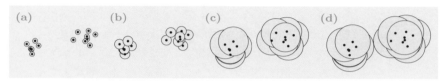

図 1.2　図 1.1 (a) の点群に対し，r を変化させながら，各データ点を中心とする半径 r の円板の和集合をとって得られる図形．

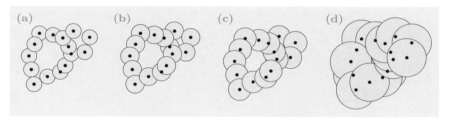

図 1.3　図 1.1 (c) の点群に対し，r を変化させながら，各データ点を中心とする半径 r の円板の和集合をとって得られる図形．

ロジーである（2.3.2 項）．

　すべての r を同時に考えるという上記のパーシステントホモロジーの情報は，あまりに複雑になってしまうように感じるかもしれない．しかし，パーシステントホモロジーはバーコードやパーシステンス図と呼ばれるコンパクトな表示に集約できる（2.3.1 項）．バーコードは，大域的特徴の各々を，それが発生した r から消滅した r までの横棒であらわしたものを並べた図である．塊に対応する 0 次のバーコードと，輪に対応する 1 次のバーコードというように，特徴の「次元」ごとに分けてバーコードを描画することができる．図 1.1 のデー

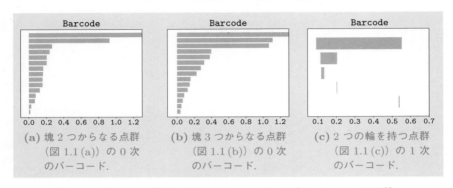

図 1.4　図 1.1 の点群に対するバーコード．0 次のバーコードは塊，
1 次のバーコードは輪に対応する．横軸を r として，1 つの
輪を 1 つの横棒であらわしている．横棒の上下の順番は意
味を持たないが，左端の r の大きさでソートしている．長
い横棒が長く持続する特徴に対応する．

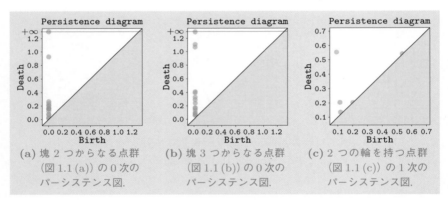

図 1.5　図 1.1 の点群に対するパーシステンス図．0 次のパーシス
テンス図は塊，1 次のパーシステンス図は輪に対応する．
対角線から遠い点が長く持続する特徴に対応する．

タに関するバーコードを図 1.4 に示す．塊 2 つからなる点群（図 1.1 (a)）の 0
次のバーコードには長い横棒が 2 本あり，塊 3 つからなる点群（図 1.1 (b)）の
0 次のバーコードには長い横棒が 3 本あるが，それぞれ塊に対応する．2 つの
輪を持つ点群（図 1.1 (c)）の 1 次のバーコードには長い横棒が 1 本，その $\frac{1}{5}$ く

らいの長さの横棒が 1 本あり，大きな輪と小さな輪が 1 つずつあることが見て
とれる．保持する情報はバーコードと同等であるが，よく使われる別の表示法
がパーシステンス図である．これはバーコードにおける横棒の代わりに，大域
的特徴が発生した r を横軸に，消滅した r を縦軸にプロットしたものである．
これも特徴の次元ごとに分けて描画することができる．図 1.1 のデータの輪に
関するパーシステンス図は図 1.5 に示されている．パーシステンス図において
は，長く継続する大域的特徴（バーコードにおける長い横棒）は対角線から遠
い点として表示される．実際，塊 2 つからなる点群の 0 次のパーシステンス図
には対角線から遠い点が 2 個，塊 3 つからなる点群の 0 次のパーシステンス図
には対角線から遠い点が 3 個，大小 2 つの輪を持つ点群の 1 次のパーシステン
ス図には対角線から遠い点が 1 個，比較的近い点が 1 個存在していることがわ
かる．このように，データからバーコードまたはパーシステンス図を計算する
ことが，現在の位相的データ解析における 1 つの中心的なアプローチである．

　パーシステントホモロジーの基本的なアイデアは，古くからデータ解析に利
用されている階層的クラスタリングとも共通する．階層的クラスタリングは，
データ間の類似度が高いものを順にグループ化していくことで，データを関係

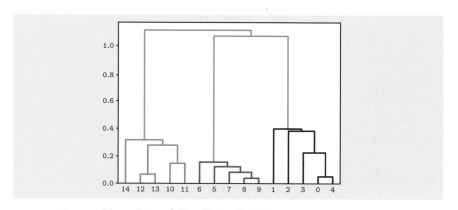

図 1.6　図 1.1 (b) の点群に対する階層的クラスタリングのデンド
　　　　ログラム．横軸がサンプル，縦軸がクラスタ距離をあらわ
　　　　す．ここでは 3 つの色に対応して 3 つのクラスタが得られ
　　　　ている．

性の高いグループ（クラスタ）に分けるクラスタリング手法の 1 つである．点
群データに適用可能なクラスタリング手法である単連結法では，最初はすべて
のサンプルが独立したクラスタであるとして，閾値 r を大きくしながら距離が
r 以下にある 2 つのクラスタを 1 つに統合することを繰り返してクラスタを形
成していく．この統合の過程はデンドログラムと呼ばれるトーナメント表のよ
うな図に集約される．たとえば，図 1.1 (b) の点群に対するデンドログラムは
図 1.6 のようになる．この手順はパーシステントホモロジーの計算をしている
とみなせる[♠1]．たとえば，図 1.4 (b) のバーコードに見られる 3 つの長い横棒
が，デンドログラムの 3 つのクラスタに対応している．

1.1.2　パーシステントホモロジーに関係する数理

　上の 1.1.1 項で述べたバーコードやパーシステンス図をコンピュータを使っ
て計算するために，セル複体とその上のフィルトレーション（2.1 節および
2.2.2 項）という，空間やデータに対する組合せ的な記述を導入する．大雑把
に言えばセル複体とは 4 面体や立方体などの単純な構成要素の貼り合わせに
よって図形を表現するものであり，フィルトレーションとはセル複体であらわ
された図形の増大列のことである．パーシステントホモロジーは一般にセル複
体上のフィルトレーションに対して定義され，パーシステンス図は行列の掃き
出し法によるアルゴリズムで計算することができる（2.4 節）．1.1.1 項で見た
ような点群データからも様々な方法でフィルトレーションを構成することがで
き（2.2.1 項），これを介することで実際の計算が可能になるのである．このセ
ル複体とフィルトレーションというデータ構造を使ってパーシステントホモロ
ジーを考えれば，点群データにとどまらず画像データ・グラフデータなど広い
データ形式に適用可能な手法となる．

　パーシステンス図の間には距離が定義され，これを用いてパーシステンス図
の近さを定量的にはかることができる（2.5.1 項）．ここで，パーシステントホ
モロジーはデータの形を抽出しているので，その出力であるパーシステンス図
は入力のノイズに対する頑健性を持つと期待される．すなわち，入力データ間
の差が小さければ，出力であるパーシステンス図の差も小さくあってほしい．

[♠1]正確には Vietoris–Rips フィルトレーションに関する 0 次のパーシステントホモロジー
に対応する．詳しくは 5.1 節を参照．

これを保証するのがパーシステンス図の安定性定理であり，パーシステンス図のボトルネック距離は入力データのある種の摂動に対して安定していることを主張する（2.5.2 項）．この安定性は位相的データ解析の出力結果の信頼性や正当性を担保するものであり，位相的データ解析の理論および応用の双方において重要な結果である．

　パーシステントホモロジーをより抽象化した概念であるパーシステンス加群（3.1 節）やクイバーの表現論によって一般化されたパーシステンス加群（3.2 節）を考えることもできる．前者ではパーシステンス図の間の距離を自然に捉えることができ，後者は時空間データ解析において「穴」の大きさだけでなく経時変化も追跡するような場面に用いることができる．

1.2　パーシステントホモロジーの応用

　データ解析におけるパーシステントホモロジーの典型な利用方法は，パーシステンス図をデータサンプルの記述子として用いることである．パーシステンス図として可視化することで比較したり，機械学習の入力として用いたりすることができる．

1.2.1　応用に有用な 3 つの理論

パーシステントホモロジーを使ってデータを解析する際には

1.　パーシステンス図を固定長ベクトルに変換する，
2.　パーシステンス図の点が元データのどの部分に対応するかを調べる，
3.　パーシステンス図の変形に合わせてデータやパラメータを変形する

といった場面が多々現れる．第 4 章ではこれらのための理論を扱う．

　パーシステンス図は 2 次元平面内のプロット図となるが（1.1.1 項），機械学習の説明変数として用いるには扱いづらい．そこで，パーシステンス図を要約する（固定されたベクトル空間の）ベクトルに変換して，それらを調べるというアプローチがよくとられる．このような変換を総称してパーシステンス図のベクトル化と呼ぶが，これによりパーシステントホモロジーを既存の機械学習手法の入力として使えるようになる．パーシステンス図のベクトル化手法としては，パーシステンスランドスケープやパーシステンスイメージといった有限次元ベクトルへの変換手法やカーネル法に基づく手法が開発されている．ま

た，近年ではベクトル化をタスクに応じて学習するデータ駆動的な手法も開発
されてきている（4.1 節）.

　可視化や変数選択により，対象とする問題に寄与すると思われるパーシステン
ス図内の点が同定できたとしよう．パーシステンス図のある点が元データ
のどこに対応するのかは，ホモロジー類の代表元を選択することで実現でき，
パーシステンス図の逆解析と呼ばれる手法が研究されている（図 1.7）.　パー
システンス図の 1 つの点に対応する「穴」の表示は 1 つには決まらないが，用途
に応じて最も良い表示を見つける問題を数理最適化として定式化して解くこと
で逆解析を行う（4.2 節）.

　データからパーシステンス図を計算するという方向とは逆に，所与の性質を
持つパーシステンス図を実現するような入力を探す問題も応用上しばしば現れ
る．たとえば，データのパーシステンス図を与えられたパーシステンス図に近
づけるようにデータを変形することで，データを生成するような場合である.
また，パーシステンス図から計算される損失関数を設計して，その最適化によ
り機械学習のモデルを学習することも考えられる．一般に，微分可能な関数は
勾配法により局所最適解を求めることができるので，入力に対してパーシステ
ンス図やその間の距離を与える関数の微分可能性を調べることがこれらの問題
への 1 つのアプローチである（4.3 節）.

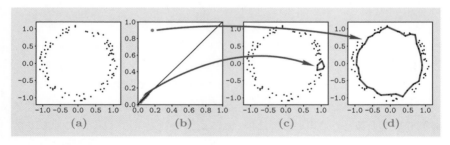

図 1.7　逆解析の具体例．(a) 入力の点群，(b) 対応する 1 次のパー
　　　　システンス図，(c) 対角線近傍の点に対応する輪，(d) 対角
　　　　線から大きく離れた点に対応する輪.

1.2.2 パーシステントホモロジーの応用例

　パーシステントホモロジーは，様々な形式のデータの解析に用いられている．ここではデータ形式ごとに代表的な応用例を挙げよう．いずれも入力データからセル複体とフィルトレーションをうまく構成して，そのパーシステンス図をデータの特徴量として利用する．パーシステントホモロジーの応用というと，これまでの例で扱ったような点群データがポピュラーであり，「点を膨らませる」という印象ばかりが先行している感がある．これは，従来の解析手法では解析しづらかった点群データが手軽に扱えるというパーシステントホモロジーの強みの一面を反映しているのだが，より一般的である手法の適用範囲を限定してしまっているきらいもある．パーシステントホモロジーが部分空間の増大列，あるいはセル複体のフィルトレーションに対して定義されるということを押さえ，広い適用範囲を持つ道具であることを伝えることも本書のねらいの1つである．

点群データ　点配置をあらわす点群からなるデータ形式への適用としては，物質科学・材料科学分野への応用が多い．たとえば，シリカガラスや金属ガラスの解析（5.2節），その他様々なガラス[1]，アモルファス的氷[2]，タンパク質の構造解析[3], [4], [5]，粉体[6], [7]，ポリマー[8], [9] などに有効に用いられている．大林らによるレビュー論文[10] にはこの他にも様々な材料科学への応用例を紹介している．基本的には複雑な3次元構造を持っている物質によく利用されている．特に原子・分子配置のように複雑な3次元ネットワーク構造を持つ物質（シリカガラス等のネットワーク形成物質など），無秩序なパッキング構造を持つ物質（粉体・金属ガラスなど）はパーシステントホモロジーによる解析と相性が良い．その他にも，ニューラルネットワークによる潜在表現の点群の解析などにも用いられるようになってきている[11], [12], [13]．

画像データ　画像データの解析には，従来よりパッチ単位で扱う畳み込みの手法がよく用いられてきた．畳み込みの処理は，テクスチャなど局所的な特徴を非常にうまく捉える一方で，近視眼的であるため，大域的な差異に鈍感である場合が多い．これは畳み込みを基本要素とする深層学習手法である畳み込みネットワークの弱点としても知られている[14]．一方で，画像の「形」を捉えるパーシステントホモロジーは，畳み込みと相補的な働き

をするものと期待される．実際，畳み込みネットワークにパーシステンス図の情報を組み込むことで性能を向上させることが可能である[15]．医用画像への応用においては，パーシステントホモロジーは診断や病変のセグメンテーションに威力を発揮する（5.3節）．深層学習と組み合わせた画像セグメンテーション手法[16] では，4.3節で扱う手法により，元画像とセグメンテーションでパーシステントホモロジーが一致するような正則化を入れてニューラルネットを学習することで，精度の向上が得られることを示している．fMRI から得られる時系列の3次元画像に対して，パーシステントホモロジーの時系列から特徴量を得るという例もある[17]．画像データそのものではなく，画像解析モデルを解析するものとして，学習された畳み込みニューラルネットワークをパーシステントホモロジーを用いて調べるといった研究もある[18]．

ネットワークデータ　ネットワーク・グラフは最も単純な単体的複体とみなせるので，そこにフィルトレーションを定めることで大域的な構造をパーシステンス図として抽出できる．こうして得られた特徴量は，グラフ分類やノード分類，グラフニューラルネットワークの表現力の向上に用いられる（5.4.1項）．また，ウィルスの遺伝的系統ネットワークにおける水平伝播と呼ばれる現象の解析にもパーシステントホモロジーを活用できる（5.4.2項）．その他にも，ニューラルネットワークをグラフとみなし，そのパーシステントホモロジーを調べることで解析する研究もある[19], [20], [21], [22]．

時系列データ　時系列データに対してパーシステントホモロジーを適用するものとして，ベクトル値時系列を並べて画像とみなす方法の他に，時系列データを時間遅延埋め込みと呼ばれる手法によってユークリッド空間の点群を対応させ，点群に対するパーシステントホモロジーを考えるという手法がある．ある仮定のもとで，Takens の定理はこの点群の「形」が元の時系列の力学的特性をあらわしていることを保証する[23]．時間遅延埋め込みとパーシステントホモロジーを用いた時系列データ解析の例として，分類や異常・変化検知などが提案されており[24], [25], [26]，金融時系列データ[27], [28]・心電図データ[29]・脳波データ[30] などに適用されている．

上記のようにパーシステントホモロジーは様々なデータ形式に応用されてい

るが，あらゆるデータやタスクに有効というわけでは当然なく，実用上は使いどころをよく検討する必要がある．パーシステントホモロジーは，従来手法で抽出された特徴量やデータ駆動的に得られる特徴量とは相補的に働く場面も多く，それらとうまく組み合わせることが重要である．

 ## 1.3 解析のフローと本書の構成

上で見た通り，パーシステントホモロジーを用いた位相的データ解析は，典型的には以下のような一連のフローとみなせる：

1. データからセル複体・フィルトレーションを構成する．
2. パーシステントホモロジーを計算してパーシステンス図を出力する．
3. パーシステンス図を特徴量として，可視化や機械学習モデルの入力とする．たとえば，直接見えないデータの特徴をパーシステンス図から探索する，ベクトル化したパーシステンス図を説明変数として分類・回帰を行う，などである．
4. 逆解析を行ってパーシステンス図からデータに対する結論を得る．

図 1.8 は，パーシステントホモロジーによる解析の流れと，関係する様々な分野や理論を，本書で取り上げないものも含めてあらわしている．

1.3.1 本書の構成とチャート

本書はこの導入に続き，数理的基礎・代数的構造・応用的基礎・実応用の 4 つのパートとまとめの章，そして付録からなる．

第 2 章では，位相的データ解析の数理的基礎について，データからその特徴量としてのパーシステンス図を計算することに主眼を置いて説明する．まず，2.1 節でセル複体のホモロジー群について述べた上で，2.2 節でデータからセル複体を構成する方法を紹介し，構成のパラメータを変化させることでセル複体の増大族であるフィルトレーションという概念が自然に得られることを述べる．2.3 節では，フィルトレーションに付随するホモロジー群の間の線形写像の族としてパーシステントホモロジーを導入して，その情報をエンコードするパーシステンス図を説明する．2.4 節では，ホモロジーとパーシステンス図の計算アルゴリズムを説明する．2.5 節では，位相的データ解析の出力であるパーシステンス図の間の距離を導入して，入力データのある種の摂動に対し

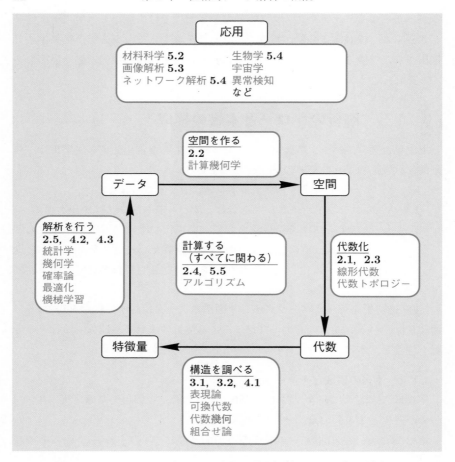

図 1.8　パーシステントホモロジーによる解析のフローと関係する
研究分野．各数字は本書の節番号をあらわす．

て，パーシステンス図がこの距離に関して安定しているという安定性定理につ
いて述べる．

　第 3 章では，前章で導入したパーシステントホモロジーについて，その代数
的構造を詳しく見る．3.1 節では，パーシステントホモロジーを代数的に抽象
化したパーシステンス加群と区間加群への分解定理，パーシステンス加群の間
のインターリービング距離を説明する．3.2 節では，一般化されたパーシステ

ンス加群を扱うアプローチの 1 つであるクイバーの表現論について説明する．特に応用上重要なジグザグパーシステンス加群とマルチパラメータパーシステンス加群を取り上げる．

第 4 章では，位相的データ解析の応用に有用な 3 つの理論を説明する．4.1 節では，様々なパーシステンス図のベクトル化手法について説明する．4.2 節では，パーシステンス図の逆解析，特に最適サイクルと体積最小サイクル（volume-optimal cycle）について解説する．4.3 節では，パーシステンス図の微分可能性に基づく点群変形やトポロジー的損失関数の最適化を説明する．

第 5 章では，位相的データ解析の実際の応用について様々な例を使って解説する．まず，5.1 節では人工のトイデータを用いて位相的データ解析の流れを説明する．点群データ解析について，物質科学・材料科学分野への応用を5.2 節で説明する．画像データについて，医用画像データの解析への応用を5.3 節で解説する．ネットワークデータの解析について，グラフ分類やウイルス解析への応用を 5.4 節で解説する．最後に，位相的データ解析の手法を実際に使う際に役立つオープンソースソフトウェア（OSS）のいくつかについて，それぞれの特徴を 5.5 節で述べる．

第 6 章では，本書のまとめと合わせて本書の出版時点における今後の研究展望と関連テーマに関する様々な文献のガイドを提示する．

付録では，第 2 章・第 3 章に関わる数学的事項と機械学習に関する補足を述べる．付録 A では，商ベクトル空間および一般の体係数での単体的ホモロジーの定義を説明する．付録 B では，主に数学分野の読者に向けて機械学習の問題設定と定式化について簡潔に説明する．付録 C では，3.1 節で主張を述べる等長定理の証明の概略を紹介する．

各節のつながりは図 1.9 に示されている．この図では比較的に，左側に基礎に関するトピック，右側に応用に関するトピックが配置されている．節に依存関係がない部分もたくさんあるので様々な読み方が可能である．たとえば，パーシステントホモロジーに関する数学的・理論的部分に興味がある読者は図1.10 (a) のような進め方で読むことができるし，点群データ解析の部分に早く到達したければ図 1.10 (b) のように読むこともできる．その際，括弧内の節は飛ばしても構わない．

節の最後に「ノート」と題されたパートが存在する箇所がある．ここでは，

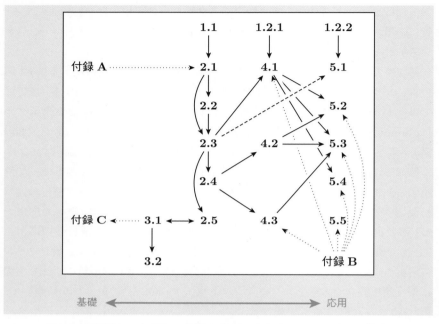

図 1.9　各節のつながり．各節の内容のまとめについては 6.1 節も
　　　　参照．

(a) 理論：　**2.1(＋ 付録 A) → 2.3 → 2.5 → 3.1 → (付録 B) → 3.2**

(b) 点群データ解析：　**1.1 → 1.2 → (4.1) → (4.2) → (5.1) → 5.2**

図 1.10　本書の読み方の例

本書では詳しく取り上げないが興味のある読者に有用と思われる情報を，文献
の紹介を中心に配した．

1.3.2　**本書で必要な知識**

大まかには前半部分と後半部分で必要な知識が異なる．

第 2 章は，おおむね学部レベルの線形代数のみで読み進められる．しかし
ながら，標準的な線形代数の講義では商ベクトル空間を扱わないことも多いの

で，付録 A に説明を付けた．本書では基本的にはデータから組合せ構造である
セル複体を作り，そこからホモロジー群を計算するという立場をとっている．
このように空間概念を表に出さず抽象的な構成を経由することによって，様々
な形式のデータに対してパーシステントホモロジーを計算できるようになると
いう利点がある．しかしながら，第 2 章の一部の説明には，位相空間の特異ホ
モロジーを使うほうがすっきりするので本書でもそれに倣った．位相空間や特
異ホモロジーになじみがない読者は，適当な「連続な空間」にもホモロジー群
が定義できると思って読み進めることができる．

　第 3 章は，パーシステントホモロジーの代数的な構造を定式化するため，対
象やその間の射・図式の可換性といった代数学の基礎的な考え方に慣れている
ほうが読みやすいであろう．

　第 4 章・第 5 章には，初歩的な数理最適化や機械学習の知識が必要な箇所が
ある．たとえば，カーネル法・ニューラルネットワーク・線形計画法・勾配最
適化などであるが，その都度最低限の説明を行った．また，機械学習の問題設
定と定式化について付録 B にまとめた．

1.4　その他の位相的データ解析の手法

　本書はパーシステントホモロジーの解説に主眼を置くが，これは位相的デー
タ解析のすべてではない．位相データ解析がどのような種類のデータを対象
に，いかなるアイデアで研究・応用されているのかについての概観を与えるた
めに，ここでその他の手法を 3 つ紹介しよう．この節はパーシステントホモロ
ジーを使った解析にある程度なじんでから振り返るほうがわかりやすかもしれ
ないため，初読の際には飛ばして差し支えない．

　点群データからグラフを構成する Mapper[31] という手法は，主に可視化に
有用である．Mapper の解析手順は以下の通りである：

1. フィルタ関数と呼ばれる関数を用いて，データを低次元空間に写像
   する．
2. 低次元空間に写像されたデータ点群の像に対して被覆を構成（オーバー
   ラップを含むように射影データを分割）し，分割されたそれぞれの射影
   データに対応する元のデータの部分データを構成する．

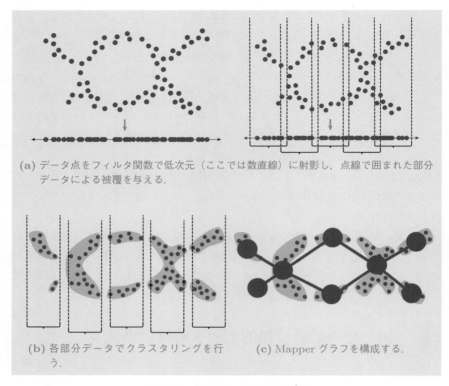

(a) データ点をフィルタ関数で低次元（ここでは数直線）に射影し，点線で囲まれた部分データによる被覆を与える．

(b) 各部分データでクラスタリングを行う．

(c) Mapper グラフを構成する．

図 1.11　Mapper アルゴリズム

3. それぞれの部分データでクラスタリングを行う．

4. 各クラスタを頂点とし，共通のデータを含むクラスタ間に辺を張ったグラフを構成する．

得られたグラフは Mapper グラフと呼ばれる．実行例は図 1.11 を参照せよ．数学的には Mapper グラフは，多様体の Reeb グラフと呼ばれるグラフ表現の離散化と思える．Mapper の応用として，たとえば，企業の「技術空間」の描写と技術開発の独自性の特徴付けを与える研究[32] がある．他に，医学[33], [34], [35], [36], [37], [38], [39]，脳科学[40]，分子生物学[41], [42], [43], [44]，化学[45], [46]，可視化[47]，深層学習[48], [49], [50] などでの応用研究がある．

先に 1.1.1 項で 0 次のパーシステンス図と階層的クラスタリングの関係につ

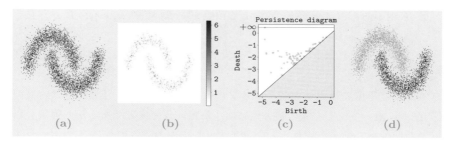

図 1.12 ToMATo アルゴリズムの適用の例. (a) クラスタリン
グする点群データ. (b) 密度推定した関数 f. (c) f の
劣位集合フィルトレーションのパーシステンス図. f の
ピーク 2 つに対応する対角線から遠い 2 つの点が見える.
(d) 2 点以外のパーシステンス図の点に対応するマージを
行って得られた最終的なクラスタリング.

いて触れたが, パーシステンス図に基づくクラスタリング手法として ToMATo
(Topological Mode Analysis Tool) アルゴリズム[51] がある. ToMATo アル
ゴリズムは次の手順により, 距離空間の点群として与えられるデータをクラス
タに分割する:

1. データからデータ点全体を頂点集合とするグラフ $G = (V, E)$ を構成
する. 指定した閾値 δ 以下の距離を持つデータ点間に辺を張る.

2. 頂点集合 V 上に「密度」をあらわす関数 f を構成する. これにはたと
えば切断ガウスカーネル (truncated Gaussian kernel) や Distance To
Measure (DTM) といった関数を用いることができる. 必要があれば負
号をとることで, f は密度が高い点で小さな値を, 密度が低い点で大きな
値をとるようにする.

3. グラフ G 上の関数 f の劣位集合フィルトレーションについて, 0 次の
パーシステンス図を計算し, その寿命の分布における大きなギャップに
着目することで閾値 r を選択する.

4. 各頂点に対して隣接する頂点で f の値が最大のものに辺をつなぐこと
で G 内の全域森 (spanning forest) を構成する.

5. 全域森中の木を初期クラスタとして, 2 つのクラスタ T, T' について,

　　T 内のある頂点 x と T' 内のある頂点 x' を結ぶ辺 $\{x, x'\} \in E$ が存在して $\max_{y \in T} f(y) \leq f(x') + r$ となるときに T と T' をマージするという手順を，それ以上マージできる組合せが存在しないようになるまで繰り返す．

基本的には密度の極大値を各クラスタの代表点とみなし，任意の点は密度の「勾配」に沿って流した先の極大値に属するという考え方であるが，閾値 r 以下の凸凹は乗り越えて流れるというイメージである．この r は f のパーシステンス図を見て，ユーザが望むクラスタ数になるように選んでもよいし，大津法[52] などで自動的に選択することもできる．たとえば図 1.12 の例では，パーシステンス図で対角線から遠い 2 つの点が 2 つのクラスタを示唆するので，それら以外がマージされるように $r = 4$ あたりに設定すればよい．

　　最後にトポロジカルフローデータ解析[53], [54], [55], [56] (Topological Flow Data Analysis, TFDA, 流線位相データ解析とも呼ばれる) についてごく簡潔に触れよう．トポロジカルフローデータ解析は，ベクトル場の流線のトポロジーを調べるための手法である．大気や気流などの流体・群衆の動きなどから得られるベクトル場に対して，特異点の関係を特徴量として抽出することで，その時間変化を記述することができる．トポロジカルフローデータ解析は，粒子の分類装置・心臓血流・気象データの解析[57] などに応用されている（図 1.13 を参照）．

用語について

　　従来の文献では persistence diagram は「パーシステント図」と呼ばれることが多いが，本書では「パーシステンス図」と英語に合わせることにした．同様に persistence module も「パーシステンス加群」と呼ぶ．一方，persistent homology は既に定着しているカタカナ表記で「パーシステントホモロジー」とした．従来の文献と本書における用語の対応を表 1.1 にまとめた．

　　ホモロジー群やサイクル群は一般には群と呼ばれる代数構造を持つが，（係数を体に限定する）本書の範囲では常にベクトル空間である．同型という語もベクトル空間としての線形同型の意味で用いる．慣例に沿って群の語を用いるが，本書の範囲では群論の知識がなくても読み進めることができる．

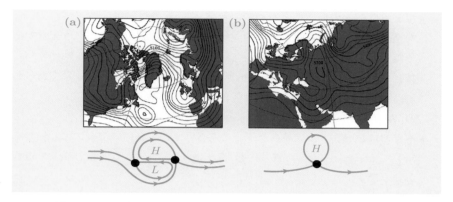

図 1.13 トポロジカルフローデータ解析による気象データの解析
の例. 論文 [57] より引用（CC-BY 4.0）.

表 1.1 用語対応

英語	従来の文献	本書
persistent homology	パーシステントホモロジー	パーシステントホモロジー
persistence diagram	パーシステント図	**パーシステンス図**
persistence module	パーシステント加群	**パーシステンス加群**

約束ごとと表記

集　合

- 本書では $\mathbb{N}$ で 0 を含む自然数全体の集合をあらわすとする. 0 を含むこと
に注意されたい. また, $\mathbb{Z}$ で整数全体の集合, $\mathbb{R}$ で実数全体の集合をあら
わす. さらに, $\overline{\mathbb{R}}$ で実数全体に無限大 $\pm\infty$ を付け加えた集合 $\mathbb{R} \cup \{\pm\infty\}$
をあらわす. 任意の実数 $x \in \mathbb{R}$ に対して, $-\infty < x < \infty$ であると約束
する.

- $:=$ は左を右で定義することを意味する. たとえば

$$A := \{a, b, c\}$$

は, A を a, b, c からなる集合として定義することを意味する.

- 数の集合 $M = \mathbb{N}, \mathbb{Z}, \mathbb{R}$ に対して, $M_{\geq a} := \{m \in M \mid m \geq a\}$ や
$M_{>a} := \{m \in M \mid m > a\}$ という表記を用いる.

- 本書では数学の慣例に合わせて，包含 $\subset$ の記号は等号 $=$ も含むとする．つまり，$\subseteq$ と同じ意味で $\subset$ を用いる．真の包含関係は $\subsetneq$ という記号であらわす．

- 集合 A に対して，id_A で A の恒等写像（identity map）$a \mapsto a$ をあらわす．誤解がない場合は恒等写像を id と書く場合もある．

ベクトル空間

- 本書では数ベクトルは縦ベクトルであらわすが，紙面の都合により転置を用いて $[x_1, \ldots, x_n]^T$ と書く．行列 A は $x \mapsto Ax$ として線形写像を定めるとみなす．

- ベクトル空間の間の線形写像 $f\colon V \to W$ が同型写像であるとは，線形写像 $g\colon W \to V$ が存在して $g \circ f = \mathrm{id}_V$ かつ $f \circ g = \mathrm{id}_W$ を満たすことをいう．このとき，写像の矢の上に $\sim$ を書いて $f\colon V \xrightarrow{\sim} W$ とも書く．同型写像 $f\colon V \to W$ が存在するとき，2 つのベクトル空間 V と W は**同型**（isomorphic）であるといい，$V \cong W$ と書く．同型の概念は，後でパーシステンス加群や表現に対しても定義される．

- 2 つのベクトル空間 V, W の**直和**（direct sum）を $V \oplus W$ とあらわす．ベクトル空間の族 $(V_\alpha)_{\alpha \in A}$ の直和は $\bigoplus_{\alpha \in A} V_\alpha$ とあらわす．また，2 つの線形写像 $f_1\colon V_1 \to W_1$, $f_2\colon V_2 \to W_2$ に対して，線形写像 $f\colon V_1 \oplus V_2 \to W_1 \oplus W_2$ を $f(v_1, v_2) = (f_1(v_1), f_2(v_2))$ で定めることができる．この線形写像 f を f_1 と f_2 の直和と呼び，$f_1 \oplus f_2$ とあらわす．より一般に，線形写像の族 $(f_\alpha\colon V_\alpha \to W_\alpha)_{\alpha \in A}$ に対して，その直和 $\bigoplus_{\alpha \in A} f_\alpha\colon \bigoplus_{\alpha \in A} V_\alpha \to \bigoplus_{\alpha \in A} W_\alpha$ が $(v_\alpha)_{\alpha \in A} \mapsto (f_\alpha(v_\alpha))_{\alpha \in A}$ により定まる．後でパーシステンス加群や表現に対しても，直和の概念が定義される．

パーシステントホモロジー 2

　本章では，位相的データ解析の中心的な道具であるパーシステントホモロジーについて説明する．まず，そのために必要なトポロジーの基本概念の準備を行う．最初に，組合せ的にトポロジーの情報を記述する道具であるセル複体について説明し，セル複体のトポロジー不変量であるホモロジー群を定義する．次に，様々なデータからセル複体を構成する方法を解説し，その構成からセル複体の増大族であるフィルトレーションが自然に現れることを見る．これらに基づいて，セル複体のフィルトレーションに対して，その特徴量としてパーシステントホモロジーを定義する．さらに，パーシステントホモロジーの情報をエンコードして図示するパーシステンス図を定義して，その計算アルゴリズムや安定性定理を説明する．

2.1　セル複体とホモロジー

　データとはコンピュータを用いて処理できるものと言ってもよいであろう．本質的に有限の情報しか扱うことのできないコンピュータであるから，トポロジーを考える際も一般の位相空間ではなく，空間のクラスを限定しなければならない．特に計算と相性の良い構造として，基本的な図形有限個からなるセル複体というクラスを考える．セル複体では位相構造が組合せ構造としてエンコードされるため，アルゴリズム的な処理が可能となる．

　この節ではまず，連結成分や輪といったトポロジー的情報を組合せ的に抽出するためにセル複体を導入して，「穴」の情報を数学的に取り出す道具であるホモロジーを定義する．ここでは単体的複体と立方体的複体とそれらのホモロジーについて説明する．本書では「**セル複体**（cell complex）」という語で単体的複体または立方体的複体をあらわす．その構成要素である単体や基本立方体のことをセルと呼ぶ．

2.1.1　単体的複体とホモロジー

単体とは 3 角形や 4 面体を一般化したものであり，それらが集まってうまく両立しているものが単体的複体である．定義のためにまずは 3 角形を考えてみよう．d 次元空間 $\mathbb{R}^d$ 内の 3 角形 σ は，3 つの頂点 $v_0, v_1, v_2 \in \mathbb{R}^d$ を使って

$$\sigma = \{t_0 v_0 + t_1 v_1 + t_2 v_2 \in \mathbb{R}^d \mid t_0, t_1, t_2 \in \mathbb{R}_{\geq 0}, t_0 + t_1 + t_2 = 1\}$$

と記述できる．逆に 3 つの点 $v_0, v_1, v_2 \in \mathbb{R}^d$ に対して上記の集合 σ を考えると，v_0, v_1, v_2 が重なっていたり直線上にあったりする場合は，σ はつぶれてしまって 3 角形にはならない．このような状態を除くには，$v_0 - v_1, v_0 - v_2$ が 1 次独立であることを仮定すればよい．4 面体については，4 つの頂点 v_0', v_1', v_2', v_3' であって 3 本のベクトル $v_0' - v_1', v_0' - v_2', v_0' - v_3'$ が 1 次独立なものをとって

$$\sigma' = \left\{\sum_{i=0}^{3} t_i v_i' \in \mathbb{R}^d \ \middle| \ t_i \in \mathbb{R}_{\geq 0}, \sum_{i=0}^{3} t_i = 1\right\}$$

を考えればよい．この条件を一般化して定義しておこう．

定義 2.1.1（一般の位置）　$k \in \mathbb{N}$ とする．$\mathbb{R}^d$ の $k+1$ 個の点 $v_0, \ldots, v_k$ に対し，k 本のベクトル

$$v_1 - v_0, v_2 - v_0, \ldots, v_k - v_0$$

が 1 次独立のとき，$v_0, \ldots, v_k$ は**一般の位置**（general position）にあるという．

　この定義は，1 つの点 v_0 を原点にしてその点から他の点 v_i（$i = 1, \ldots, k$）へ向かうベクトルが 1 次独立であることを意味している．この概念は原点の選び方に依存しないことが証明できる．定義より，$v_0, \ldots, v_k$ が一般の位置にあるとき，任意の $0 \leq j \leq k$ に対して $v_0, \ldots, v_j$ も一般の位置にある．
　上で見た 3 角形 σ は以下で定義する $\{v_0, v_1, v_2\}$ を含む最小の凸集合であり，4 面体 σ' は $\{v_0', v_1', v_2', v_3'\}$ を含む最小の凸集合である．

定義 2.1.2（凸集合・凸包）　　1.　集合 $C \subset \mathbb{R}^d$ が**凸集合**（convex set）であるとは，C の任意の 2 点に対して，その 2 点を端点とする線分がまた C に含まれることをいう．すなわち，任意の $x, x' \in C$ と任意の $t \in [0, 1]$ に対して $(1 - t)x + tx' \in C$ を満たすことである．

2. 集合 S の**凸包**（convex hull）$\mathrm{Conv}(S)$ とは，S を含む最も小さい凸集合のことである．

一般の位置にある $k+1$ 個の点 $v_0, \dots, v_k \in \mathbb{R}^d$ に対して，

$$\mathrm{Conv}(\{v_0, \dots, v_k\}) = \left\{ \sum_{i=0}^{k} t_i v_i \ \middle|\ t_i \in \mathbb{R}_{\geq 0}, \sum_{i=0}^{k} t_i = 1 \right\}$$

となることが示せる．これにより，一般の位置にある $k+1$ 個の点 $v_0, \dots, v_k \in \mathbb{R}^d$ に対する $\mathrm{Conv}(\{v_0, \dots, v_k\})$ は，上で考えた 3 角形・4 面体の一般化になっていることがわかる．そこで k 単体を次のように定義しよう．

定義 2.1.3（単体） 1. $\mathbb{R}^d$ 内の k **単体**（simplex）とは，一般の位置にある $k+1$ 個の点 $v_0, \dots, v_k$ の凸包 $\mathrm{Conv}(\{v_0, \dots, v_k\})$ のことである．このとき，点 $v_0, \dots, v_k$ を単体 $\mathrm{Conv}(\{v_0, \dots, v_k\})$ の頂点と呼ぶ．

2. 単体 $\mathrm{Conv}(\{v_0, \dots, v_k\})$ の**面**（face）とは，$\{v_0, \dots, v_k\}$ の空でない部分集合 S の凸包 $\mathrm{Conv}(S)$ のことである．

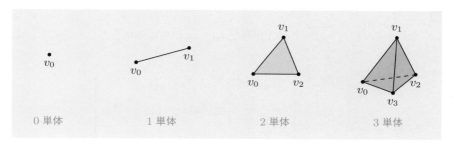

図 2.1 単体の例

例 2.1.4 1. $\mathbb{R}^d$ の点 v_0 に対して，$\mathrm{Conv}(\{v_0\}) = \{v_0\}$ である．よって，0 単体は 1 点集合である．

2. 1 単体 $\mathrm{Conv}(\{v_0, v_1\})$ は

$$\mathrm{Conv}(\{v_0, v_1\}) = \{t v_0 + (1-t) v_1 \mid 0 \leq t \leq 1\}$$

と書けるから，これは v_0, v_1 を端点とする線分（辺）$\overline{v_0 v_1}$ である．

3. 2 単体 $\mathrm{Conv}(\{v_0, v_1, v_2\})$ は 3 角形 $\triangle v_0 v_1 v_2$ である．この単体の

面は，それ自身 $\mathrm{Conv}(\{v_0, v_1, v_2\})$ と 3 つの 1 単体 $\mathrm{Conv}(\{v_0, v_1\})$,
$\mathrm{Conv}(\{v_0, v_2\}), \mathrm{Conv}(\{v_1, v_2\})$ および 3 つの 0 単体 $\{v_0\}, \{v_1\}, \{v_2\}$
である．図形的には，この単体の面はそれ自身である 3 角形 $\triangle v_0 v_1 v_2$ と
3 つの辺 $\overline{v_0 v_1}, \overline{v_0 v_2}, \overline{v_1 v_2}$ および 3 つの頂点 $\{v_0\}, \{v_1\}, \{v_2\}$ である．

4. 3 単体 $\mathrm{Conv}(\{v_0, v_1, v_2, v_3\})$ は v_0, v_1, v_2, v_3 を頂点とする 4 面体で
ある．

これらの低い次元の単体は，図 2.1 に図示されている．

単体的複体は，単体の集まりであって貼り合わされる部分も単体になってい
るという条件を満たすものである．

定義 2.1.5（**単体的複体**） $\mathbb{R}^d$ 内の単体の有限集合 K が**単体的複体**（simplicial
complex）であるとは以下の条件を満たすことをいう[♠1]：

(1) $\sigma \in K$ の任意の面は K に属する．

(2) $\sigma, \tau \in K$ の共通部分 $\sigma \cap \tau$ が空でなければ，これは σ と τ の両方の面
である．

例 2.1.6 1. 図 2.2 の状況を考えよう．このとき，K を図の左に現れる
すべての頂点・辺および 3 角形 $\triangle v_0 v_1 v_2$ からなる集合として定める．す
なわち

$$K := \left\{ \begin{array}{l} \{v_0\}, \{v_1\}, \{v_2\}, \{v_3\}, \{v_4\}, \\ \overline{v_0 v_1}, \overline{v_0 v_2}, \overline{v_1 v_2}, \overline{v_1 v_3}, \overline{v_1 v_4}, \overline{v_2 v_3}, \\ \triangle v_0 v_1 v_2 \end{array} \right\}$$

とする．このとき，K は単体的複体である．K から $\overline{v_0 v_1}$ を除いた集合
K' は単体的複体ではない．2 単体 $\triangle v_0 v_1 v_2 \in K'$ の面 $\overline{v_0 v_1}$ が K' に属
さず条件 (1) を満たさないからである．

2. 次に図 2.3 の状況を考える．このとき，

$$L := \{\{v_0\}, \{v_1\}, \{v_2\}, \{v_3\}, \overline{v_0 v_1}, \overline{v_2 v_3}\}$$

とすると，L は単体的複体ではない．L は条件 (1) を満たすが

[♠1]本書では単体の個数が有限個である単体的複体のみを扱う．

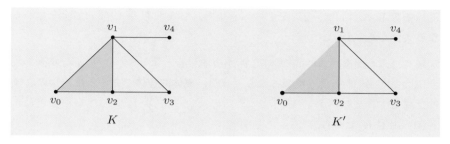

図 2.2 単体的複体になる例とならない例 1

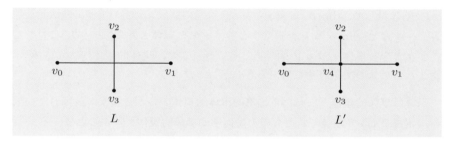

図 2.3 単体的複体になる例とならない例 2

$\overline{v_0 v_1} \cap \overline{v_2 v_3} = \{v_4\} \notin L$ なので条件 (2) を満たさないからである.

$$L' := \left\{ \begin{array}{l} \{v_0\}, \{v_1\}, \{v_2\}, \{v_3\}, \{v_4\}, \\ \overline{v_0 v_4}, \overline{v_1 v_4}, \overline{v_2 v_4}, \overline{v_3 v_4} \end{array} \right\}$$

と定めると, L' は単体的複体となる.

単体的複体では k 単体と, 頂点の $k+1$ 元部分集合が対応する. たとえば, 例 2.1.6 の K の単体は, 頂点座標に加えて集合

$$\left\{ \begin{array}{l} \{v_0\}, \{v_1\}, \{v_2\}, \{v_3\}, \{v_4\}, \\ \{v_0, v_1\}, \{v_0, v_2\}, \{v_1, v_2\}, \{v_1, v_3\}, \{v_1, v_4\}, \{v_2, v_3\}, \\ \{v_0, v_1, v_2\} \end{array} \right\}$$

で指定される. 定義 2.1.5 から座標の情報を忘れて, 単体の指定という組合せ構造のみを保持するデータ構造として, 抽象的単体的複体を以下のように定め

る．集合 V に対して，2^V でそのべき集合，すなわち V の部分集合全体から
なる集合をあらわす．

定義 2.1.7（抽象的単体的複体）　V を有限集合とする[♠2]．V の部分集合の集
合 $K \subset 2^V$ が V を頂点集合とする（有限）**単体的複体**であるとは，次の 3 条
件を満たすことをいう：

 (0)　$\emptyset \notin K$ である．

 (1)　任意の $v \in V$ に対して，$\{v\} \in K$ である．

 (2)　$\sigma \in K$ かつ $\emptyset \neq \tau \subset \sigma$ ならば $\tau \in K$ である．

$\sigma \in K$ に対して，$\dim \sigma := \#\sigma - 1$（$\#$ は元の個数）と定めて，σ の次元と呼
ぶ．$\sigma \in K$ が $\dim \sigma = k$ を満たすとき，σ を k **単体**と呼ぶ．$\sigma \in K$ に対して
$\tau \subset \sigma$ となる単体 τ は σ の**面**であるという．また，単体的複体の次元は K に
含まれる単体の次元のうち最大のものとして定める．

　以降は単体的複体といったら抽象的単体的複体のことを指す．区別したい場
合は定義 2.1.5 で定義されたものを幾何学的単体的複体と呼ぶことにする．

注意 2.1.8　条件 (0) を仮定せず，(2) を「$\tau \subset \sigma$ ならば $\tau \in K$ である」とする定義
もある．この定義では，空でない単体的複体には常に空集合が含まれ，本書で採用す
る単体的複体に空集合を加えたものが条件を満たす．

例 2.1.9　$V = \{0, 1, 2\}$ とする．

 1.　$K_0 = \{\{0\}, \{1\}, \{2\}\}$ は単体的複体である．

 2.　$K_1 = \{\{0\}, \{1\}, \{2\}, \{0,1\}, \{0,2\}, \{1,2\}\}$ は単体的複体である．

 3.　$K_2 = \{\{0\}, \{1\}, \{2\}, \{0,1\}, \{0,2\}, \{1,2\}, \{0,1,2\}\}$ は単体的複体で
ある．

 4.　$\{\{0,1,2\}\}$ は条件 (1) も (2) も満たさないので単体的複体ではない．

 5.　$\{\{0\}, \{1\}, \{2\}, \{0,1,2\}\}$ は条件 (2) を満たさないので単体的複体では
ない．

 6.　$K' = \{\{0\}, \{1\}, \{2\}, \{0,1\}\}$ は単体的複体である．

上で説明した抽象的単体的複体と幾何学的単体的複体の対応を考えれば，
K_0, K_1, K_2, K' の幾何学的な表現は図 2.4 のようになる．

 [♠2]本書では単体的複体は有限なものしか扱わないが，V が無限集合であっても有限部分集
合の集合を考えることで単体的複体を考えることができる．

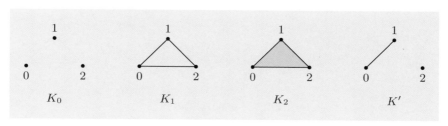

図 2.4　単体的複体の例

問題 2.1.10 【真偽】以下の命題が真の場合には証明し，偽の場合には反例または理由を挙げよ：K_1 と K_2 を単体的複体とする．

1. $K_1 \cap K_2$ は単体的複体である．
2. $K_1 \cup K_2$ は単体的複体である．

　頂点をラベル付けすることにより幾何学的単体的複体から抽象的単体的複体が得られたが，逆に抽象的単体的複体から $\mathbb{R}^N$ の部分集合である幾何学的実現を作ることができる．単体的複体とその幾何学的実現の関係は後の命題 2.1.35 で説明される．

定義 2.1.11（幾何学的実現）　K を単体的複体として，$V = \{v_1, \ldots, v_N\}$ を K の頂点集合とする．$e_1, \ldots, e_N \in \mathbb{R}^N$ を $\mathbb{R}^N$ の標準基底 $e_i = (0, \ldots, 0, \overset{i}{1}, 0, \ldots, 0)$ とする．このとき，$\sigma \in K$ に対して $\mathbb{R}^N$ の部分集合 $|\sigma|$ を $\{e_i \mid v_i \in \sigma\}$ の凸包，すなわち

$$|\sigma| := \mathrm{Conv}(\{e_i \mid v_i \in \sigma\})$$

と定める．このもとで

$$|K| := \bigcup_{\sigma \in K} |\sigma| \subset \mathbb{R}^N$$

と定めて，$|K|$ を $\mathbb{R}^N$ の部分集合とみなす．$|K|$ を単体的複体 K の**幾何学的実現**（geometric realization）と呼ぶ．

　単体的複体は上で見たように幾何的な対象を組合せ的にあらわすものであった．ここから連結成分や輪といった情報を取り出すことを考えよう．たとえ

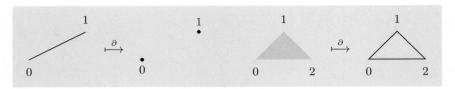

図 2.5　境界の対応の例

ば，直観的には例 2.1.9 の K_0 は連結成分が 3 個で輪は 0 個，K_1 は連結成分
が 1 個で輪も 1 個，K_2 は中が埋まっているので連結成分が 1 個で輪が 0 個と
思える．このような直観的な概念を数学的に定式化するにはどのようにすれば
よいだろうか．以下ではまず，輪を定義する方法を考察する．その考え方を拡
張することで，連結成分や輪より高次元の「穴」を統一的に定式化する概念と
して，ホモロジーが定義される．

　上の例では中を埋められない 3 角形の外周があるときには，それは非自明な
輪とみなした．そこで単体に対して境界をとる操作を定義しておくとよさそう
である．たとえば，$\{0,1\}$ は 0 と 1 を結ぶ線分 $\overline{01}$ に対応していたので境界は
端点たち $\{0\}$ と $\{1\}$ の和，$\{0,1,2\}$ は 3 角形 $\triangle012$ に対応したので境界は 3
角形の外周と定めたい（図 2.5）．ここで仮に境界を単体の合併

$$\partial_{仮}\{0,1\} = \{\{0\},\{1\}\}, \quad \partial_{仮}\{0,1,2\} = \{\{0,1\},\{0,2\},\{1,2\}\}$$

として定義してみよう．それでは図 2.6 の左に対応する単体的複体

$$K'' = \left\{ \begin{array}{l} \{0\},\{1\},\{2\},\{3\}, \\ \{0,1\},\{0,2\},\{0,3\},\{1,2\},\{1,3\},\{2,3\}, \\ \{0,1,3\},\{0,2,3\},\{1,2,3\} \end{array} \right\}$$

についてはどう考えればよいだろうか．K'' には $\{0,1,2\}$ は含まれ
ないので，3 角形 $\triangle012$ は直接埋まっているわけではない．しかし，
$\{0,1,3\},\{0,2,3\},\{1,2,3\}$ の 3 つを合わせたもので内部が埋められて
いると考えるのが自然であろう．したがって，この場合も上で見た
$\{\{0,1\},\{0,2\},\{1,2\}\}$ が境界の和として現れてほしい．しかし，上の定義
では

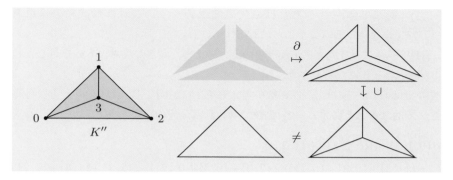

図 2.6 境界の対応を合併で考えた場合の問題点

$$\partial_{仮}\{0,1,3\} = \{\{0,1\},\{0,3\},\{1,3\}\},$$
$$\partial_{仮}\{0,2,3\} = \{\{0,2\},\{0,3\},\{2,3\}\},$$
$$\partial_{仮}\{1,2,3\} = \{\{1,2\},\{1,3\},\{2,3\}\}$$

であるから，これら 3 つの単体の境界の合併は $\{\{0,1\},\{0,2\},\{1,2\}\}$ とは異なる（図 2.6）.

上記の問題を解決するには，3 つの境界を合わせる際に余計に出てくる $\{0,3\},\{1,3\},\{2,3\}$ を何らかの意味でキャンセルさせる必要がある．このために，境界は合併ではなく単体の形式的な和として考えることにしよう．ここで形式的な和とは，単体たちを単なるシンボルとみなして，係数を掛けて和をとった

$$\alpha_{0,1}\{0,1\} + \alpha_{0,2}\{0,2\} + \alpha_{1,2}\{1,2\}$$

のような和のことであり，足し算はシンボルにかかっている係数を足し合わせることで定義される．このように形式的な和として考えておくと，同じ単体が現れても足して係数が 0 になっていればキャンセルしたと思うことができるのである．こうして境界の対応は

$$\partial\{0,1\} = \{1\} + \{0\}, \quad \partial\{0,1,2\} = \{1,2\} + \{0,2\} + \{0,1\}$$

とみなす．キャンセルの実現の仕方には次の 2 つの考え方がある．

(I)　同じ単体が 2 つあれば 0 であるとみなす．これは形式和の係数を
$\mathbb{F}_2 = \mathbb{Z}/2\mathbb{Z}$ とみなすことに対応する．

(II)　単体には「向き」が入っていると考えて，向きが反対のものを足し合わ
せたら 0 になると思う．

本書では (I) の $\mathbb{F}_2 = \mathbb{Z}/2\mathbb{Z}$ 係数の考え方を主に説明して，(II) の考え方は付録
A.2 で触れることにする．$\mathbb{F}_2$ 係数で考えれば，先の K'' の例において

$$\partial\{0,1,3\}+\partial\{0,2,3\}+\partial\{1,2,3\}$$
$$=(\{1,3\}+\{0,3\}+\{0,1\})+(\{2,3\}+\{0,3\}+\{0,2\})+(\{2,3\}+\{1,3\}+\{1,2\})$$
$$=\{1,2\}+\{0,2\}+\{0,1\}$$

と，所望の性質を満たしていることがわかる．

　上の考え方を一般の次元の単体に拡張するため，まずは単体の形式的な和全
体からなるベクトル空間を導入しよう．

定義 2.1.12（チェインの空間）　K を単体的複体とする．$k \in \mathbb{N}$ に対して，
$C_k(K;\mathbb{F}_2)$ を k 単体の集合で自由生成される $\mathbb{F}_2$ 上のベクトル空間と定める．
すなわち，

$$C_k(K;\mathbb{F}_2) := \bigoplus_{\sigma \in K, \dim \sigma = k} \mathbb{F}_2\sigma$$
$$= \{\alpha_1\sigma_1 + \cdots + \alpha_n\sigma_n \mid \alpha_i \in \mathbb{F}_2, \sigma_i \in K, \dim \sigma_i = k\}$$

と各 k 単体 σ を形式的なシンボルとみなした形式和全体の集合と定める．
$C_k(K;\mathbb{F}_2)$ の元を k 次元**チェイン**（chain）と呼ぶ．$C_{-1}(K;\mathbb{F}_2) = 0$ と約束
しておく．

　境界をとる写像はチェインの空間の間の線形写像として次のように定義すれ
ばよいことがわかる．

定義 2.1.13（境界準同型）　K を単体的複体として，$k \in \mathbb{N}_{>0}$ とする．k 単
体 $\sigma = \{v_0, v_1, \ldots, v_k\} \in K$ に対して，

$$\partial_k\sigma := \sum_{i=0}^{k}\{v_0, \ldots, \widehat{v_i}, \ldots, v_k\} \in C_{k-1}(K;\mathbb{F}_2)$$

と定める．ここで $\hat{*}$ は取り除くことを意味する．線形に拡張する[3]ことで $\mathbb{F}_2$ 上のベクトル空間の間の線形写像

$$\partial_k \colon C_k(K;\mathbb{F}_2) \to C_{k-1}(K;\mathbb{F}_2)$$

を定め，これを**境界準同型**（boundary homomorphism）と呼ぶ．$\partial_0 = 0$ と約束しておく．

1 次元チェイン $\{0,1\} + \{1,2\} + \{0,2\}$ は 3 角形の外周とみなせるが，これを輪として捉えられるような輪の定義を与えたい．まず，このチェインは境界準同型を作用させると 0 になることに注意する．実際，$\mathbb{F}_2$ 係数で考えているので

$$\begin{aligned}
&\partial_1(\{0,1\} + \{1,2\} + \{0,2\}) \\
&= (\{1\} + \{0\}) + (\{2\} + \{1\}) + (\{2\} + \{0\}) \\
&= 0
\end{aligned}$$

となっている．他にも $\{0,1\} + \{1,2\} + \{2,3\} + \{0,3\}$ も輪を成すとみなしたいが，これも境界準同型を作用させると 0 になる．そこで境界準同型を作用させると 0 になるチェイン全体が輪の候補と思えそうである．しかし，そのようなチェインすべてが輪とみなせるわけではない．実際，例 2.1.9 の K_1 には輪があるが，K_2 は 3 角形も埋まっているので輪がないと考えたいのであった．ここで，後者では先ほど考えたチェイン $\{0,1\} + \{1,2\} + \{0,2\}$ が 2 単体 $\{0,1,2\}$ の境界となっていることに着目する．

以上の考察から，輪を捉えるには「境界をとると消えているものであって何かの境界になっていないもの」を考えればよさそうである．境界準同型を使うと，「境界をとると消えているもの」は ∂_n の核 $\mathrm{Ker}\,\partial_n := \{c \in C_n(K;\mathbb{F}_2) \mid \partial_n c = 0\}$，「何かの境界になっているもの」は ∂_{n+1} の像 $\mathrm{Im}\,\partial_{n+1} := \{\partial_{n+1} c' \mid c' \in C_{n+1}(K;\mathbb{F}_2)\}$ で定式化できる．この 2 つの関係を確認するために，まずチェインの境界を 2 回続けてとると消えることを証明しよう（簡単な例は図 2.7 を参照）．

---

[3]線形写像は基底の行き先を決めるだけで一意的に定まる．このようにして線形写像を定めることを「線形に拡張する」と表現する場合がある．

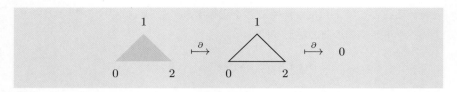

図 2.7　境界準同型によるチェインの対応

補題 2.1.14 K を単体的複体として，$k \in \mathbb{N}$ とする．このとき，$C_{k+1}(K; \mathbb{F}_2)$ から $C_{k-1}(K; \mathbb{F}_2)$ への線形写像として

$$\partial_k \circ \partial_{k+1} = 0$$

が成り立つ．

証明　$k = 0$ の場合は $\partial_0 = 0$ なので等式は成立する．$k \geq 1$ とする．線形性により，$(k+1)$ 単体 $\sigma = \{v_0, \dots, v_{k+1}\}$ に対して $\partial_k \partial_{k+1} \sigma = 0$ を示せばよい．定義から

$$
\begin{aligned}
\partial_k \partial_{k+1} \sigma &= \partial_k \left(\sum_{i=0}^{k+1} \{v_0, \dots, \widehat{v_i}, \dots, v_{k+1}\} \right) \\
&= \sum_{\substack{i,j \in \{0, \dots, k+1\}, \\ j < i}} \{v_0, \dots, \widehat{v_j}, \dots, \widehat{v_i}, \dots, v_{k+1}\} \\
&\quad + \sum_{\substack{i,j \in \{0, \dots, k+1\}, \\ j > i}} \{v_0, \dots, \widehat{v_i}, \dots, \widehat{v_j}, \dots, v_{k+1}\}
\end{aligned}
$$

が得られる．最後の式には同じ単体がちょうど 2 回ずつ出てくるので，$2 = 0 \in \mathbb{F}_2$ であることから，これは 0 となる．　　　　　　□

　上の補題は ∂_n の核と ∂_{n+1} の像の包含関係

$$\mathrm{Im}\, \partial_{n+1} \subset \mathrm{Ker}\, \partial_n$$

を意味する．

　さて，ここで「境界をとると消えているもので何かの境界になっていないもの」として，差集合 $\mathrm{Ker}\, \partial_n \setminus \mathrm{Im}\, \partial_{n+1}$ を考えるのが自然に思えるかもしれな

い．しかし，この差集合においては同じ輪が複数のチェインで表現されてしまう．たとえば，図 2.8 で示されている単体には輪は 1 つしかないが，この輪は 2 つの異なるチェイン

$$z_1 = \{0,1\} + \{1,2\} + \{0,2\},$$
$$z_2 = \{0,1\} + \{1,2\} + \{2,3\} + \{3,0\} \in \operatorname{Ker}\partial_1$$

で表現される．ここで注意したいのは，z_1 と z_2 はともに境界準同型の作用によって消えて，かつ何かの境界になっていないものである．つまり，同じ輪をあらわしている z_1 と z_2 は $\operatorname{Ker}\partial_n \setminus \operatorname{Im}\partial_{n+1}$ の異なる元である．したがって，正しく輪を数えるには z_1 と z_2 を何かの意味で同一視する必要がある．鍵になるのは，差 $z_2 - z_1 = \{2,3\} + \{3,0\} - \{0,2\} =$

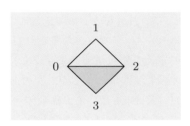

図 2.8 1つの「穴」に複数のチェインが対応している例

$\{2,3\} + \{3,0\} + \{0,2\}$ は埋まっている，すなわち $z_2 - z_1 \in \operatorname{Im}\partial_2$ となることである（$-1 = 1 \in \mathbb{F}_2$ に注意）．この考察から，輪を数学的に定式化するには核 $\operatorname{Ker}\partial_n$ を像 $\operatorname{Im}\partial_{n+1}$ で割った商ベクトル空間を考えればよさそうである．その商ベクトル空間の次元が正しい輪の数をあらわす．商ベクトル空間について詳しくは付録 A.1 を参照せよ．

定義 2.1.15（単体的ホモロジー群） K を単体的複体として，$n \in \mathbb{N}$ とする．このとき，

$$Z_n(K;\mathbb{F}_2) := \operatorname{Ker}\partial_n \subset C_n(K;\mathbb{F}_2),$$
$$B_n(K;\mathbb{F}_2) := \operatorname{Im}\partial_{n+1} \subset Z_n(K;\mathbb{F}_2),$$
$$H_n(K;\mathbb{F}_2) := Z_n(K;\mathbb{F}_2)/B_n(K;\mathbb{F}_2)$$

と定めて，$H_n(K;\mathbb{F}_2)$ を K の n 次 $\mathbb{F}_2$ 係数**ホモロジー群**（homology group）と呼ぶ[♠4]．他のホモロジー群と区別したい場合は**単体的ホモロジー群**（simplicial

---

[♠4]本書で扱うホモロジー群はすべてベクトル空間であるが，慣例に従ってホモロジー群と呼ぶ．

homology group）と呼ぶこともある．また，$Z_n(K; \mathbb{F}_2)$ を n 次**サイクル群**，
$B_n(K; \mathbb{F}_2)$ を n 次**バウンダリ群**と呼ぶ．

n 次サイクル $z \in Z_n(K; \mathbb{F}_2)$ は商ベクトル空間 $H_n(K; \mathbb{F}_2) = Z_n(K; \mathbb{F}_2)/B_n(K; \mathbb{F}_2)$ における剰余類 $[z]$ を定める．この剰余類 $[z]$ を，z が代表する n 次**ホモロジー類**（homology class）と呼ぶ．

　上では $\mathbb{F}_2$ 係数でのホモロジー群を考えたが，より一般の体 $\mathbb{F}$ 上のホモロジー群 $H_n(K; \mathbb{F})$ を考えることが有用な場合がある．これを定義するためには 30 ページで述べた考え方 (II) に従って，チェインの空間および境界準同型の定義を修正する必要がある．本書ではこれらの定義については付録 A.2 節で触れるだけにするが，次の節以降は $\mathbb{F}_2$ とは限らない体 $\mathbb{F}$ 上のホモロジー群 $H_n(K; \mathbb{F})$ も用いる．係数体 $\mathbb{F}$ を固定しているときには，しばしば $\mathbb{F}$ を省略して $C_n(K), H_n(K)$ などと書くこともある．

例 **2.1.16**　係数は $\mathbb{F}_2$ に固定する．

1. $K = \{\{a\}, \{b\}, \{c\}, \{d\}, \{a, d\}, \{b, c\}\}$ とする（図 2.9 の左）．このとき，

$$Z_0(K) = \mathbb{F}_2\{a\} \oplus \mathbb{F}_2\{b\} \oplus \mathbb{F}_2\{c\} \oplus \mathbb{F}_2\{d\},$$
$$B_0(K) = \mathbb{F}_2(\{d\} + \{a\}) \oplus \mathbb{F}_2(\{c\} + \{b\}),$$
$$Z_n(K) = 0 \quad (n \geq 1)$$

であるから，

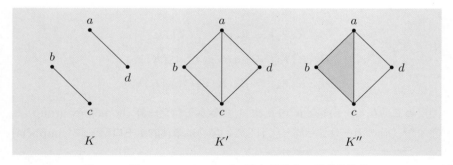

図 **2.9**　例 2.1.16 でホモロジー群を計算する単体的複体

$$H_n(K) \cong \begin{cases} (\mathbb{F}_2)^2 & (n = 0), \\ 0 & (n \geq 1) \end{cases}$$

である．ここで同型 $(\mathbb{F}_2)^2 \xrightarrow{\sim} H_0(K)$ は，たとえば

$$[1,0]^T \mapsto [\{a\}], \quad [0,1]^T \mapsto [\{b\}]$$

ととることができる．ホモロジー類としては $[\{a\}] = [\{d\}]$, $[\{b\}] = [\{c\}]$ であることに注意しよう．このホモロジー群の計算は，K の連結成分が 2 つで，輪が存在しないことを意味している．このように，ホモロジー群ではその次元が空間の特徴をあらわすので，ホモロジーを計算するといった場合は，それが $\mathbb{F}_2$ のいくつの直積と同型であるかを求めることを指すことが多い．

2. 次に $K' = K \cup \{\{a, b\}, \{a, c\}, \{c, d\}\}$ について考えよう（図 2.9 の真ん中）．このとき，

$$H_n(K') \cong \begin{cases} \mathbb{F}_2 & (n = 0), \\ (\mathbb{F}_2)^2 & (n = 1), \\ 0 & (n \geq 2) \end{cases}$$

である．実際，

$$Z_0(K') = \mathbb{F}_2\{a\} \oplus \mathbb{F}_2\{b\} \oplus \mathbb{F}_2\{c\} \oplus \mathbb{F}_2\{d\},$$

$$\begin{aligned} B_0(K') &= \mathbb{F}_2(\{b\} + \{a\}) + \mathbb{F}_2(\{c\} + \{a\}) + \mathbb{F}_2(\{d\} + \{a\}) \\ &\quad + \mathbb{F}_2(\{c\} + \{b\}) + \mathbb{F}_2(\{d\} + \{c\}) \\ &= \mathbb{F}_2(\{b\} + \{a\}) \oplus \mathbb{F}_2(\{c\} + \{a\}) \oplus \mathbb{F}_2(\{d\} + \{a\}) \end{aligned}$$

であるから，$\mathbb{F}_2 \xrightarrow{\sim} H_0(K')$, $1 \mapsto [\{a\}]$ $(= [\{b\}] = [\{c\}] = [\{d\}])$ がわかる．さらに，境界準同型 ∂_1 を計算することで

$$Z_1(K') = \left\{ \begin{array}{l} \alpha_{a,b}\{a, b\} + \alpha_{a,c}\{a, c\} \\ + \alpha_{a,d}\{a, d\} + \alpha_{b,c}\{b, c\} \\ + \alpha_{c,d}\{c, d\} \end{array} \middle| \begin{array}{l} \alpha_{*,*} \in \mathbb{F}_2, \\ \alpha_{a,b} = \alpha_{b,c}, \alpha_{a,d} = \alpha_{c,d} \\ \alpha_{a,b} + \alpha_{a,c} + \alpha_{a,d} = 0 \end{array} \right\}$$

$$= \mathbb{F}_2(\{a, c\} + \{a, d\} + \{c, d\}) \oplus \mathbb{F}_2(\{a, b\} + \{a, c\} + \{b, c\})$$

となることがわかるので，$B_1(K') = 0$ と合わせて

$$(\mathbb{F}_2)^2 \xrightarrow{\sim} H_1(K'),$$

$$\begin{cases} [1,0]^T \mapsto [\{a,c\} + \{a,d\} + \{c,d\}], \\ [0,1]^T \mapsto [\{a,b\} + \{a,c\} + \{b,c\}] \end{cases}$$

が得られる．さらに $Z_n(K') = 0$（$n \geq 2$）より，$H_n(K') = 0$（$n \geq 2$）がわかる．このホモロジー群の計算は，K' の連結成分は 1 つで，輪は $\{a,c\} + \{a,d\} + \{c,d\}$ と $\{a,b\} + \{a,c\} + \{b,c\}$ であらわされる 2 つであることを意味している．

ここで $Z_1(K')$ の基底の選び方は複数あり，$\{a,b\} + \{a,d\} + \{b,c\} + \{c,d\}$，$\{a,b\} + \{a,c\} + \{b,c\}$ の 2 つと選ぶこともできることに注意しておこう．実は状況に応じて適切な基底をとることが有用なのだが，この点については後に触れる．

3. 最後に $K'' = K' \cup \{\{a,b,c\}\}$ を考えよう（図 2.9 の右）．このとき，

$$H_n(K'') \cong \begin{cases} \mathbb{F}_2 & (n = 0, 1), \\ 0 & (n \geq 2) \end{cases}$$

である．実際，$H_0(K'')$ と $Z_1(K'')$ は 2. の K' の場合と同じであり，

$$B_1(K'') = \mathbb{F}_2 \partial_2(\{a,b,c\})$$
$$= \mathbb{F}_2(\{a,b\} + \{a,c\} + \{b,c\})$$

である．よって，同型

$$\mathbb{F}_2 \xrightarrow{\sim} H_1(K''),$$
$$1 \mapsto [\{a,c\} + \{a,d\} + \{c,d\}]$$

が成り立つ．

問題 2.1.17 以下の単体的複体 K のホモロジー群 $H_n(K; \mathbb{F}_2)$ $(n \in \mathbb{N})$ を計算せよ.

1.

$$K:$$

2.

$$K:$$

次に部分複体と包含写像によって誘導されるホモロジー群の間の写像について説明する.

定義 2.1.18（部分複体） 単体的複体 K の**部分複体**（subcomplex）とは, K の部分集合となる単体的複体 K' のことである.

例 2.1.19 例 2.1.16 において, K は K' の部分複体であり, K' は K'' の部分複体である. したがって, K は K'' の部分複体でもある.

問題 2.1.20 【真偽】 以下の命題が真の場合には証明し, 偽の場合には反例または理由を挙げよ：L は単体的複体 K の部分複体とする. $K \setminus L$（K から L の単体を取り除いたもの）は単体的複体である.

命題 2.1.21 K を単体的複体, K' をその部分複体として, 部分複体の包含写像を $\iota: K' \hookrightarrow K$ とあらわす[♠5]. このとき, 任意の $n \in \mathbb{N}$ に対して, 包含写像 ι から n 次ホモロジー群の間の標準的な線形写像

$$\iota_*: H_n(K') \to H_n(K)$$

[♠5] $\hookrightarrow$ は包含写像や単射であることを示すために使われる写像の矢印である.

が定まる.

証明　$\mathbb{F} = \mathbb{F}_2$ の場合に証明することにして, 係数 $\mathbb{F}_2$ は省略する. ここでは少し回りくどいが拡張性があるやり方で証明してみよう.

まず, 任意の $k \in \mathbb{N}$ に対して包含写像 ι は線形写像 $C_k(\iota) \colon C_k(K') \to C_k(K)$ を定めることに注意しよう. 実際, $C_k(K')$ の元は K' に属する k 単体の形式和なので, これを K に属する k 単体の形式和とみなせばよい. このとき, ∂'_k, ∂_k でそれぞれ K', K のチェインの間の境界準同型をあらわすことにすると, 任意の $k \in \mathbb{N}$ に対して $C_k(K')$ から $C_{k-1}(K)$ への写像としての等式

$$C_{k-1}(\iota) \circ \partial'_k = \partial_k \circ C_k(\iota)$$

が成り立つ[♠6]. 実際, k 単体 $\sigma = \{v_0, \ldots, v_k\} \in C_k(K')$ に対して

$$C_{k-1}(\iota)\partial'_k\sigma = \sum_{i=0}^{k}\{v_0, \ldots, \widehat{v_i}, \ldots, v_k\} = \partial_k C_k(\iota)\sigma$$

となるからである. この写像の等式が成り立つことを, 次の図式が可換であると表現することがある:

$$
\begin{array}{ccc}
C_k(K') & \xrightarrow{\ C_k(\iota)\ } & C_k(K) \\
{\scriptstyle \partial'_k}\big\downarrow & & \big\downarrow{\scriptstyle \partial_k} \\
C_{k-1}(K') & \xrightarrow[\ C_{k-1}(\iota)\ ]{} & C_{k-1}(K).
\end{array}
$$

ここで図式とは, 集合をあらわす記号とそれらの間の矢印からなる図であって, 1 つの矢印が 1 つの写像に対応するものである. 図式が可換であるとは, どの 2 つの集合に対してもそれらを始点と終点とする道で矢印を合成してできる写像が等しいことを意味する.

線形写像 $C_n(\iota)$ は $Z_n(K')$ を $Z_n(K)$ にうつす. 実際, 上で見た境界準同型との可換性により, $x \in Z_n(K')$ に対して

$$\partial_n C_n(\iota)(x) = C_{n-1}(\iota)\partial'_n(x) = 0$$

[♠6]このように境界準同型と可換になる写像の族 $(C_k(\iota))_k$ は一般にチェイン複体の間のチェイン写像と呼ばれる.

が成り立つ．また，$C_n(\iota)$ は $B_n(K')$ を $B_n(K)$ にうつす．実際，再び境界準同型との可換性を用いると，$y \in C_{n+1}(K')$ に対して

$$C_n(\iota)\partial'_{n+1}(y) = \partial_{n+1}C_{n+1}(\iota)(y) \in B_n(K)$$

が得られる．よって商ベクトル空間の性質（系 A.1.4）より，$C_n(\iota)$ は商ベクトル空間の間の線形写像

$$H_n(K') = Z_n(K')/B_n(K') \to Z_n(K)/B_n(K) = H_n(K)$$

を誘導する．これで命題が証明された． □

上の命題 2.1.21 で定まった線形写像 ι_* のことを ι から誘導される写像または**誘導写像**（induced map）と呼ぶ．誘導写像は，構成から次の 2 つの性質[7]を持つ：

(i)　恒等写像 $\mathrm{id}_K : K \to K$ に関して $(\mathrm{id}_K)_* = \mathrm{id}_{H_n(K)}$．

(ii)　$\iota' : K'' \hookrightarrow K'$ および $\iota : K' \hookrightarrow K$ を部分複体の包含写像としたとき，$H_n(K'')$ から $H_n(K)$ への線形写像として $(\iota \circ \iota')_* = \iota_* \circ \iota'_*$ が成り立つ．すなわち，次の図式が可換である：

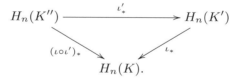

問題 2.1.22　K, L を単体的複体として，$V(K), V(L)$ をそれぞれ K, L の頂点の集合とする．写像 $f : V(K) \to V(L)$ が，任意の単体 $\sigma = \{v_0, \dots, v_k\} \in K$ に対して $\{f(v_0), \dots, f(v_k)\} \in L$ を満たすとき，K から L への**単体的写像**（simplicial map）であるという．ここで，$i \neq j$ に対して $f(v_i) = f(v_j)$ となり単体 $\{f(v_0), \dots, f(v_k)\}$ の次元が σ の次元より小さくなることもあり得ることに注意する．K から L への単体的写像 f を $f : K \to L$ と書く．

単体的写像 $f : K \to L$ に対しても，n 次ホモロジー群の間に誘導写像

$$f_* : H_n(K) \to H_n(L)$$

---

[7] 関手性と呼ばれる．

が定義できることを示せ．また 2 つの単体的写像 $f\colon K \to L$, $g\colon L \to M$ に対して，$(g \circ f)_* = g_* \circ f_*$ が成り立つことを示せ．（**ヒント**：命題 2.1.21 の証明と同様に，線形写像 $C_k(f)\colon C_k(K) \to C_k(L)$ であって境界準同型と可換になるものたちを構成する．そうすれば証明の後半は命題 2.1.21 と同様である．具体的には

$$C_k(f)(\{v_0, \ldots, v_k\}) := \begin{cases} 0 & (i \neq j \text{ が存在して } f(v_i) = f(v_j)), \\ \{f(v_0), \ldots, f(v_k)\} & (\text{それ以外}) \end{cases}$$

を線形に拡張して $C_k(f)\colon C_k(K) \to C_k(L)$ を定めれば，条件を満たすことをチェックすればよい．）

例 **2.1.23**　　1.　例 2.1.16 で見た単体的複体 K' および K'' について，包含写像 $\iota\colon K' \hookrightarrow K''$ から誘導される $\mathbb{F}_2$ 上のホモロジー群の間の写像 $\iota_*\colon H_n(K') \to H_n(K'')$ を調べてみよう（図 2.10 を参照）．例 2.1.16 での計算から，0 次ホモロジー群について

$$\mathbb{F}_2 \xrightarrow{\sim} H_0(K'), \quad 1 \mapsto [\{a\}],$$
$$\mathbb{F}_2 \xrightarrow{\sim} H_0(K''), \quad 1 \mapsto [\{a\}]$$

なる同型が得られた．包含写像は $\{a\} \in C_0(K')$ を $\{a\} \in C_0(K'')$ にうつすので，0 次ホモロジー群に誘導される写像 ι_* は恒等写像 id である．1 次ホモロジー群については，同型

$$(\mathbb{F}_2)^2 \xrightarrow{\sim} H_1(K'),$$
$$\begin{cases} [1,0]^T \mapsto [\{a,c\} + \{a,d\} + \{c,d\}], \\ [0,1]^T \mapsto [\{a,b\} + \{a,c\} + \{b,c\}] \end{cases} \tag{2.1}$$

および

$$\mathbb{F}_2 \xrightarrow{\sim} H_1(K''),$$
$$1 \mapsto [\{a,c\} + \{a,d\} + \{c,d\}] \tag{2.2}$$

が得られたのであった．これらの同型を通して線形写像 $\iota_*\colon H_1(K') \to H_1(K'')$ を行列表示すると

$$[1\ 0]\colon (\mathbb{F}_2)^2 \to \mathbb{F}_2, [x,y]^T \mapsto x$$

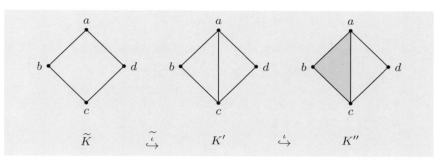

図 2.10 例 2.1.23 で誘導写像を計算する包含写像

となる. 実際, $[0,1]^T$ に対応する $[\{a,b\}+\{a,c\}+\{b,c\}]$ は $H_1(K')$ では 0 でないが $H_1(K'')$ では 0 になる. この 1 次のホモロジー類があらわす K' 内の輪は, K'' では 2 単体 $\{a,b,c\}$ により埋まってもはや輪ではなくなっている.

2. 次に K' の部分複体

$$\widetilde{K} = \{\{a\}, \{b\}, \{c\}, \{d\}, \{a,b\}, \{a,d\}, \{b,c\}, \{c,d\}\}$$

と包含写像 $\widetilde{\iota}\colon \widetilde{K} \hookrightarrow K'$ を考え, $\widetilde{\iota}$ によりホモロジー群に誘導される写像を調べる (図 2.10 を参照). 0 次ホモロジー群の間に誘導される写像 $\widetilde{\iota}_*$ については, 上と同様であるので省略する. 1 次のホモロジー群については, 同型

$$\begin{aligned}
\mathbb{F}_2 &\xrightarrow{\sim} H_1(\widetilde{K}), \\
1 &\mapsto [\{a,b\}+\{a,d\}+\{b,c\}+\{c,d\}]
\end{aligned} \tag{2.3}$$

が成り立つ. よって, 同型 (2.3) と (2.1) を通して $\widetilde{\iota}_*\colon H_1(\widetilde{K}) \to H_1(K')$ を行列表示すると

$$\begin{bmatrix} 1 \\ 1 \end{bmatrix} \colon \mathbb{F}_2 \to (\mathbb{F}_2)^2, x \mapsto [x,x]^T$$

となる.

一方で, $H_1(K') \cong (\mathbb{F}_2)^2$ の同型には

$$(\mathbb{F}_2)^2 \xrightarrow{\sim} H_1(K'),$$

$$\begin{cases} [1,0]^T \mapsto [\{a,b\} + \{a,d\} + \{b,c\} + \{c,d\}], \\ [0,1]^T \mapsto [\{a,b\} + \{a,c\} + \{b,c\}] \end{cases} \tag{2.4}$$

を選ぶことも可能である．同型 (2.3) と (2.4) を通して $\widetilde{\iota}_* \colon H_1(\widetilde{K}) \to H_1(K')$ を行列表示すると，もちろん

$$\begin{bmatrix} 1 \\ 0 \end{bmatrix} \colon \mathbb{F}_2 \to (\mathbb{F}_2)^2, x \mapsto [x,0]^T$$

となる．このように代表元のサイクルの選び方によって誘導写像の行列表示が変わることに注意しよう．$H_1(K'')$ においては

$$[\{a,b\} + \{a,c\} + \{b,c\}] = 0$$

であるから，

$$[\{a,b\} + \{a,d\} + \{b,c\} + \{c,d\}] = [\{a,c\} + \{a,d\} + \{c,d\}]$$

となる．したがって，同型 (2.4) と (2.2) を通して線形写像 $\iota_* \colon H_1(K') \to H_1(K'')$ を行列表示した場合も $[1\ 0] \colon (\mathbb{F}_2)^2 \to \mathbb{F}_2$ である．

2.1.2　立方体的複体とホモロジー

前項では単体を基礎としてホモロジー群を定義したが，4 角形・立方体・それらの高次元版を基礎にしてホモロジー群を考えることもできる．これが立方体的複体とそのホモロジー群であり，画像を扱う際などに有用である．ここでは $\mathbb{F}_2$ 係数の立方体的ホモロジー群について説明する．より一般の場合について詳しくは Kaczynski–Mischaikow–Mrozek [58] を参照してほしい．

定義 2.1.24　基本区間（elementary interval）$I \subset \mathbb{R}$ とは $j \in \mathbb{Z}$ に対して

$$I = [j, j+1] \quad \text{または} \quad \{j\} = [j] \quad (1 \text{ 点集合})$$

とあらわされるもののことである．$\mathbb{R}^d$ 内の基本立方体（elementary cube）とは基本区間の直積

$$Q = I_1 \times \cdots \times I_d$$

のことである．基本立方体 Q に対して，その次元 $\dim Q$ を

$$\dim Q := \#\{i \in \{1, \ldots, d\} \mid I_i \text{ は長さ 1 の区間}\}$$

と定める．

定義 2.1.25（立方体的複体） $\mathbb{R}^d$ 内の**立方体的複体**（cubical complex）K とは，$\mathbb{R}^d$ 内の基本立方体からなる有限集合であって次の条件を満たすものである：

(1) $Q \in K$ かつ基本立方体 P が $P \subset Q$ を満たすならば $P \in K$ である．

(2) $P, Q \in K$ ならば $P \cap Q = \emptyset$ であるかまたは $P \cap Q \in K$ である．

単体的複体は単体を基礎として考えた幾何学的対象であったが，立方体的複体は立方体を基礎とした幾何学的対象である．

例 2.1.26 次は $\mathbb{R}^2$ 内の立方体的複体の例である：

$$K = \left\{ \begin{array}{l} [0] \times [0], [0] \times [1], [1] \times [0], [1] \times [1], [2] \times [0], \\ [0,1] \times [0], [0,1] \times [1], [0] \times [0,1], [1] \times [0,1], [1,2] \times [0], \\ [0,1] \times [0,1] \end{array} \right\}.$$

この K を図示すると，図 2.11 の図形に対応する．

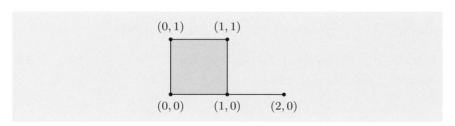

図 2.11 立方体的複体の例

定義 2.1.27（立方体的チェインの空間） 1. $C_k^{\text{cube},d}$ で $\mathbb{R}^d$ 内の k 次元基本立方体たちで自由生成される $\mathbb{F}_2$ 上のベクトル空間をあらわす．すなわち

$$C_k^{\text{cube},d} := \bigoplus_{\dim Q = k} \mathbb{F}_2 Q$$

と定める．ここで，基本立方体 Q を代数的対象とみなした形式的なシンボルを同じ記号で表記している．$C_k^{\mathrm{cube},d}$ の元を k 次元立方体的チェインと呼ぶ．立方体的チェイン $c \in C_k^{\mathrm{cube},d}$ に対しても $\dim c = k$ という記号を用いる．$C_{-1}^{\mathrm{cube},d} = 0$ と約束しておく．

2. $\mathbb{R}^d$ 内の立方体的複体 K に対して，$C_k^{\mathrm{cube}}(K)$ で $\dim Q = k$ なる $Q \in K$ たちで自由生成される $\mathbb{F}_2$ 上のベクトル空間をあらわす．すなわち

$$C_k^{\mathrm{cube}}(K) := \bigoplus_{Q \in K, \dim Q = k} \mathbb{F}_2 Q \subset C_k^{\mathrm{cube},d}$$

と定める．

$\mathbb{R}^{d_1}$ における基本立方体 Q_1 と $\mathbb{R}^{d_2}$ における基本立方体 Q_2 に対して，直積 $Q_1 \times Q_2$ は $\mathbb{R}^{d_1+d_2}$ 内の基本立方体となる．直積 $\times$ は立方体的チェインの空間の間の双線形写像 $\times : C_{k_1}^{\mathrm{cube},d_1} \times C_{k_2}^{\mathrm{cube},d_2} \to C_{k_1+k_2}^{\mathrm{cube},d_1+d_2}$ に拡張される．次に境界準同型 $\partial_k : C_k^{\mathrm{cube},d} \to C_{k-1}^{\mathrm{cube},d}$ を定めよう．まず，$\partial_0 = 0$ と約束しておく．$k \in \mathbb{N}_{>0}$ のとき，線形に拡張すればよいので，$\mathbb{R}^d$ 内の基本立方体 Q について $\partial_k Q$ を定義すればよい．まず，$d = 1$ の場合は $Q = [j]$ または $[j, j+1]$ であり，それぞれの場合で

$$\begin{cases} \partial_0 Q := 0 & (Q = [j]), \\ \partial_1 Q := [j+1] + [j] & (Q = [j, j+1]) \end{cases}$$

と定める．$d > 1$ の場合は，$\mathbb{R}$ 内の基本区間 I と $\mathbb{R}^{d-1}$ 内の基本立方体 P を用いて $Q = I \times P$, $k_1 = \dim I$, $k_2 = \dim P$ と表示して

$$\partial_{k_1+k_2} Q := (\partial_{k_1} I) \times P + I \times (\partial_{k_2} P)$$

と定める．K が立方体的複体で $Q \in K$ のとき，帰納法により $\partial_k Q$ に現れる基本立方体は Q に含まれることが示せるので，境界準同型は $\partial_k : C_k^{\mathrm{cube}}(K) \to C_{k-1}^{\mathrm{cube}}(K)$ を定めることに注意する．

例 2.1.28　$\mathbb{R}^2$ 内の立方体的チェイン $[1,2] \times [2,3]$ の境界 $\partial_2([1,2] \times [2,3])$ を計算すると

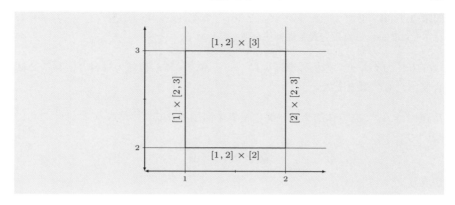

図 2.12 $[1,2] \times [2,3]$ の境界

$$\partial_2([1,2] \times [2,3]) = \partial_1([1,2]) \times [2,3] + [1,2] \times \partial_1([2,3])$$
$$= ([2] + [1]) \times [2,3] + [1,2] \times ([3] + [2])$$
$$= ([2] \times [2,3]) + ([1] \times [2,3] + ([1,2] \times [3]) + ([1,2] \times [2])$$

となる. 幾何学的には $\partial_2([1,2] \times [2,3])$ は図 2.12 のように図示できる.

$\mathbb{R}^3$ 内の立方体的チェイン $[1,2] \times [0,1] \times [2,3]$ の境界を計算すると

$$\partial_3([1,2] \times [0,1] \times [2,3]) = ([2] \times [0,1] \times [2,3]) + ([1] \times [0,1] \times [2,3])$$
$$+ ([1,2] \times [1] \times [2,3]) + ([1,2] \times [0] \times [2,3])$$
$$+ ([1,2] \times [0,1] \times [3]) + ([1,2] \times [0,1] \times [2])$$

となることがわかる. 右辺の 6 つの項は, 立方体 $[1,2] \times [0,1] \times [2,3]$ の 6 つの 2 次元の面に対応している.

立方体的チェインの境界については, 以下が成立する.

命題 2.1.29 立方体的チェイン $c_1 \in C_{k_1}^{\mathrm{cube},d_1}$, $c_2 \in C_{k_2}^{\mathrm{cube},d_2}$ に対して

$$\partial_{k_1+k_2}(c_1 \times c_2) = \partial_{k_1} c_1 \times c_2 + c_1 \times \partial_{k_2} c_2$$

が成り立つ.

命題 2.1.29 は積の微分の法則と似ており, 境界準同型の積の法則と思える.

問題 2.1.30　命題 2.1.29 を示せ．（**ヒント**：線形性から $c_1 = Q_1$，$c_2 = Q_2$ の場合に示せばよい．これは定義と帰納法を使って示せる．）

　立方体的チェインの境界準同型についても，単体的複体の場合と同様に 2 回合成したものは 0 となる．

命題 2.1.31　立方体的チェインの境界準同型 $\partial_k : C_k^{\text{cube},d} \to C_{k-1}^{\text{cube},d}$ たちについて

$$\partial_k \circ \partial_{k+1} = 0$$

が成り立つ．

証明　記号の簡単のため，添字を省略して ∂_k を単に ∂ と書く．線形性により $\mathbb{R}^d$ 内の基本立方体 Q に対して $\partial\partial Q = 0$ を示せばよい．これを帰納法により示す．まず $d=1$ のときは $\partial_0 = 0$ であるからよい．次に $d>1$ のときを考える．Q を $\mathbb{R}^d$ 内の $(k+1)$ 次元基本立方体として，$Q = I \times P$ と書く．すると，

$$\partial\partial Q = \partial(\partial I \times P + I \times \partial P)$$
$$= \partial\partial I \times P + \partial I \times \partial P + \partial I \times \partial P + I \times \partial\partial P$$

となる．ここで 2 つ目の等式で命題 2.1.29 を用いた．最後の式において帰納法の仮定より最初と最後の項は 0 であり，残った項は打ち消し合うので，結局これは 0 となる．　　　　□

定義 2.1.32（立方体的ホモロジー群）　K を $\mathbb{R}^d$ 内の立方体的複体，$n \in \mathbb{N}$ とする．このとき，

$$Z_n^{\text{cube}}(K) := \text{Ker}\,\partial_n \subset C_n^{\text{cube}}(K),$$
$$B_n^{\text{cube}}(K) := \text{Im}\,\partial_{n+1} \subset Z_n^{\text{cube}}(K),$$
$$H_n^{\text{cube}}(K) := Z_n^{\text{cube}}(K)/B_n^{\text{cube}}(K)$$

と定めて，$H_n^{\text{cube}}(K)$ を K の n 次**立方体的ホモロジー群**（cubical homology group）と呼ぶ．

問題 2.1.33 次の図：

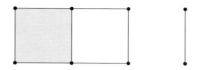

を $\mathbb{R}^2$ 内の立方体的複体 K として記述して，その立方体的ホモロジー群 $H_n^{\mathrm{cube}}(K)$ $(n \in \mathbb{N})$ を計算せよ．

一般の体 $\mathbb{F}$ に対しても，$\mathbb{F}$ 係数の立方体的ホモロジー $H_n^{\mathrm{cube}}(K;\mathbb{F})$ を定義することができる．係数体を固定しているときには，単に $H_n^{\mathrm{cube}}(K)$ と書くこともある．

立方体的複体 K の部分複体とは，K の部分集合となる立方体的複体 K' のことである．部分複体の包含写像 $\iota \colon K' \hookrightarrow K$ に対して，命題 2.1.21 と同様に，任意の $n \in \mathbb{N}$ に対して n 次立方体的ホモロジー群の間に線形写像

$$\iota_* \colon H_n^{\mathrm{cube}}(K') \to H_n^{\mathrm{cube}}(K)$$

が誘導されることがチェックできる．この誘導写像も，$(\mathrm{id}_K)_* = \mathrm{id}_{H_n^{\mathrm{cube}}(K)}$ および $(\iota \circ \iota')_* = \iota_* \circ \iota'_*$ という性質を満たす．

単体的複体と同様に，ユークリッド空間への埋め込みを仮定せず，頂点集合の部分集合族としての組合せ論的な構造のみを抽出した立方体的複体も考えられる．

定義 2.1.34（抽象的立方体的複体）　　1.　$i = 1, \ldots, d$ に対して，$I_i \subset \mathbb{R}$ は 1 点または単位閉区間 $\{0\}, \{1\}, [0,1]$ のいずれかであるとする．このとき，

$$Q = I_1 \times \cdots \times I_d \subset \mathbb{R}^d$$

を $\mathbb{R}^d$ における単位立方体と呼ぶ．また，Q に含まれる単位立方体のことを Q の面と呼ぶ．

2.　V を有限集合とする．V の部分集合の集合 $K \subset 2^V$ が V を頂点とする抽象的立方体的複体であるとは次の条件を満たすことをいう：

　　(1)　任意の $\sigma \in K$ は，ある $\mathbb{R}^d$ における単位立方体 Q の頂点集合と全単射があり，$\{\tau \in K \mid \tau \subset \sigma\}$ は Q の面の集合と全単射がある．

（$\mathbb{R}^d$ における単位立方体を持ち出しているが，この条件は純粋に組合せ論的であることに注意.）

(2)　$\sigma, \tau \in K$ ならば $\sigma \cap \tau = \emptyset$ であるかまたは $\sigma \cap \tau \in K$ である.

2.1.3　特異ホモロジー

セル複体は組合せ論的にトポロジーを扱える点で都合が良いが，一方で組合せ型が変化するような状況を扱う際には理論上不便なことがある．そこで，より柔軟な受け皿として，一般の位相空間のホモロジーについても触れておこう．位相空間になじみのない読者は $\mathbb{R}^N$ の部分集合を想定しておいて差し支えない．ここでは事実の列挙にとどめるので，詳しくは田村[59]・服部[60]・中岡[61]・枡田[62]・Hatcher[63]・河澄[64] などの教科書を参照されたい.

位相空間 X に対して，その特異チェインの空間が構成でき，特異ホモロジー群 $H_n^{\mathrm{sing}}(X)$ が定義される．位相空間の連続写像 $f\colon X \to Y$ に対して，特異ホモロジー群の間の線形写像

$$f_*\colon H_n^{\mathrm{sing}}(X) \to H_n^{\mathrm{sing}}(Y)$$

が誘導され，次の 2 つの条件（関手性）を満たす:

(i)　恒等写像 $\mathrm{id}_X\colon X \to X$ に対して $(\mathrm{id}_X)_* = \mathrm{id}_{H_n^{\mathrm{sing}}(X)}$.

(ii)　2 つの連続写像 $f\colon X \to Y, g\colon Y \to Z$ に対して $(g \circ f)_* = g_* \circ f_*$ が成り立つ．すなわち，次の図式が可換（38 ページを参照）である:

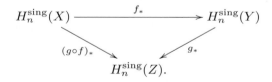

ここまでに扱ってきたホモロジーとの関係として，次の事実がある.

命題 2.1.35　K を単体的複体，$|K|$ をその幾何学的実現とする．このとき，$n \in \mathbb{N}$ に対して同型

$$H_n(K) \cong H_n^{\mathrm{sing}}(|K|)$$

が成り立つ.

立方体的複体に対しても幾何学的実現が定義され，同様の同型が成り立つ．

ホモロジーは空間を類別する特徴量であるが，正確には空間のホモトピー不変量である．ここで，2 つの位相空間がホモトピー同値であるとは，非常に大雑把には「連続的に伸ばしたり縮めたりすることでうつり合える」ということを意味する．正確には以下のように，まず写像の間にホモトピーという同値関係を定義したうえで，空間の間に定義される同値関係である．

位相空間の間の 2 つの連続写像 $f, f' \colon X \to Y$ が**ホモトピック** (homotopic) であるとは，ある連続写像 $h \colon X \times [0,1] \to Y$ が存在して $h(x,0) = f(x)$，$h(x,1) = f'(x)$ を満たすことをいう．ここで $[0,1] \subset \mathbb{R}$ は単位閉区間である．f と f' がホモトピックであることを $f \simeq f'$ とあらわす．特に，等しい写像 $f = f'$ は，$h(x,0) = f(x) = f'(x)$ と定めることでホモトピック $f \simeq f'$ であることに注意する．2 つの位相空間 X と Y が**ホモトピー同値** (homotopy equivalent) であるとは，連続写像 $f \colon X \to Y$ と $g \colon Y \to X$ が存在して $g \circ f \simeq \mathrm{id}_X$ かつ $f \circ g \simeq \mathrm{id}_Y$ を満たすことをいう．X と Y がホモトピー同値であることを $X \simeq Y$ とあらわす．

例 2.1.36 $\mathbb{R}^2$ 内の原点のみからなる部分空間 $\{O\}$ と単位閉円盤 $D^2 := \{(x_1, x_2) \in \mathbb{R}^2 \mid x_1^2 + x_2^2 \le 1\}$ はホモトピー同値であることが次のようにしてわかる（図 2.13 を参照）．包含写像 $\iota \colon \{O\} \to D^2$ と 1 点への写像 $p \colon D^2 \to \{O\}$ を考える．$p \circ \iota = \mathrm{id}_{\{O\}}$ であり，$(\iota \circ p)(x) = O \ (x \in D^2)$ となる．$h \colon D^2 \times [0,1] \to D^2$ を $h(x,t) := t \cdot x$ と定めると，任意の $x \in D^2$ に対して $h(x,0) = O$，$h(x,1) = x$ であるから，$\iota \circ p \simeq \mathrm{id}_{D^2}$ がわかる．よって，$\{O\}$ と D^2 はホモトピー同値である．

また，同様の議論で図 2.14 に示されている 3 つの円盤の和集合と 3 角形の境界はホモトピー同値であることが示せる．

位相空間 X と Y がホモトピー同値 $X \simeq Y$ であるとき，任意の $n \in \mathbb{N}$ に対して特異ホモロジー群の同型

$$H_n^{\mathrm{sing}}(X) \cong H_n^{\mathrm{sing}}(Y)$$

図 2.13　ホモトピー同値な 1 点集合と　　図 2.14　ホモトピー同値な円盤の和集
　　　　　円盤　　　　　　　　　　　　　　　　　合と 3 角形の境界

が成立する[♠8]．この事実と命題 2.1.35 より次が得られる．

系 2.1.37　単体的複体 K の幾何学的実現と位相空間 X がホモトピー同値，すなわち $|K| \simeq X$ ならば，任意の $n \in \mathbb{N}$ に対して同型 $H_n(K) \cong H_n^{\mathrm{sing}}(X)$ が成り立つ．特に，2 つの単体的複体 K, L の幾何学的実現 $|K|, |L|$ がホモトピー同値ならば，任意の $n \in \mathbb{N}$ に対して同型 $H_n(K) \cong H_n(L)$ が成り立つ．

例 2.1.38　$K = \{\{0\}\}$, $K' = \{\{0\}, \{1\}, \{2\}, \{0,1\}, \{0,2\}, \{1,2\}, \{0,1,2\}\}$ とする．$|K|$ は 1 点で $|K'|$ は 2 次元空間内の閉 3 角形であるから，例 2.1.36 の議論と同様にこれらはホモトピー同値である．実際，計算してみれば

$$H_n(K) \cong H_n(K') \cong \begin{cases} \mathbb{F}_2 & (n = 0), \\ 0 & (n \neq 0) \end{cases}$$

となっている．

　上の系は，位相空間 X の特異ホモロジーを知りたい場合，もし単体的複体 K で幾何学的実現 $|K|$ が X にホモトピー同値となるものを見つけることができれば，K の単体的ホモロジーを計算すればよいことを述べている．次の節では $\mathbb{R}^d$ 内の有限集合を中心としたある半径の閉球の和集合とホモトピー同値となる単体的複体の作り方を説明する．

　以降，位相空間 X に対しては特異ホモロジーを考えることにして，誤解の

[♠8]より強くホモトピックな 2 つの連続写像 $f \simeq f'$ に対して，$f_* = f'_*$ が成り立つ．特異ホモロジー群の同型は，この事実と関手性から従う．

ない場合 $H_n^{\mathrm{sing}}(X)$ を単に $H_n(X)$ と書く♠9.

2.2 データからセル複体を作る方法とフィルトレーション

この節では，点群や画像などのデータからセル複体を作る方法について説明する．これらの構成を考えることで，自然にセル複体の増大の様子を記述するフィルトレーション（フィルタ付きセル複体）の概念が得られることも説明する．

2.2.1 データとセル複体

ここでは様々なデータをセル複体とみなしたり，それらからセル複体を構成したりする方法について説明する．

まず単体的複体の重要な例としてグラフがある．

定義 2.2.1（グラフ・重み付きグラフ） 1. 有限**グラフ**（graph）G とは，有限集合 V および「異なる 2 つの V の元からなる集合の集合」E の組 (V, E) のことである♠10．つまり，E の元は V の異なる 2 つの元 $v, w \in V$ を用いて $\{v, w\}$ と書かれる．V の元は頂点（vertex）またはノード（node）と呼ばれ，E の元は辺（edge）と呼ばれる．本書では有限グラフを単にグラフと呼ぶ．

2. 各辺に実数が与えられているグラフのことを**重み付きグラフ**（weighted graph）と呼び，辺に対応している実数をその辺の重みと呼ぶ．すなわち，頂点の集合 V，辺の集合 E，および実数値関数 $W: E \to \mathbb{R}$ の 3 つ組 (V, E, W) が重み付きグラフである．

グラフは頂点を点，辺を頂点間を結ぶ線分として描くことで平面に視覚的・幾何学的に表示することもできる．ただし，平面への描画には辺が交差せざる

♠9位相データ解析の文脈において，特異ホモロジー以外のホモロジーを考えねばならないケースがある点には注意が必要である．たとえば，ある種の安定性の評価のためには Čech ホモロジーを用いなければならない[65]．

♠10この定義では，グラフは辺に順序がないので無向（undirected）であり，多重辺や自己ループが許されていないので単純（simple）である．区別のために無向単純グラフとも呼ぶ．頂点集合 V が無限集合となるグラフを考える場合もあるが本書では扱わない．

を得ない場合もあることを注意する♠11.

例 **2.2.2**　　1.　$V = \{a, b, c\}$, $E = \{\{a, b\}, \{a, c\}, \{b, c\}\}$ とすると，グラフ $G = (V, E)$ は図 2.15 の左のように図示される.

2.　$V' = \{a, b, c, d\}$, $E' = \{\{a, b\}, \{b, c\}, \{b, d\}\}$ とすると，グラフ $G' = (V', E')$ は図 2.15 の中央のように図示される.

3.　$V'' = \{a, b, c, d, e, f\}$, $E'' = \left\{ \begin{array}{l} \{a, b\}, \{a, c\}, \{a, d\}, \{b, c\}, \{b, d\}, \\ \{b, e\}, \{c, d\}, \{c, f\}, \{d, f\}, \{e, f\} \end{array} \right\}$
とすると，グラフ $G'' = (V'', E'')$ は図 2.15 の右のように図示される.

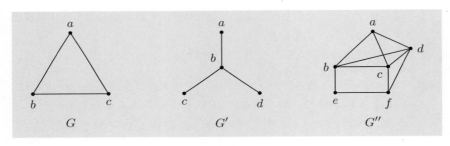

図 2.15　グラフの例

例 **2.2.3**　V を有限集合として，E を V の異なる 2 つの元からなる集合全体のなす集合とすると，$G = (V, E)$ はグラフである. これを V を頂点とする**完全グラフ**（complete graph）という.

　グラフは自然に 1 次元の単体的複体と思える. 実際，グラフ $G = (V, E)$ に対して，

$$K(G) = \{\{v\} \mid v \in V\} \cup E$$

と定めれば，$K(G)$ は 1 次元の単体的複体である. 逆に 1 次元の単体的複体は，頂点集合を V とし 1 次元の単体の集合を E とすることで，グラフ (V, E) とみなせる. 以下，グラフと 1 次元単体的複体をしばしば同一視する.

　グラフに対しては，こうして直接得られる単体的複体の他にも，旗複体という単体的複体を対応させることができる.

♠11辺が交差しないように描画できるのは平面的グラフと呼ばれる特別なグラフのみである.

定義 2.2.4（旗複体） $G = (V, E)$ をグラフとする．このとき，単体的複体 $F(G)$ を以下のように定義する．0 次元単体は V 全体として，$k \geq 1$ に対しては V の部分集合 $\sigma = \{x_0, \ldots, x_k\}$ が

$$\text{任意の } i, j \in \{0, \ldots, k\}, \ i \neq j \text{ に対して，} \{x_i, x_j\} \in E$$

を満たすとき $F(G)$ の k 次元単体であるとする．この単体的複体 $F(G)$ を G の**旗複体**（flag complex）またはクリーク複体（clique complex）と呼ぶ．明らかに $F(G)$ の 1 次元単体の集合は E である．

例 2.2.5 例 2.2.2 のグラフたちの旗複体を考えよう．

1. の G については

$$F(G) = \begin{cases} \{a\}, \{b\}, \{c\}, \\ \{a, b\}, \{a, c\}, \{b, c\}, \\ \{a, b, c\} \end{cases}$$

である．$F(G)$ の幾何学的な表現は図 2.16 の左のように図示される．

2. の G' については $F(G') = G'$ である．実際，3 個以上の頂点の集合であって任意の 2 個の部分集合が E' に含まれるものは存在しない．

3. の G'' については

$$F(G'') = \begin{cases} \{a\}, \{b\}, \{c\}, \{d\}, \{e\}, \{f\}, \\ \{a, b\}, \{a, c\}, \{a, d\}, \{b, c\}, \{b, d\}, \\ \{b, e\}, \{c, d\}, \{c, f\}, \{d, f\}, \{e, f\}, \\ \{a, b, c\}, \{a, b, d\}, \{a, c, d\}, \{b, c, d\}, \{c, d, f\}, \\ \{a, b, c, d\} \end{cases}$$

である．$F(G'')$ の幾何学的な表現は図 2.16 の右のように図示される．

次に，距離空間に関係する単体的複体を考えよう．後で拡張擬距離の概念も出てくるので，ここで距離の定義を思い出しておこう．

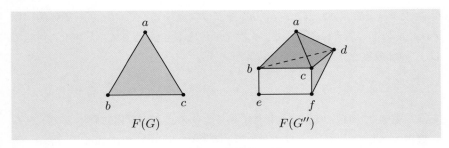

図 2.16　旗複体の例

定義 2.2.6（距離）　集合 X に対して関数 $d\colon X \times X \to \mathbb{R}_{\geq 0}$ が以下の 3 条件を満たすとき d を X 上の**距離**（metric/distance）と呼ぶ：

(1)　非退化性：任意の $x, y \in X$ に対して $d(x, y) = 0 \Leftrightarrow x = y$.

(2)　対称性：任意の $x, y \in X$ に対して $d(x, y) = d(y, x)$.

(3)　3 角不等式：任意の $x, y, z \in X$ に対して $d(x, z) \leq d(x, y) + d(y, z)$.

また，このとき組 (X, d) を**距離空間**（metric space）と呼ぶ.

　距離の定義で d のとりうる値に無限大 ∞ を許したものを拡張距離（extended metric/distance）と呼び，距離の条件 (1) を $x = y \Rightarrow d(x, y) = 0$ と変えたものを擬距離（pseudo-metric/distance）と呼ぶ.

例 2.2.7　　1.　ベクトル空間 $\mathbb{R}^d$ に対して

$$d_E(v, w) = \|v - w\| := \sqrt{\sum_{i=1}^{d} (v_i - w_i)^2},$$

$$v = (v_1, \ldots, v_d), \quad w = (w_1, \ldots, w_d)$$

により $d_E\colon \mathbb{R}^d \times \mathbb{R}^d \to \mathbb{R}_{\geq 0}$ を定めると，d_E は $\mathbb{R}^d$ 上の距離を定める. d_E を**ユークリッド距離**と呼び，距離空間 $(\mathbb{R}^d, d_E)$ を d 次元**ユークリッド空間**（Euclidean space）と呼ぶ.

　2.　より一般にベクトル空間 $\mathbb{R}^d$ と実数 $p \geq 1$ に対して

$$d_p(v, w) = \|v - w\|_p := \left(\sum_{i=1}^{d} |v_i - w_i|^p \right)^{\frac{1}{p}}$$

と定め，$p = \infty$ に対して $d_\infty(v, w) = \|v - w\|_\infty := \max_{i=1,\ldots,d} |v_i - w_i|$

と定める. すると, $p \geq 1$ または $p = \infty$ に対して, $d_p \colon \mathbb{R}^d \times \mathbb{R}^d \to \mathbb{R}_{\geq 0}$ は $\mathbb{R}^d$ 上の距離を定める. d_p を $\boldsymbol{\ell^p}$ **距離**と呼ぶ. $p = 2$ の場合がユークリッド距離である.

3. (X, d) を距離空間として, A を X の部分集合とする. このとき, $d_A \colon A \times A \to \mathbb{R}_{\geq 0}$ を d の $A \times A$ への制限として定めると, d_A は A 上の距離になることが確かめられる. d_A を誘導された距離と呼び, (A, d_A) を部分距離空間と呼ぶ. 特に, ユークリッド空間 $(\mathbb{R}^d, d_E)$ の有限部分集合 P は距離空間とみなせる.

4. 距離が与えられた有限集合を有限距離空間という. 有限集合を $X = \{x_1, \ldots, x_N\}$ とラベル付けしておけば, X 上の距離はすべての組 (x_i, x_j) に対する値 $d(x_i, x_j)$ という情報のことである. この値を要素に持つ $N \times N$ 対称行列 $(d(x_i, x_j))_{i,j=1,\ldots,N}$ を**距離行列** (distance matrix) と呼ぶ.

以降, 断らない限り $\mathbb{R}^d$ にはユークリッド距離が与えられているとして, $(\mathbb{R}^d, d_E)$ を単に $\mathbb{R}^d$ と書く. またしばしば d_E も単に d と書く.

問題 2.2.8 $G = (V, E)$ をグラフとする. $u, v \in V$ に対して, 頂点と辺を交互に並べた列 $p = (v_n, e_n, v_{n-1}, \ldots, v_2, e_2, v_1, e_1, v_0)$ が $u = v_0$, $v = v_n$, $e_i = \{v_i, v_{i-1}\}$ $(i = 1, \ldots, n)$ を満たすとき, p を u と v をつなぐ歩道 (walk) といい, p の長さ $l(p)$ を n で定める. $p = (v)$ は v と v をつなぐ長さ 0 の歩道であることに注意する.

1. 関数 $d_G \colon V \times V \to \mathbb{R}_{\geq 0} \cup \{\infty\}$ を

$$d_G(u, v) := \min\{l(p) \mid p \text{ は } u \text{ と } v \text{ をつなぐ歩道}\}$$

と定義する. ただし, u と v をつなぐ歩道が存在しないときは $d_G(u, v) = \infty$ と定義する. このとき, d_G は拡張距離であることを示せ.

2. $W \colon E \to \mathbb{R}_{>0}$ を G の辺に対する正の重みとする. 頂点 u と v をつなぐ歩道 $p = (v_n, e_n, v_{n-1}, \ldots, v_2, e_2, v_1, e_1, v_0)$ の重み付き長さを $w(p) := \sum_{i=1}^n W(e_i)$ と定め,

$$d'_G(u, v) := \min\{w(p) \mid p \text{ は } u \text{ と } v \text{ をつなぐ歩道}\}$$

と定義する. ただし, u と v をつなぐ歩道が存在しないときは $d'_G(u, v) = \infty$ と定義する. このとき, d'_G は拡張距離であることを示せ.

3. 1. と 2. において, d_G と d'_G が距離になる G の特徴を述べよ.

(X, d) を距離空間[♠12]としたとき，点 $p \in X$ と実数 $r \in \mathbb{R}$ に対して p を中心とする半径 r の閉球 $B_X(p; r)$ を

$$B_X(p; r) := \{x \in X \mid d(x, p) \le r\}$$

により定める[♠13]．$r < 0$ のときは $B_X(p; r) = \emptyset$ であることに注意しよう．

定義 2.2.9（Čech（チェック）複体）　(X, d) を距離空間として $r \in \mathbb{R}$ を固定する．X の有限部分集合 P に対して，P の部分集合 $\{x_0, \dots, x_k\}$ が

$$\bigcap_{i=0}^{k} B_X(x_i; r) \neq \emptyset$$

を満たすとき単体をなすとして，P を頂点とする単体的複体を定めることができる．これを $\check{C}(P; r)$ と書いて **Čech 複体**（Čech complex）と呼ぶ．つまり，

$$\check{C}(P; r) = \left\{ \emptyset \neq \sigma \subset P \,\middle|\, \bigcap_{x \in \sigma} B_X(x; r) \neq \emptyset \right\}$$

である．

$r \le s$ のとき，定め方から $\check{C}(P; r)$ の単体は $\check{C}(P; s)$ の単体となっているので，部分複体としての包含 $\check{C}(P; r) \subset \check{C}(P; s)$ が成り立つ．

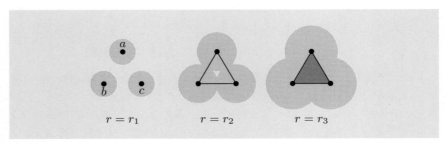

図 2.17　異なる半径 r に対する Čech 複体の例

図 2.17 の場合に Čech 複体を具体的に書きあらわすと，

[♠12]以下では距離空間についていくつかの概念を定義するが，多くはそのまま拡張距離や擬距離を備えた空間に適用できる．
[♠13]書籍によって記号 $B_X(p; r)$ で開球をあらわす場合もあるので注意せよ．

$$\check{C}(P; r_1) = \{\{a\}, \{b\}, \{c\}\}$$
$$\check{C}(P; r_2) = \{\{a\}, \{b\}, \{c\}, \{a, b\}, \{a, c\}, \{b, c\}\}$$
$$\check{C}(P; r_3) = \{\{a\}, \{b\}, \{c\}, \{a, b\}, \{a, c\}, \{b, c\}, \{a, b, c\}\}$$

となる.

$X = \mathbb{R}^d$ の場合,図 2.17 のように P の Čech 複体の幾何学的実現(定義 2.1.11)と P を中心に持つ閉球の和集合はホモトピー同値(49 ページ)になる.これを説明するため位相空間 X の閉部分集合からなる集合に対する脈体という概念を導入しておこう♠14.

定義 2.2.10(脈体) F を位相空間 X の閉部分集合からなる有限集合とする.このとき,

$$N(F) := \left\{ \emptyset \neq G \subset F \ \middle| \ \bigcap_{C \in G} C \neq \emptyset \right\}$$

と定めると,$N(F)$ は単体的複体となる.これを F の**脈体**(nerve)と呼ぶ.

例 2.2.11 P を距離空間 (X, d) の有限部分集合として $r \in \mathbb{R}$ を固定する.X の閉部分集合の有限集合 F を

$$F = \{B_X(p; r) \mid p \in P\}$$

と定めると,F の脈体 $N(F)$ は Čech 複体 $\check{C}(P; r)$ である.

脈体 $N(F)$ は単体的複体であるから,幾何学的実現 $|N(F)|$ が考えられる.この幾何学的実現 $|N(F)|$ と和集合 $\bigcup_{C \in F} C$ は,次のようにある条件下でホモトピー同値になる.

定理 2.2.12(脈体定理) F を $\mathbb{R}^d$ の凸閉部分集合からなる有限集合とする.このとき,幾何学的実現 $|N(F)|$ と和集合 $\bigcup_{C \in F} C$ の間にホモトピー同値

$$|N(F)| \simeq \bigcup_{C \in F} C$$

が成り立つ.

♠14通常,脈体は開被覆に対して定義されることが多いが,ここでは本書の目的に合わせて閉部分集合の集合に対して定義する.

系 2.2.13 P を $\mathbb{R}^d$ の有限集合として $r \in \mathbb{R}$ を固定する．このとき，Čech 複体の幾何学的実現について，ホモトピー同値

$$|\check{C}(P;r)| \simeq \bigcup_{p \in P} B_{\mathbb{R}^d}(p;r)$$

が成り立つ．特に，ホモロジー群に関して同型

$$H_n\left(\check{C}(P;r)\right) \cong H_n^{\mathrm{sing}}\left(\bigcup_{p \in P} B_{\mathbb{R}^d}(p;r)\right)$$

が成り立つ．

証明 $B_{\mathbb{R}^d}(p;r)$ は凸集合であるから，ホモトピー同値は脈体定理（定理 2.2.12）から従う．ホモロジー群に関する主張は，命題 2.1.35 と特異ホモロジー群のホモトピー不変性から従う． $\square$

定義 2.2.14（Vietoris–Rips（ヴィートリス–リップス）複体） (Y,d) を有限距離空間として $r > 0$ を固定する．Y の部分集合 $\{y_0, \ldots, y_k\}$ が

$$\text{任意の } i,j \in \{0,\ldots,k\} \text{ に対して，} d(y_i,y_j) \leq 2r$$

を満たすとき単体をなすとして，Y を頂点とする単体的複体を定めることができる[15]．この単体的複体を $\mathrm{VR}(Y;r)$ と書いて，**Vietoris–Rips 複体**（Vietoris–Rips complex）または単に Rips 複体と呼ぶ．

Vietoris–Rips 複体は旗複体とみなすこともできる．すなわち，$y_i, y_j \in Y$ に対して $d(y_i,y_j) \leq 2r$ のときに $\{y_i, y_j\} \in E$ であるとしてグラフ $G = (Y,E)$ を構成して，その旗複体 $F(G)$ を考えたものが $\mathrm{VR}(Y;r)$ に他ならない．

$r \leq s$ のとき，Čech 複体の場合と同様に部分複体としての包含 $\mathrm{VR}(Y;r) \subset \mathrm{VR}(Y;s)$ が成り立つ．

P を距離空間 (X,d) の有限部分集合として，P に誘導された距離を与える．このとき，$\mathrm{VR}(P;r)$ の定義を言い換えると，$\{x_0, \ldots, x_k\}$ が単体である条件は

---

[15] 文献によっては条件を $d(y_i,y_j) \leq r$ とする場合もあるので注意する．本書では Čech 複体との両立を重視した定義を採用した．

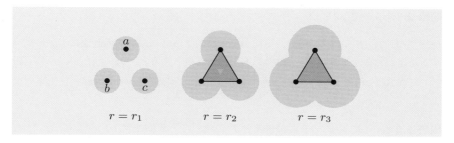

図 **2.18**　異なる半径 r に対する Vietoris–Rips 複体の例

任意の $i, j \in \{0, \ldots, k\}$ に対して，$B_X(x_i; r) \cap B_X(x_j; r) \neq \emptyset$

である．たとえば，図 2.18 の場合，Vietoris–Rips 複体を具体的に書きあらわすと，

$$\mathrm{VR}(P; r_1) = \{\{a\}, \{b\}, \{c\}\}$$

$$\mathrm{VR}(P; r_2) = \{\{a\}, \{b\}, \{c\}, \{a, b\}, \{a, c\}, \{b, c\}, \{a, b, c\}\}$$

$$\mathrm{VR}(P; r_3) = \{\{a\}, \{b\}, \{c\}, \{a, b\}, \{a, c\}, \{b, c\}, \{a, b, c\}\}$$

となる．真ん中の図において Čech 複体との差に注意せよ．上の条件より Vietoris–Rips 複体は Čech 複体の簡略版とみなすことができる．つまり，Čech 複体の計算には球の任意個の共通部分が空でないかを調べる必要があるが，Vietoris–Rips 複体の計算にはすべての 2 つの組だけを考えればよい．計算量を削減できるため，実用上は Vietoris–Rips 複体を使うことも多い．しかしながら，図 2.18 からもわかるように，Vietoris–Rips 複体の幾何学的実現は球の和集合とホモトピー同値になるとは限らない．

　上で Vietoris–Rips 複体は Čech 複体の簡略化であると述べたが，より正確には以下の命題が成り立つ．

命題 2.2.15　(X, d) を距離空間として $r \in \mathbb{R}$ を固定する．X の有限部分集合 P に対して，単体的複体の包含関係

$$\check{C}(P; r) \subset \mathrm{VR}(P; r) \subset \check{C}(P; 2r)$$

が成り立つ．

問題 2.2.16　命題 2.2.15 を示せ.

注意 2.2.17　$X = \mathbb{R}^d$ の場合, 上記の包含に関する r についての評価はもっと良くすることができる. 実際, P を $\mathbb{R}^d$ の有限部分集合とすると, $\vartheta_d = \sqrt{\frac{2d}{d+1}} \in [1, \sqrt{2})$ として $\mathrm{VR}(P; r) \subset \check{C}(P; \vartheta_d r)$ が成り立つ. 詳しくは de Silva–Ghrist[66] を参照せよ♠16.

問題 2.2.18　次の $\mathbb{R}^2$ の有限部分集合 P に対して, 球体モデル $\bigcup_{p \in P} B_{\mathbb{R}^2}(p; 1)$ を図示して $\check{C}(P; 1)$ と $\mathrm{VR}(P; 1)$ を計算せよ.

1. $P = \{(0,0), (1,0), (0,1), (1,1)\}$
2. $P = \{(0,0), (1, 1.6), (2, 0), (2, 1.6), (-1, 1.6)\}$

定義 2.2.19（アルファ複体）　P を $\mathbb{R}^d$ の有限部分集合として $r \in \mathbb{R}$ を固定する. このとき $p \in P$ に対して, p の P 内のボロノイ領域（Voronoi region）を

$$V_p := \{x \in \mathbb{R}^d \mid d(p, x) \le d(p', x) \ (p \ne \forall p' \in P)\}$$

と定める. さらに

$$W(p; r) := B_{\mathbb{R}^d}(p; r) \cap V_p, \quad F(P; r) := \{W(p; r)\}_{p \in P}$$

として, $F(P; r)$ の脈体を $\alpha(P; r) := N(F(P; r))$ と定める. この単体的複体 $\alpha(P; r)$ を**アルファ複体**（alpha complex）と呼ぶ.

上の定義で, 各 $W(p; r)$ は凸集合であるから, 脈体定理（定理 2.2.12）より幾何学的実現 $|\alpha(P; r)|$ と $\bigcup_{p \in P} W(p; r) = \bigcup_{p \in P} B_{\mathbb{R}^d}(p; r)$ はホモトピー同値になる. さらに, P のどの $(d+2)$ 個の点も 1 つの $(d-1)$ 次元球面に乗らない, すなわち, それらから等距離にある点が存在しないと仮定すると, アルファ複体 $\alpha(P; r)$ には d 次元

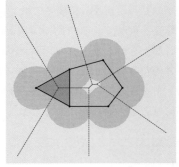

図 2.19　アルファ複体の例

♠16本書の Vietoris–Rips 複体の定義は, 論文 [66] での定義と r が 2 倍ずれていることに注意.

以下の単体しか現れない．これは Čech 複体や Vietoris–Rips 複体とは異なる点である．計算機でアルファ複体を計算するアルゴリズムには，この等距離点の不存在条件に加えて点群 P が**一般の位置**にある，つまり P の任意の $d+1$ 点部分集合が定義 2.1.1 の意味で一般の位置にあることを要請するものが多い．そのため計算前に点の位置に微小なノイズをのせる等の処理が必要な場合がある．

2.2.2 フィルトレーション

上の 2.2.1 項で取り上げた構成では，半径 r のように実数パラメータがあり，それに応じて異なるセル複体が得られる．1 つの r を選択して解析をするのではなく，実数で添字付けられた複体の族[17]に対して特徴量を出そうというのがパーシステントホモロジーのアイデアである．多くの場合は，パラメータに対してセル複体は増大列をなし，このような複体の増大列をフィルトレーションという．セル複体の増大列があれば，各セルに対してそれが初めて出現する添字を対応させることで，セルの集合から実数への関数が得られる．逆に，セル複体の各セルに実数を与えて r 以下の値を持つセル全体のなす部分集合を考えることで部分複体の増大列を得たいが，それにはこの部分集合が部分複体をなすという条件が必要である．

定義 2.2.20（フィルトレーション） K をセル複体とする．このとき，K の**フィルトレーション**（filtration）とは，各セルに実数を対応させる関数 $\Phi: K \to \mathbb{R}$ であって $\tau \subset \sigma$ ならば $\Phi(\tau) \leq \Phi(\sigma)$ を満たすものである．セル複体 K と K のフィルトレーション Φ の組 (K, Φ) を**フィルタ付きセル複体**（filtered cell complex）と呼ぶ．

セル複体 K のフィルトレーション Φ が与えられたとき，各 $r \in \mathbb{R}$ に対して

$$K_r := \{\sigma \in K \mid \Phi(\sigma) \leq r\}$$

と定める．すると，各 K_r は K の部分複体であり，族 $\mathcal{K} = (K_r)_{r \in \mathbb{R}}$ は

(1) $K_r \subset K_s \ (r \leq s)$,

(2) $\bigcup_{r \in \mathbb{R}} K_r = K$

の 2 条件を満たす．このようにして得られた部分複体の増大族 $\mathcal{K} = (K_r)_{r \in \mathbb{R}}$

---

[17]添字付けられた同種のものの集まりを「族」という．

も K のフィルトレーションと呼ぶ．有限セル複体のフィルトレーション Φ がとりうる値は有限個なので，Φ の像である有限集合を R として，R での部分複体 K_r $(r \in R)$ を表示するだけでフィルトレーションが決定される．すなわち，Φ のとりうる値を小さいほうから並べたものを $\{r_0, \ldots, r_N\}$ とすると，

(1) $s < r_0$ ならば $K_s = \emptyset$,

(2) $r_i \leq s < r_{i+1}$ ならば $K_{r_i} = K_s \subsetneq K_{r_{i+1}}$,

(3) $r_N \leq s$ ならば $K_{r_N} = K_s$

が成立するので，有限添字の増大列

$$\mathcal{K} : K_{r_0} \subsetneq K_{r_1} \subsetneq \cdots \subsetneq K_{r_N} = K \tag{2.5}$$

にフィルトレーションのすべての情報が含まれている．逆に，$\mathbb{R}$ の有限部分集合 $R = \{r_0, r_1, \ldots, r_N\}$（$r_0 < r_1 < \cdots < r_N$）で添字付けられた K の部分複体の増大列 (2.5) が与えられたとき，

$$\Phi(\sigma) := \min\{r \in R \mid \sigma \in K_r\}$$

と定めると，関数 $\Phi \colon K \to \mathbb{R}$ は K のフィルトレーションである．以下ではフィルトレーションを定めるのに，$\mathbb{R}$ の有限部分集合で添字付けられた部分複体の増大族だけを表示して $\mathcal{K} = (K_r)_{r \in R}$ と書く場合もある．

例 **2.2.21**　単体的複体

$$K = \left\{ \begin{array}{l} \{a\}, \{b\}, \{c\}, \{d\}, \\ \{a,b\}, \{a,c\}, \{a,d\}, \{b,c\}, \{c,d\}, \\ \{a,b,c\}, \{a,c,d\} \end{array} \right\}$$

を考える．$R = \{0, 1, 2, 3, 4, 5\}$ として

$$K_0 = \{\{a\}, \{d\}, \{a,d\}\},$$
$$K_1 = K_0 \cup \{\{b\}, \{c\}, \{b,c\}\},$$
$$K_2 = K_1 \cup \{\{a,b\}, \{c,d\}\},$$
$$K_3 = K_2 \cup \{\{a,c\}\},$$
$$K_4 = K_3 \cup \{\{a,b,c\}\},$$
$$K_5 = K_4 \cup \{\{a,c,d\}\}$$

と定めると，$\mathcal{K} = (K_r)_{r \in R}$ は K のフィルトレーションである[18]．フィルトレーション $(K_r)_{r \in R}$ の幾何的な表現は図 2.20 のようになる．

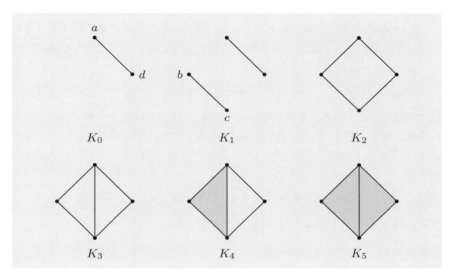

図 2.20　単体的複体のフィルトレーションの例

例 2.2.22　非負の重み[19]を持つ重み付きグラフ $(V, E, W), W: E \to \mathbb{R}_{\geq 0}$ が与えられたとき，重みに応じて増大していく部分グラフを考えることができる．つまり $r \in \mathbb{R}$ に対して

$$V_r := \begin{cases} \emptyset & (r < 0), \\ V & (r \geq 0), \end{cases}$$

$$E_r := \{e \in E \mid W(e) \leq r\}$$

と定めると，$G_r = (V_r, E_r)$ は G の部分グラフであって r に関して単調に増大する．これはグラフを 1 次元単体的複体とみなした際のフィルトレーションである．

---

[18]例 2.1.16 および例 2.1.23 の単体的複体とは $K_1 = K$, $K_2 = \widetilde{K}$, $K_3 = K'$, $K_4 = K''$ の関係にある．

[19]重みに一斉に定数を足すことで常にこの条件を満たすようにできる．

例 **2.2.23**　　1.　(X, d) を距離空間，P を X の有限部分集合としたとき，Čech 複体の族 $\check{\mathcal{C}}(P) = (\check{C}(P; r))_{r \in \mathbb{R}}$ はフィルトレーションとなる．これを Čech フィルトレーションと呼ぶ．

2.　(Y, d) を有限距離空間としたとき，Vietoris–Rips 複体の族 $\mathcal{VR}(Y) = (\mathrm{VR}(Y; r))_{r \in \mathbb{R}}$ はフィルトレーションを定める．これを Vietoris–Rips フィルトレーションと呼ぶ．

3.　上と同様にアルファ複体の族はアルファフィルトレーションを定める．

例 **2.2.24**　非負の重みを持つ重み付きグラフ $(V, E, W), W \colon E \to \mathbb{R}_{\geq 0}$ が与えられたとき，グラフ $G = (V, E)$ の旗複体 $F(G)$ にフィルトレーションが次のように入る：任意の頂点 $v \in V$ に対して，$\Phi(\{v\}) := 0$. $\sigma \in F(G)$ に対して，

$$\Phi(\sigma) := \max_{v, v' \in \sigma} W(\{v, v'\}).$$

実際，定義より $\tau \subset \sigma$ ならば $\Phi(\tau) \leq \Phi(\sigma)$ である．

問題 **2.2.25**　(Y, d) を有限距離空間とする．頂点を Y とする完全グラフ $G = (Y, E)$ を考え，辺の重みを

$$W(\{y_i, y_j\}) := \frac{d(y_i, y_j)}{2}$$

で与える．このとき，重み付きグラフ (Y, E, W) に対して，例 2.2.24 の方法で構成した旗複体 $F(G)$ のフィルトレーションが Vietoris–Rips フィルトレーションと等しいことを確かめよ．

例 **2.2.26**　K をセル複体とする．0 次元セルの集合 V 上に定義された実数値関数 $f \colon V \to \mathbb{R}$ が与えられたとき，K のフィルトレーションが

$$\Phi(\sigma) := \max_{v \in \sigma} f(v)$$

により定まる．このフィルトレーションを f に関する**劣位集合フィルトレーション**（sublevel set filtration）と呼ぶ．英語では lower-star filtration とも呼ばれる．

一方，極大セル（それ自身以外には包含されないセル）の集合 F 上に定義された実数値関数 $g \colon F \to \mathbb{R}$ が与えられたとき，K のフィルトレーションが

$$\Phi(\sigma) := \min_{\tau \in F, \sigma \subset \tau} g(\tau)$$

により定まる.

位相空間上の関数が与えられたときにも,次のように劣位集合の増大族を考えることができる.

定義 2.2.27 $f: X \to \mathbb{R}$ を位相空間 X 上の実数値関数としたとき,$r \in \mathbb{R}$ に対して

$$X(f)_r := \{x \in X \mid f(x) \leq r\}$$

と定める.このとき,X の部分位相空間の増大族 $\mathcal{X}(f) = (X(f)_r)_{r \in \mathbb{R}}$ を X の f に関する**劣位集合フィルトレーション**(sublevel set filtration)と呼ぶ[♠20].

例 2.2.28 先見的に与えられたデータに,明示的に f にあたる関数が付随しない場合にも,データの構造から f を構成する標準的な方法がいくつか存在する.

たとえば,X が $\mathbb{R}^d$(あるいは距離空間の部分集合)であれば,次のような構成がある.A を $\mathbb{R}^d$ の部分集合として $f(x) = d(x, A) := \inf_{a \in A} d(x, a)$ と定める.この劣位集合 $X(f)_r$ は A からの距離が r 以下である $\mathbb{R}^d$ の部分集合,すなわち A を r だけ太らせた部分集合である.特に A が $\mathbb{R}^d$ の有限部分集合 P であるとき,劣位集合は

$$X(f)_r = \{x \in \mathbb{R}^d \mid d(x, P) \leq r\} = \bigcup_{p \in P} B(p; r)$$

と点 p が中心の半径 r の閉球の和集合となる.したがって,幾何学的実現を考えれば系 2.2.13 により,トポロジー的には P の Čech フィルトレーションとこの劣位集合フィルトレーションは同じものを考えていることがわかる.

ノート

重み付きフィルトレーション

上では Čech・Vietoris–Rips・アルファフィルトレーションを定義する際に,球の半径は各点で同じ大きさとしたが,点ごとに異なる半径を用いる重み付き

[♠20]位相幾何学では位相空間のフィルトレーションとは部分空間の離散的な増大族のことを指すことが多いが,位相的データ解析の文脈ではこのような劣位集合の増大族もフィルトレーションと呼ぶことが多いので本書でもそれに従う.

のフィルトレーションも考えられる．Čech フィルトレーションを例に説明しよう．P を距離空間 (X, d) の有限部分集合とする．さらに，各点 $p \in P$ に対して単調増加関数 $f_p \colon \mathbb{R} \to \mathbb{R}$ が与えられているとして，関数族 $(f_p)_{p \in P}$ を $\mathcal{F}$ と書く．このとき，P の部分集合 $\{x_0, \ldots, x_k\}$ が単体をなすとは

$$\bigcap_{i=0}^{k} B_X(x_i; f_{x_i}(r)) \neq \emptyset$$

であるとして，P を頂点集合とする単体的複体を定めることができる．この単体的複体を $\check{C}(P, \mathcal{F}; r)$ と書き，$\mathcal{F}$ で重み付けられた Čech 複体と呼ぶ．この複体は，各点 p を中心とする半径 $f_p(r)$ の閉球の和集合のトポロジーを表現している．各 f_p が単調増加関数であることより，r を動かすことによって $(\check{C}(P, \mathcal{F}; r))_r$ はフィルトレーションを定める．これを $\mathcal{F}$ で重み付けられた Čech フィルトレーションと呼ぶ．重み付き Vietoris–Rips・アルファフィルトレーションも同様に定義できる．f_p のとり方としては，たとえば $f_p(r) = \sqrt{r_p^2 + r}$（$r_p$ は点 p に依存する定数）とするもの[♠21][67] や Distance To Measure（DTM）と呼ばれる P の密度に関係するもの[68], [69] がある．

優位集合フィルトレーション

　本節では劣位集合の増大族を考えたが，優位集合の増大族を考えることもできる．たとえば，$f \colon X \to \mathbb{R}$ を位相空間 X 上の実数値関数としたとき，$r \in \mathbb{R}$ に対して $X(f)^r := \{x \in X \mid f(x) \geq r\}$ と定めると，族 $(X(f)^r)_{r \in \mathbb{R}}$ は r を小さくしていくことで増大していく族となる．これは $-f$ の劣位集合フィルトレーション $\mathcal{X}(-f)$ を考えることと本質的には同じである．また，$f \colon V \to \mathbb{R}$ をセル複体 K の0次元セルの集合 V 上に定義された実数値関数とするとき，

$$\Phi(\sigma) := \min_{v \in \sigma} f(v)$$

と定めれば，$-\Phi \colon K \to \mathbb{R}$ が定義 2.2.20 の意味でのフィルトレーションとなる．これも $-f$ の劣位集合フィルトレーションを考えることと本質的には同じである．これらのフィルトレーションは**優位集合フィルトレーション**（superlevel set filtration）とも呼ばれる．

[♠21] f_p の形が多少奇妙に見えるかもしれないが，こうすることで効率的にフィルトレーションを計算できる．

2.3 パーシステンス図とパーシステントホモロジー

セル複体のフィルトレーション $\mathcal{K} = (K_r)_{r \in R}$ は空間の増大の様子を記述するが，そのトポロジーを調べるためにそれぞれの K_r のホモロジーを個別にではなく，異なる r の間の相互関係も含めて追跡する道具がパーシステントホモロジーである．この節では，まずパーシステントホモロジーと等価な情報を簡潔にエンコードするパーシステンス図について説明した後，パーシステントホモロジーをホモロジーの列として導入する．パーシステントホモロジーを特徴量として利用する応用の観点からは，多くの場合にはパーシステンス図について理解しておけば十分である．

2.3.1 パーシステンス図

次の定理はパーシステントホモロジーの構造定理と呼ばれる，パーシステントホモロジーにおける最も重要な定理の 1 つである．証明は 2.4 節でアルゴリズムと同時に扱う．

定理 2.3.1（パーシステントホモロジーの構造定理） $\mathcal{K} = (K_r)_{r \in \mathbb{R}}$ をセル複体 K のフィルトレーションとする．n 次サイクル $z \in Z_n(K_r)$ の $H_n(K_r)$ におけるホモロジー類を，r を強調するために $[z]_r$ とあらわす．このとき，n 次元チェイン $\{z_i \in C_n(K)\}_{i=1}^m$ と拡張実数 $\overline{\mathbb{R}}$ のペアの多重集合[22] $\{(b_i, d_i)\}_{i=1}^m$ であって以下を満たすものが存在する[23]：

(1) $r < b_i$ ならば $z_i \notin Z_n(K_r)$.

(2) $b_i \leq r$ ならば $z_i \in Z_n(K_r)$.

(3) $b_i \leq r < d_i$ ならば $[z_i]_r \neq 0$, すなわち $z_i \notin B_n(K_r)$.

(4) $d_i \leq r$ ならば $[z_i]_r = 0$, すなわち $z_i \in B_n(K_r)$.

(5) $\{[z_i]_r \mid i は b_i \leq r < d_i を満たすもの全体\}$ は $H_n(K_r)$ の基底となる．

$\mathbb{F}_2$ 係数のチェイン z_i は K の単体の集まりとみなせたが，条件 (1) は $r < b_i$ では $z_i \notin K_r$ であるか，または K_r のサイクルをなさないことを，(2) は $r = b_i$

---

[22]後の注意 2.3.5 を参照.
[23]記号の濫用ではあるが，ここでは $C_n(K_r) \subset C_n(K)$ とみなして，$z_i \in Z_n(K_r)$ などと記述している.

で z_i が K_r のサイクルとなることを意味し，(3) は z_i が $b_i \le r < d_i$ の間は 0 でないホモロジーの元をあらわし，(4) はそれが $r = d_i$ で消滅する（埋まる）と解釈できる．さらに $\{(b_i, d_i)\}_{i=1}^m$ と $\{z_i\}_{i=1}^m$ が $(K_r)_{r \in \mathbb{R}}$ たちのホモロジーの情報を相互関係も込めて完全に保持していることを保証するのが (5) である．2.4 節ではこのような基底が存在すること，さらに集合 $\{(b_i, d_i)\}_{i=1}^m$ のとり方が z_i の選び方によらず順番の入れ替えを除いて一意であることが示される．よって次の定義が意味を持つ．

定義 2.3.2 $\mathcal{K}$ に対して定理 2.3.1 の $\{z_i \in C_n(K)\}_{i=1}^m$ をとる．拡張実数 $\overline{\mathbb{R}}$ のペア $\{(b_i, d_i)\}_{i=1}^m$ を**生成消滅対**（birth-death pair）と呼び，生成消滅対を集めた多重集合 $D_n(\mathcal{K}) = \{(b_i, d_i)\}_{i=1}^m \subset \overline{\mathbb{R}}^2$ を $\mathcal{K}$ の n 次**パーシステンス図**（persistence diagram）と呼ぶ．また，各生成消滅対あるいは z_i に対して，$d_i - b_i$ を**寿命**（life-time）と呼ぶ．

例 2.3.3 例 2.2.21 のフィルトレーション $\mathcal{K}$ を再び考えてみよう．

ここで $u = \{a, b\} + \{a, d\} + \{b, c\} + \{c, d\}$，$v = \{a, c\} + \{a, d\} + \{c, d\}$，$w = \{a, b\} + \{a, c\} + \{b, c\}$ とおくと，各 r での K_r の $\mathbb{F}_2$ 係数ホモロジーは

$$H_0(K_r) \cong \begin{cases} \mathbb{F}_2 = \langle [\{a\}]_r \rangle & (r = 0, 2, 3, 4, 5) \\ (\mathbb{F}_2)^2 = \langle [\{a\}]_1, [\{b\}]_1 \rangle & (r = 1) \end{cases}$$

$$H_1(K_r) \cong \begin{cases} 0 & (r = 0, 1, 5) \\ \mathbb{F}_2 = \langle [u]_2 \rangle & (r = 2) \\ (\mathbb{F}_2)^2 = \langle [v]_3, [w]_3 \rangle & (r = 3) \\ \mathbb{F}_2 = \langle [v]_4 \rangle & (r = 4) \end{cases} \tag{2.6}$$

と具体的な基底を用いてあらわすことができる．これらのチェイン a, b, u, v, w が各 K_r のホモロジーで代表するサイクルには，$[a]_2 = [b]_2 \in H_0(K_2)$，$[u]_3 = [v + w]_3 \in H_1(K_3)$ といった関係が存在し，これをまとめると次のようになる：

	K_0	K_1	K_2	K_3	K_4	K_5
H_0	$[\{a\}]_0$	$[\{a\}]_1$	$[\{a\}]_2$	$[\{a\}]_3$	$[\{a\}]_4$	$[\{a\}]_5$
			$\parallel$	$\parallel$	$\parallel$	$\parallel$
		$[\{b\}]_1$	$[\{a\}]_2$	$[\{a\}]_3$	$[\{a\}]_4$	$[\{a\}]_5$
H_1			$[u]_2$	$[v+w]_3$	$[v]_4$	0
					$\parallel$	
				$[v]_3$	$[v]_4$	0
				$[w]_3$	0	0

ここで，各 r ごとに基底をなすだけではなく，異なる r に対してもなるべく一貫してホモロジーの基底を与えるようなサイクルのとり方を考えてみよう．たとえば，$H_0(K_1)$ の基底を $\{[\{a\}]_1, [\{b\}]_1\}$ から $\{[\{a\}]_1, [\{a\}+\{b\}]_1\}$ に，$H_1(K_3)$ の基底を $\{[v]_3, [w]_3\}$ から $\{[u]_3, [w]_3\}$ に取り換えると次のようになる：

	K_0	K_1	K_2	K_3	K_4	K_5
H_0	$[\{a\}]_0$	$[\{a\}]_1$	$[\{a\}]_2$	$[\{a\}]_3$	$[\{a\}]_4$	$[\{a\}]_5$
		$[\{a\}+\{b\}]_1$	0			
H_1			$[u]_2$	$[u]_3$	$[u]_4$	0
				$[w]_3$	0	0

これらのチェイン $\{a\}, \{a\}+\{b\} \in C_0(K)$，$u, w \in C_1(K)$ は定理 2.3.1 の条件を満たしている．以上は次のように説明できる．

- $\{a\}$ は時刻 $r=0$ で 0 次のホモロジー類 $[\{a\}]_0$ を生成し，それはフィルトレーションの最後まで継続する（つまり，$d_i = \infty$）．$\{a\}+\{b\}$ は時刻 1 で別の 0 次ホモロジー類を生成し，それは時刻 $r=2$ で消滅する．これらは時刻 $r=0$ で発生した連結成分が最後まで残り，時刻 $r=1$ で発生したもう 1 つの連結成分が $r=2$ で取り込まれて消滅することに対応する．

- u は時刻 $r=2$ で 1 次のホモロジー類を生成し，それは時刻 $r=5$ で消滅する．v は時刻 $r=3$ では別の 1 次ホモロジー類を生成し，それは時刻 $r=4$ で消滅する．これらは $r=2$ で発生した 4 角形であらわされる輪が $r=4$ まで継続して $r=5$ で消滅すること，$r=3$ で左の 3 角形であらわ

される輪が別に発生して $r=4$ で塞がれて消滅することに対応する.
フィルトレーション $\mathcal{K}$ のパーシステンス図は,

$$D_0(\mathcal{K}) = \{(0,\infty),(1,2)\}, \quad D_1(\mathcal{K}) = \{(2,5),(3,4)\}$$

となる.

　一般に空でないセル複体については,連結成分に対応する 0 次のホモロジー類のうち少なくとも 1 つは永久に消滅せず,その消滅時刻は ∞ になる.

　セル複体とは独立に,一般にパーシステンス図という概念も定義しておこう.

定義 2.3.4　パーシステンス図とは,$\Upsilon = \{(b,d) \in \overline{\mathbb{R}}^2 \mid b \leq d\}$ 内の多重集合 $\{(b_i, d_i)\}_{i \in \mathcal{I}}$ のことである.ここで,添字集合 $\mathcal{I}$ は無限集合も許す.2 つのパーシステンス図が,対角線 $\Delta = \{(a,a) \mid a \in \overline{\mathbb{R}}\}$ に属する点の差を除いて等しいとき,パーシステンス図として等しいと定める.

　パーシステンス図の点が存在する領域 Υ は,$\overline{\mathbb{R}}^2$ 内で対角線 Δ より上の範囲であり,図 1.5 のように図示される.

注意 2.3.5　　1.　本書では多重集合を集合と同じ記号であらわすことにする.すなわち,パーシステンス図を考える際には $\{(b_i, d_i)\}_{i \in \mathcal{I}}$ に同じ元があることも許して重複を込めて考える.より正確には,パーシステンス図を重複度をあらわす関数 $\mu \colon \Upsilon \to \mathbb{N}$ として考えればよい[♠24].
　2.　文献によっては,パーシステンス図 $D_n(\mathcal{K})$ は $\overline{\mathbb{R}}^2$ 内の多重集合 $\{(b_i, d_i)\}_{i \in \mathcal{I}}$ に(無限の重複度を持った)対角線 $\Delta \subset \overline{\mathbb{R}}^2$ を加えたものとして定義する場合がある.しかし,本書ではパーシステンス図は多重集合 $\{(b_i, d_i)\}_{i \in \mathcal{I}}$ であると定義し,代わりに対角線上のみに差がある 2 つのパーシステンス図を区別しない.

2.3.2　パーシステントホモロジー

2.3.1 項で与えたパーシステンス図の定義では,チェイン $a \in C_n(K)$ を K のセルの形式和とみなして,a を構成する単体がすべて K_r に属する場合は,自然に $a \in C_n(K_r)$ と同一視した.より一般に,異なる r に属するチェインを扱うために,パーシステントホモロジーは線形写像の族として定義される.

　セル複体 K のフィルトレーション $\mathcal{K} = (K_r)_{r \in \mathbb{R}}$ に対して,$\iota_{s,r} \colon K_r \hookrightarrow K_s$

[♠24]パーシステンス図を Υ 上の測度とみなすこともある.

で包含写像をあらわす. このとき, 単体的複体の場合は命題 2.1.21, 立方体的複体の場合は定義 2.1.32 の後の注意より, 包含写像はホモロジー群の間の線形写像 $\iota_{s,r_*}\colon H_n(K_r) \to H_n(K_s)$ を誘導することがわかる. また, 位相空間 X 上の関数 $f\colon X \to \mathbb{R}$ に関する劣位集合フィルトレーション $\mathcal{X}(f) = (X(f)_r)_{r \in \mathbb{R}}$, $X(f)_r = \{x \in X \mid f(x) \leq r\}$ についても, $\iota_{s,r}\colon X(f)_r \hookrightarrow X(f)_s$ で包含写像をあらわすことにして, $\iota_{s,r_*}\colon H_n(X(f)_r) \to H_n(X(f)_s)$ で特異ホモロジー群の間に誘導される線形写像 (48 ページ参照) をあらわす.

例 2.3.6 例 2.3.3 を再び考える. K_0 における単体 $\{a\}$ が K_2 であらわすホモロジー類を $[\{a\}]_2 \in H_0(K_2)$ などとあらわしたが, これは包含写像の誘導する線形写像を用いると,

$$[\{a\}]_2 = \iota_{2,1_*}([\{a\}]_1) = \iota_{2,1_*}\left(\iota_{1,0_*}([\{a\}]_0)\right)$$
$$= \iota_{2,1_*} \circ \iota_{1,0_*}([\{a\}]_0) = \iota_{2,0_*}([\{a\}]_0)$$

と記述される. 同様に, 関係 $[u]_3 = [v + w]_3 \in H_1(K_3)$ は, $\iota_{3,2_*}([u]_2) = [v + w]_3$ と記述される. 例 2.3.3 に掲げた H_0, H_1 の表においては, K_r の列から右の K_s の列にうつることが, 写像 ι_{s,r_*} の像を考えることに対応する.

定義 2.3.7 $\mathcal{K} = (K_r)_{r \in \mathbb{R}}$ をセル複体 K のフィルトレーションとする. このとき, $n \in \mathbb{N}$ に対して, n 次のホモロジー群と包含写像が誘導する線形写像の族の組 $((H_n(K_r))_{r \in \mathbb{R}}, (\iota_{s,r_*})_{r \leq s})$ を $\mathcal{K}$ の n 次**パーシステントホモロジー** (persistent homology) といい, $H_n(\mathcal{K})$ と書く.

また, 位相空間 X 上の関数 $f\colon X \to \mathbb{R}$ に関する劣位集合フィルトレーションを $\mathcal{X}(f)$ とするとき, $n \in \mathbb{N}$ に対して, n 次のホモロジー群と包含写像が誘導する線形写像の族の組 $((H_n(X(f)_r))_{r \in \mathbb{R}}, (\iota_{s,r_*})_{r \leq s})$ を $\mathcal{X}(f)$ の n 次**パーシステントホモロジー**といい, $H_n(\mathcal{X}(f))$ と書く.

上の定義では, 線形写像の族というものが少しイメージしづらいかもしれないが, 任意の $r \leq s \leq t$ について,

$$H_n(K_r) \xrightarrow{\iota_{s,r_*}} H_n(K_s) \xrightarrow{\iota_{t,s_*}} H_n(K_t)$$
$$\underbrace{\phantom{H_n(K_r) \xrightarrow{\qquad\qquad} H_n(K_t)}}_{\iota_{t,r_*}}$$

が可換となっている無限の列と解釈できる（図式の可換性については 38 ページを参照）.

式 (2.5) 付近で述べたように，セル複体のフィルトレーション $\mathcal{K} = (K_r)_{r \in \mathbb{R}}$ は，K_r の変化が起こる $\mathbb{R}$ の有限部分集合 $R = \{r_0 < \cdots < r_N\}$ で添字付けられた部分複体の増大族 $(K_r)_{r \in R}$ としても表示できることを思い出そう．そこで見た対応から，$r_{-1} = -\infty$，$r_{N+1} = \infty$ とすると，$r_i \le s < r_{i+1}$ ならば $H_n(K_s) = H_n(K_{r_i})$ であり，$r_i \le s \le t < r_{i+1}$ ならば $\iota_{t,s_*} = \mathrm{id}$ である．したがって，$r \le s$ なる $r, s \in R$ についてのみ $H_n(K_r)$ と ι_{s,r_*} を表示すれば，$\mathbb{R}$ 全体で添字付けられた $\mathcal{K}$ のパーシステントホモロジー $H_n(\mathcal{K})$ の情報を記述することができる.

例 2.3.8 例 2.3.3 において，式 (2.6) で表示されている基底を用いて，0 次と 1 次の $\mathbb{F}_2$ 係数パーシステントホモロジーを（$R = \{0, 1, 2, 3, 4, 5\}$ 上だけで）表示してみると，誘導写像たちは

$$H_0(K_0) \to H_0(K_1) \to H_0(K_2) \to H_0(K_3) \to H_0(K_4) \to H_0(K_5)$$

$$[\{a\}]_0 \longmapsto [\{a\}]_1 \longmapsto [\{a\}]_2 \longmapsto [\{a\}]_3 \longmapsto [\{a\}]_4 \longmapsto [\{a\}]_5$$

$$[\{b\}]_1 \nearrow$$

$$H_1(K_0) \to H_1(K_1) \to H_1(K_2) \to H_1(K_3) \to H_1(K_4) \to H_1(K_5)$$

$$[v]_3 \longmapsto [v]_4 \longmapsto 0$$
$$[u]_2 \longmapsto +$$
$$[w]_3 \longmapsto 0$$

という対応になり，誘導写像によりホモロジー類が合流・分裂・消滅をしていく様子が見える．この基底によるパーシステントホモロジーの行列表示は

$$H_0: \quad \mathbb{F}_2 \xrightarrow{\left[\begin{smallmatrix}1\\0\end{smallmatrix}\right]} (\mathbb{F}_2)^2 \xrightarrow{[1\ 1]} \mathbb{F}_2 \xrightarrow{\mathrm{id}} \mathbb{F}_2 \xrightarrow{\mathrm{id}} \mathbb{F}_2 \xrightarrow{\mathrm{id}} \mathbb{F}_2,$$

$$H_1: \quad 0 \longrightarrow 0 \longrightarrow \mathbb{F}_2 \xrightarrow{\left[\begin{smallmatrix}1\\1\end{smallmatrix}\right]} (\mathbb{F}_2)^2 \xrightarrow{[1\ 0]} \mathbb{F}_2 \longrightarrow 0.$$

である.

一方で，例 2.3.3 の 2 つ目の表のように，$H_0(K_1)$ の基底を $\{[\{a\}]_1, [\{a\} + \{b\}]_1\}$ に，$H_1(K_3)$ の基底を $\{[u]_3, [w]_3\}$ に取り換えると，誘導写像たちの対応は

$$H_0(K_0) \longrightarrow H_0(K_1) \longrightarrow H_0(K_2) \to H_0(K_3) \to H_0(K_4) \to H_0(K_5)$$

$$[\{a\}]_0 \longmapsto [\{a\}]_1 \longmapsto [\{a\}]_2 \longmapsto [\{a\}]_3 \longmapsto [\{a\}]_4 \longmapsto [\{a\}]_5$$

$$[\{a\}+\{b\}]_1 \longmapsto 0$$

$$H_1(K_0) \to H_1(K_1) \to H_1(K_2) \to H_1(K_3) \to H_1(K_4) \to H_1(K_5)$$

$$[u]_2 \longmapsto [u]_3 \longmapsto [u]_4 \longmapsto 0$$

$$[w]_3 \longmapsto 0$$

と合流や分裂をすることなく一貫したものになる. したがって, こちらの基底によるパーシステントホモロジーの行列表示は

$$H_0: \quad \mathbb{F}_2 \xrightarrow{\left[\begin{smallmatrix}1\\0\end{smallmatrix}\right]} (\mathbb{F}_2)^2 \xrightarrow{[1\ 0]} \mathbb{F}_2 \xrightarrow{\mathrm{id}} \mathbb{F}_2 \xrightarrow{\mathrm{id}} \mathbb{F}_2 \xrightarrow{\mathrm{id}} \mathbb{F}_2,$$

$$H_1: \quad 0 \longrightarrow 0 \longrightarrow \mathbb{F}_2 \xrightarrow{\left[\begin{smallmatrix}1\\0\end{smallmatrix}\right]} (\mathbb{F}_2)^2 \xrightarrow{[1\ 0]} \mathbb{F}_2 \longrightarrow 0$$

となる. 定理 2.3.1 は, このような都合のよい基底がとれることを保証しているのである.

問題 2.3.9 $\mathcal{K}: K_0 \subsetneq K_1 \subsetneq \cdots \subsetneq K_N$ をセル複体のフィルトレーションする.

1. このとき,

$$\mathrm{Im}\,\iota_{s,r_*} \cong Z_n(K_r)/(B_n(K_s) \cap Z_n(K_r)) \tag{2.7}$$

が成り立つことを示せ.

2. 式 (2.7) の意味を例 2.2.21 を通して説明せよ.

注意 2.3.10 歴史的にはパーシステントホモロジーは, 現在主流の定義 2.3.7 のようにホモロジー群と包含写像が誘導する写像の族ではなく, $\iota_{s,r_*}: H_n(K_r) \to H_n(K_s)$ の像 $\mathrm{Im}\,\iota_{s,r_*}$ として定義された[70]. この定義は定理 2.3.1 の考え方に則ったものであり, パーシステントホモロジーの元は持続しているホモロジー類そのものをあらわした. 2 つの定義の関係を与えるのが上の問題である.

劣位集合のパーシステントホモロジーについても, 一定の条件下でパーシステンス図を定義することができる.

定義 2.3.11 $f: X \to \mathbb{R}$ を位相空間 X 上の関数として, 劣位集合フィルトレーション $\mathcal{X}(f) = (X(f)_r)_{r \in \mathbb{R}}$ を考える. 任意の $r \in \mathbb{R}$ と任意の $n \in \mathbb{N}$ に対して, 劣位集合のホモロジー群 $H_n(X(f)_r)$ が有限次元であるときに, 単

に f の劣位集合のホモロジーは有限次元であるということにしよう[25]．このとき，劣位集合フィルトレーション $\mathcal{X}(f)$ の n 次パーシステントホモロジー $H_n(\mathcal{X}(f))$ の生成消滅対を集めた $\overline{\mathbb{R}}^2$ 内の多重集合を定義できる[26]．この多重集合を $D_n(\mathcal{X}(f))$ または記号を省略して $D_n(f)$ と書き，劣位集合フィルトレーション $\mathcal{X}(f)$ の n 次パーシステンス図と呼ぶ．ある固定された n に関するパーシステンス図だけを考える場合は，単に $D(\mathcal{X}(f))$ や $D(f)$ と書く場合もある．

 ## 2.4 パーシステンス図の計算アルゴリズム

この節では係数体が $\mathbb{F}_2$ の場合に，セル複体のパーシステンス図を計算するアルゴリズムを説明する[27]．パーシステンス図の計算アルゴリズムはいくつか提案されているが，最も単純で理解しやすいのは本節で説明する「左から右への掃き出し法」であろう[28]．

2.4.1 アルゴリズム

パーシステンス図の計算アルゴリズムを説明するため，フィルトレーションに次のような仮定をおく．

仮定 2.4.1 添字集合 R として有限集合 $\{0, 1, \ldots, N\}$ を考え，空集合から1つずつセルが増えていくフィルトレーションを考える．すなわち，$\{\sigma_1, \ldots, \sigma_N\}$ という N 個のセルからなるセル複体を考え，

$$K_0 = \emptyset,$$
$$K_r = \{\sigma_1, \ldots, \sigma_r\} \quad (r = 1, \ldots, N)$$

というフィルトレーションを考える．もちろん各 K_r は K_N の部分複体でなければならない．

有限集合で添字付けられたセル複体のフィルトレーションであれば，セルを

---

[25]これは本書独自の用語である．

[26]後の 3.1 節で見るパーシステンス加群の分解定理（定理 3.1.8）により正当化される．

[27]一般の体係数の場合も，付録 A の構成を用いて少しの変更で同様に適用できる．

[28]6.2.1 項でアルゴリズムの高速化に関する議論や文献を与えた．

フィルトレーションでの登場順に並べることでこの仮定を満たすようにできる．ここで，登場が同時の場合は次元が小さいほうを先に適当に順序付けることにする．このようにして計算されたパーシステンス図を，セルの添字の対応とみなして各セルのフィルトレーション値に取り換えることにより，元々のパーシステントホモロジーのパーシステンス図が計算できる．

例 2.4.2　例 2.2.21 のフィルトレーション $\mathcal{K}$ に対しては

$$\sigma_1 = \{d\}, \qquad \sigma_2 = \{a\}, \qquad \sigma_3 = \{a, d\},$$
$$\sigma_4 = \{b\}, \qquad \sigma_5 = \{c\}, \qquad \sigma_6 = \{b, c\},$$
$$\sigma_7 = \{a, b\}, \qquad \sigma_8 = \{c, d\},$$
$$\sigma_9 = \{a, c\},$$
$$\sigma_{10} = \{a, b, c\},$$
$$\sigma_{11} = \{a, c, d\}$$

とすれば仮定 2.4.1 の条件が満たされる．後の 2.4.3 項でのアルゴリズムの実行例と合わせて図 2.21 も参照せよ．

アルゴリズムの記述を簡単にするために，$r = 0, \dots, N$ に対して次の記号を導入しよう．

$$\partial_n^{(r)} : C_n(K_r) \to C_{n-1}(K_r)$$
$$n \text{ 次元チェイン } C_n(K_r) \text{ 上の境界準同型,}$$

$$C(K_r) := C_0(K_r) \oplus C_1(K_r) \oplus \cdots \oplus C_M(K_r) = \bigoplus_{n=0}^{M} C_n(K_r),$$

$$\partial^{(r)} := \bigoplus_{n=0}^{M} \partial_n^{(r)} : C(K_r) \to C(K_r),$$

$$Z(K_r) := \mathrm{Ker}\, \partial^{(r)},$$

$$B(K_r) := \mathrm{Im}\, \partial^{(r)},$$

$$H(K_r) := Z(K_r)/B(K_r) = \bigoplus_{n=0}^{M} H_n(K_r).$$

ただし M は K_N の次元，つまりセルの次元の最大値である．意味合いとして
は，すべての次元のセルを同時に考えたチェインの空間が $C(K_r)$ である．そ
のため $\partial^{(r)} : C(K_r) \to C(K_r)$ でホモロジー群を考えることで，すべての次元
のホモロジー群を直和したものが得られる．

$\partial^{(N)} : C(K_N) \to C(K_N)$ はフィルトレーション全体のすべての次元の境界
作用素の情報が含まれていて，$\partial^{(N)}$ を $C(K_r)$ に制限すると $\partial^{(r)}$ が得られ，
$\partial^{(r)}$ をさらに $C_n(K_r)$ に制限すると $\partial_n^{(r)}$ が得られる．この $\partial^{(N)}$ を用いると，
パーシステンス図を計算するアルゴリズムは次のように記述される．

アルゴリズム 1　パーシステンス図を計算するアルゴリズム（$\mathbb{F}_2$ 版）

$B \leftarrow C(K_N)$ での境界準同型 $\partial^{(N)}$ の基底 $\{\sigma_1, \ldots, \sigma_N\}$ による行列表現
for $j = 1, \ldots, N$ **do**　　　　　　　　　　　　　　　　　　　　　▷ (LOOP1)
　　while $i < j$ で $L(B, i) = L(B, j) \neq -\infty$ となる i が存在する **do** ▷ (LOOP2)
　　　　B の j 列に B の i 列を加える　　　　　　　　　　　　　　▷ (REDUCE)
return B

ここで $L(B, j)$ は次のように定義する：

$$L(B, j) = \begin{cases} \max\{i \mid B_{i,j} \neq 0\} & \text{（行列 B の j 列が 0 でない場合）}, \\ -\infty & \text{（行列 B の j 列が 0 の場合）}. \end{cases}$$

このアルゴリズムは列に関する掃き出し法とよく似ているが，列を別の列に加
えるときに左から右にしか加えないのが特徴的である．行列の各要素は $\mathbb{F}_2$ の
元なので，列を別の列に足すだけで行列の簡約ができる．この「左から右への
掃き出し法」がパーシステンス図の計算の鍵である．

このアルゴリズムの出力となる行列を $\widehat{B}$ とおき，L を $L(j) := L(\widehat{B}, j)$ で定
義するとパーシステンス図は次のようにして得られる：

$$\{(L(j), j) \mid L(j) \neq -\infty\} \cup \{(j, \infty) \mid L(j) = -\infty \text{ かつ } \forall i, L(i) \neq j\}. \quad (2.8)$$

チェインの空間はすべての次元を同時に考えているので，パーシステンス図も
すべての次元が同時に出力される．これをセルの次元でふるい分けることで各
次元のパーシステンス図が得られる．

2.4.2 アルゴリズムの正当性

上記のアルゴリズムの正当性は次の 2 つの主張を証明することで得られる. 1 つ目の主張はアルゴリズムの停止性である. 2 つ目の主張はこのアルゴリズムの出力から定理 2.3.1 の条件を満たすチェインを構築できることを意味する.

主張 2.4.3 アルゴリズム 1 は有限のステップで停止する.

主張 2.4.4 アルゴリズム 1 の出力 $\widehat{B}$ から F, F', E を次のように定義する. ただし $L(j)$ は上で定義した通り $L(\widehat{B}, j)$ で定義される.

$$
\begin{aligned}
F =&\{j \mid L(j) \neq -\infty\}, \\
F' =&\{L(j) \mid j \in F\}, \\
E =&\{j \mid L(j) = -\infty\} \setminus F'.
\end{aligned}
\tag{2.9}
$$

このとき F, F', E は $\{1, \ldots, N\}$ の共通部分を持たない分割となり，次の条件 (1)〜(3) を満たすような $C(K_N)$ の基底 $\{\widetilde{\sigma}_1, \ldots, \widetilde{\sigma}_N\}$ が存在する:

(1) すべての $1 \leq r \leq N$ に対して $\{\widetilde{\sigma}_1, \ldots, \widetilde{\sigma}_r\}$ は $C(K_r)$ の基底である.

(2) L は F から F' への全単射で，すべての $j \in F$ に対して $\partial \widetilde{\sigma}_j = \widetilde{\sigma}_{L(j)}$ を満たす.

(3) すべての $i \in F' \sqcup E$ に対して $\partial \widetilde{\sigma}_i = 0$.

主張 2.4.4 から，すべての $1 \leq r \leq N$ で $Z(K_r)$ と $B(K_r)$ の基底は $\{\widetilde{\sigma}_1, \ldots, \widetilde{\sigma}_r\}$ によって次のようにあらわせることがわかる:

$$
\begin{aligned}
Z(K_r) :&\{\widetilde{\sigma}_i \mid i \in F' \sqcup E, 1 \leq i \leq r\}, \\
B(K_r) :&\{\widetilde{\sigma}_{L(j)} \mid j \in F, 1 \leq j \leq r\}.
\end{aligned}
$$

よって，$H(K_r)$ の基底も具体的に次のようにあらわせる.

$$
\{[\widetilde{\sigma}_i]_r \mid i \in (F' \sqcup E) \setminus \{L(j) \mid j \in F, 1 \leq j \leq r\}, 1 \leq i \leq r\}.
$$

すると $i \in E$ となる $\widetilde{\sigma}_i$ のホモロジー類は，$H(K_i)$ で発生して最後の $H(K_N)$ まで生き延びる. 一方で，$j \in F$ に対する $\widetilde{\sigma}_{L(j)}$ のホモロジー類は，$H(K_{L(j)})$ で発生して $H(K_j)$ で消滅する. これらはまさにパーシステンス図は

$$
\{(L(j), j) \mid j \in F\} \cup \{(i, \infty) \mid i \in E\}
$$

となることを意味する．これは式 (2.8) と一致していることが確かめられる．

　主張 2.4.3 は簡単に証明できる．(LOOP2) の $L(B, j)$ は正の整数もしくは $-\infty$ で，(REDUCE) を適用するごとに必ず小さくなるため，いずれ (LOOP2) が停止する．次に主張 2.4.4 を証明しよう．まず (REDUCE) のように行列の ある列を別の列に加える操作は，次の行列 $R_{i,j}$ を B に右から掛けることであ らわされる．$i < j$ なのでこの行列は上半 3 角である．

$$
R_{i,j} = \begin{bmatrix} 1 & & & & & & \\ & \ddots & & & & & \\ & & 1 & & 1 & & \\ & & & \ddots & & & \\ & & & & 1 & & \\ & & & & & \ddots & \\ & & & & & & 1 \end{bmatrix} \begin{matrix} \\ \\ i \\ \\ \\ \\ \\ \end{matrix}
$$

（上部に j の列を示す）

すると B の初期状態，つまり境界準同型の $\{\sigma_1, \ldots, \sigma_N\}$ による行列表示を B_0 とすると，出力 $\widehat{B}$ は

$$
\widehat{B} = B_0 R_{i_1, j_1} R_{i_2, j_2} \cdots R_{i_s, j_s}
$$

とあらわされる．ここで $U := R_{i_1, j_1} R_{i_2, j_2} \cdots R_{i_s, j_s}$ とおくと，U は上半 3 角 行列である．$R_{i,j}$ は対角成分がすべて 1 なので U の対角成分もすべて 1 であ る．従って，U は正則で逆行列 U^{-1} も対角成分がすべて 1 で上半 3 角となる． $\widehat{B}$ はこの記号のもとで $B_0 U$ とあらわされる．

　基底 $\{\sigma_1, \ldots, \sigma_N\}$ から U を基底変換行列とする基底変換によって得られる 基底を $\{\widehat{\sigma}_1, \ldots, \widehat{\sigma}_N\}$ と書くことにしよう．すると U が対角成分が 1 の上半 3 角行列であることから，$\{\widehat{\sigma}_1, \ldots, \widehat{\sigma}_r\}$ は部分空間 $C(K_r)$ の基底であることがわ かる．さらにこの基底による $\partial^{(N)}$ の行列表示 $\widetilde{U}$ は $\widetilde{U} = U^{-1} B_0 U = U^{-1} \widehat{B}$ となる．すると任意の行列 B に対して $L(B, j) = L(U^{-1}B, j)$ であるので特 に次の事実がわかる．

主張 2.4.5 任意の j に対して $L(j) = L(\widehat{B}, j) = L(\widetilde{B}, j)$ が成り立つ.

さらにアルゴリズムの (LOOP2) の終了条件から次の主張が成り立つ.

主張 2.4.6 互いに異なる i, j が $L(i) \neq -\infty$ と $L(j) \neq -\infty$ の 2 条件を満たすならば $L(i) \neq L(j)$ となる.

実際, (LOOP2) は $L(i) = L(j)$ となる $i < j$ のペアが見つかる限り続くので, ループが終わったということはこの主張が成り立たないといけない.

ここで L の性質に関する次の主張を確認しておく. これは L の定義から簡単に示すことができる.

主張 2.4.7 $\widetilde{B}$ の第 k 列が 0 でないことと $L(k) \neq -\infty$ は同値であり, このとき次の 2 つが成り立つ:

(1) $\widetilde{B}_{L(k),k} = 1$
(2) $l > L(k)$ ならば $\widetilde{B}_{l,k} = 0$

次の主張はこの定理の証明の核心である.

主張 2.4.8 $\widetilde{B}$ の第 j 列が 0 でないとき, $\widetilde{B}$ の第 $L(j)$ 列は 0 である.

主張 2.4.8 を示すために, 次のより強い主張を証明しよう.

主張 2.4.9 $\widetilde{B}_{i,j} = 1$ のとき, $\widetilde{B}$ の i 列は 0 である.

実際, $\widetilde{B}$ の第 j 列が 0 でないとき, 主張 2.4.7 (1) から $\widetilde{B}_{L(j),j} = 1$ であるのでこの主張がより強いことわかる.

主張 2.4.9 を証明するため, j を固定し
$$I := \{i \mid 1 \leq i \leq N, \widetilde{B} \text{ の } i \text{ 列は 0 でない, かつ } \widetilde{B}_{i,j} = 1\}$$
とおく. 主張 2.4.9 が正しいならば $I = \emptyset$ であるため $I \neq \emptyset$ と仮定して矛盾を示そう. 背理法の仮定より
$$L(I) = \{L(i) \mid i \in I\}$$
という集合の最大値を考えると, 最大値を実現する i が I に含まれる. すると主張 2.4.6 より, この i は I で重複しないので, この i を i_0 とあらわすことにする. $\widetilde{B}^2$ の $(L(i_0), j)$ 成分は

$$\sum_{i=1}^{N} \widetilde{B}_{L(i_0),i} \widetilde{B}_{i,j} \tag{2.10}$$

とあらわされる．この和を計算するため，I を用いて $\{1,\dots,N\}$ という集合を次のように共通部分を持たないように分割する：

$$\{1,\dots,N\} = I_1 \cup I_2 \cup (I \backslash \{i_0\}) \cup \{i_0\},$$
$$I_1 := \{i \mid \widetilde{B}_{i,j} = 0\},$$
$$I_2 := \{i \mid \widetilde{B}_{i,j} = 1 \text{ かつ} \widetilde{B} \text{の } i \text{ 列} = 0\}.$$

すると

$$
\begin{aligned}
\text{式 (2.10)} &= \sum_{i \in I_1} \widetilde{B}_{L(i_0),i} \widetilde{B}_{i,j} + \sum_{i \in I_2} \widetilde{B}_{L(i_0),i} \widetilde{B}_{i,j} \\
&\quad + \sum_{i \in I \backslash \{i_0\}} \widetilde{B}_{L(i_0),i} \widetilde{B}_{i,j} + \widetilde{B}_{L(i_0),i_0} \widetilde{B}_{i_0,j}
\end{aligned} \tag{2.11}
$$

とあらわされるが，これの第 1 項と第 2 項は I_1, I_2 の定義より明らかに 0 である．i_0 は $L(I)$ を最大にする唯一の要素なので，$i \in I \backslash \{i_0\}$ ならば $L(i_0) > L(i)$ であり，主張 2.4.7 (2) を i に適用するとこのような i に対しては $\widetilde{B}_{L(i_0),i} = 0$ であることがわかり，第 3 項も 0 である．結局

$$\text{式 (2.11)} = \widetilde{B}_{L(i_0),i_0} \widetilde{B}_{i_0,j} \tag{2.12}$$

となり，$i_0 \in I$ より $\widetilde{B}_{i_0,j} = 1$ と $\widetilde{B}_{L(i_0),i_0} = 1$ が得られ，式 (2.12) $= 1$ であることがわかる．つまり $\widetilde{B}^2$ の $(L(i_0),j)$ 成分は 1 である．一方，$\widetilde{B}$ は境界準同型の基底 $\{\widehat{\sigma}_1,\dots,\widehat{\sigma}_N\}$ による表現なので，$\widetilde{B}^2 = 0$ である．この 2 つは矛盾するので，主張 2.4.9 が示された．

主張 2.4.8 から，F, F', E を式 (2.9) で定義すると F と F' は共通部分を持たないので F, F', E は $\{1,\dots,N\}$ の共通部分を持たない分割となっている．そこで $\widetilde{\sigma}_1,\dots,\widetilde{\sigma}_N$ を次のように定義する：

$$
\widetilde{\sigma}_k = \begin{cases}
\widehat{\sigma}_k & (k \in F \sqcup E) \\
\widehat{\sigma}_k + \sum_{1 \le i < k} \widetilde{B}_{i,j} \widehat{\sigma}_i & (k \in F' \text{ かつ } j = L^{-1}(k)).
\end{cases}
$$

これが主張 2.4.4 の条件 (1) を満たす $C(K_N)$ の基底であるということは

$\{\widehat{\sigma}_1,\ldots,\widehat{\sigma}_r\}$ が各 r で $C(K_r)$ の基底であることとこの定義からわかる. (2) の全単射の条件は主張 2.4.6 からわかり,さらに基底間の関係は上の $\widetilde{\sigma}_k$ の定義からわかる. (3) も式 (2.9) からすぐにわかることである. こうして主張 2.4.4 が成立することがわかったので,このアルゴリズムがパーシステンス図を与えることが証明できた.

2.4.3 アルゴリズムの実行例

このアルゴリズムを図 2.21 で定義されるフィルトレーションで実際に手計算する例をここで示そう. 例 2.4.2 で見たように,このフィルトレーションは例 2.2.21 のフィルトレーションから仮定 2.4.1 を満たすように添字をとり直したものである.

この図の σ_1 から σ_{11} が単体をあらわすとし,この添字の順に単体が増えるフィルトレーションを考える. するとアルゴリズム 1 での「$C(K_N)$ での境界準同型 $\partial^{(N)}$ の基底 $\{\sigma_1,\ldots,\sigma_N\}$ による行列表現」は次の通りになる.

	σ_1	σ_2	σ_3	σ_4	σ_5	σ_6	σ_7	σ_8	σ_9	σ_{10}	σ_{11}
σ_1			1					1			
σ_2			1			1			1		
σ_3											1
σ_4					1	1					
σ_5					1		1	1			
σ_6										1	
σ_7										1	
σ_8											1
σ_9										1	1
σ_{10}											
σ_{11}											

(LOOP1) のループでこの列の左から右へと順に処理をしていこう. わかりやすいように $l < j$ の範囲で $L(B,l) = k$ となる k 行 l 列のところに丸を付ける. まず (LOOP1) で $j = 1,\ldots,7$ までは (LOOP2) の while の条件を満たさないので (REDUCE) は実行されない. $j = 8$ となったときに下の矢印で書いたように (REDUCE) が実行(列が加算)され,8 列が 0 に更新される(以下では 6 行目以下は関係ないので省略する).

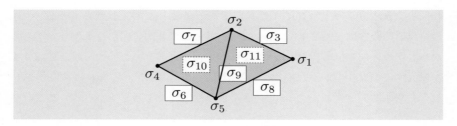

図 2.21 アルゴリズム説明用の単体的複体のフィルトレーション. 枠で囲われていないものが 0 単体，実線の枠で囲われたものが 1 単体，点線の枠で囲われたものが 2 単体，をそれぞれあらわす．添字の昇順に単体が増えていく状況を考える．

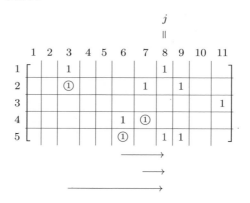

9 列も同様に 0 に更新される．

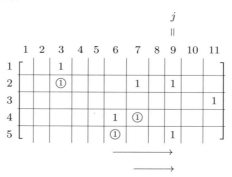

10 列は (REDUCE) は実行されずに，11 列は次のように (REDUCE) が実行される．

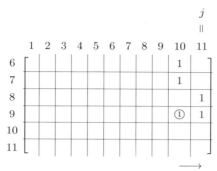

$$j$$
$$\|$$

	1	2	3	4	5	6	7	8	9	10	11
6										1	
7										1	
8											1
9										①	1
10											
11											

$\longrightarrow$

最終的に得られた行列は以下の通りとなる．

	1	2	3	4	5	6	7	8	9	10	11
1			1								
2			①				1				
3											1
4						1	①				
5						①					
6										1	1
7										1	1
8											①
9										①	
10											
11											

丸の付いたところに注目すると，式 (2.8) よりパーシステンス図は

$$\{(2,3),(5,6),(4,7),(9,10),(8,11),(1,\infty)\}$$

となる．それぞれのペアを確認すると連結成分や輪の生成消滅に対応していることがわかる．たとえば，$(8,11)$ は σ_8 で発生した 4 角形の輪が σ_{11} で塞がれている．

　上のパーシステンス図から例 2.2.21 で与えられたフィルトレーション $\mathcal{K}$ のパーシステンス図を得るには，各単体のフィルトレーションの値を参照すれば

よい．たとえば，$\Phi(\sigma_2) = 0$，$\Phi(\sigma_9) = 3$ などのフィルトレーション値に取り換えればよいのである．単体の次元も考慮して各次元に分解すると，パーシステンス図は

$$D_0(\mathcal{K}) = \{(0,0),(1,1),(1,2),(0,\infty)\}, \quad D_1(\mathcal{K}) = \{(3,4),(2,5)\}$$

と計算される．これは対角線を除くと，例 2.3.3 で見たパーシステンス図と同じである．

問題 2.4.10　次の（長さ 6 の）単体的複体のフィルトレーション $\mathcal{K}$ を考える：

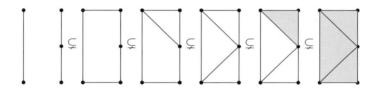

1. 間に単体的複体を適切にはさむことによって，仮定 2.4.1 を満たすフィルトレーション $\mathcal{K}'$ を構成せよ．
2. 本節のアルゴリズムを用いて，$\mathcal{K}'$ のパーシステンス図を計算せよ．
3. フィルトレーション $\mathcal{K}'$ と $\mathcal{K}$ の関係を明確にし，$\mathcal{K}$ のパーシステンス図を計算せよ．

2.4.4　パーシステンス図の一意性

以上のアルゴリズムはセル複体のフィルトレーションから必ずパーシステンス図が計算できることを保証するが，パーシステンス図の一意性は保証していない．パーシステンス図が計算の方法によらずに一意に定まることを，パーシステンス図の特定の点（生成消滅対）が重複度を込めていくつあるかをサイクルのとり方に依存せずに数えることで証明しよう．

仮定 2.4.1 を満たすフィルトレーション $\mathcal{K} = (K_r)_r$ において，$s \leq t$ に対して K_s から K_t への包含写像が導く $H(K_s)$ から $H(K_t)$ への線形写像を $\rho_{s,t} = \iota_{t,s_*}$ と書くことにしよう[29]．すると，この写像のランクは

$$\mathrm{rank}\,\rho_{s,t} = \#\{(b_i,d_i) \in D(\mathcal{K}) \mid b_i \leq s \text{ かつ } t < d_i\} \qquad (2.13)$$

---

[29]後の議論において，パーシステンス図の点を (s,t) と書くことと整合するように，$\rho_{s,t}$（と $T_{s,t}$）については添字の順番を変えていることに注意せよ．

とあらわせる. これは定理 2.3.1 の

- 各 r について $\{[z_i]_r \mid i$ は $b_i \le r < d_i$ を満たすもの全体$\}$ は $H_n(K_r)$ の基底となる
- $\rho_{s,t}([z_i]_s) = [z_i]_t$
- $d_i \le r$ ならば $[z_i]_r = 0$

という事実からわかる. 式 (2.13) は, $\text{rank}\,\rho_{s,t}$ が点 (s,t) から左上の領域に含まれているパーシステンス図 $D(\mathcal{K})$ の点の総数と等しいことを意味する. この領域を $T_{s,t} = \{(x,y) \mid x \le s, t < y\}$ と書く. 点 (s,t) と領域 $T_{s,t}$ の例を図 2.22 に示す.

さて, パーシステンス図 $D(\mathcal{K})$ の (s,t) での重複度 (multiplicity)[30]

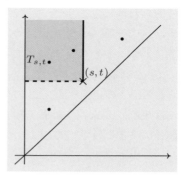

図 **2.22** $\text{rank}\,\rho_{s,t}$ はパーシステンス図において領域 $T_{s,t}$ に含まれる点の総数に等しい.

$$m_{s,t} = \#\{(b_i, d_i) \in D(\mathcal{K}) \mid b_i = s, d_i = t\}$$

について考えよう. 重複度はランクを用いて

$$m_{s,t} = \text{rank}\,\rho_{s,t-1} - \text{rank}\,\rho_{s-1,t-1} - \text{rank}\,\rho_{s,t} + \text{rank}\,\rho_{s-1,t} \tag{2.14}$$

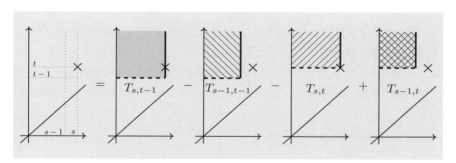

図 **2.23** ×印の点 (s,t) における重複度を求める式 (2.14) の可視化.

---

[30]注意 2.3.5 も参照.

とあらわされることが，式 (2.13) と包除原理を使うと次のようにわかる．まず $T_{s,t}$ は下線を含まないため，点 (s,t) は領域 $T_{s,t}$ に入っていないことに注意しよう．そこで (s,t) を含む $T_{s,t-1}$ から出発し，$T_{s-1,t-1}$ と $T_{s,t}$ を取り除いて，2 回取り除かれた $T_{s-1,t}$ の部分を 1 つ分戻すことで，重複度 $m_{s,t}$ が得られる．この議論は図 2.23 のように可視化できる．

　最後に，$\operatorname{rank} \rho_{s,t}$ は各 $i = 1, \dots, N$ に対する $H(K_i)$ の基底のとり方に無関係に決まるので，式 (2.14) からすべての重複度 $m_{s,t}$ も基底のとり方によらない．以上より，パーシステンス図は一意に決まることが証明された．

2.5　パーシステンス図間の距離と安定性定理

　この節では，パーシステンス図の差を定量的にはかるためにパーシステンス図間の距離を導入して，その距離が入力データの距離で上から評価されるという安定性定理の主張を述べる．

2.5.1　ボトルネック距離

　セル複体や位相空間のフィルトレーションが与えられると，パーシステンス図としてトポロジーの発展の情報が抽出できることを見た．ここでは，パーシステンス図間の差を定量的に検出するためにパーシステンス図の空間に（拡張擬）距離を定義する．

　2 つのパーシステンス図の間の距離は，次のようなアイデアに基づく．2 つのパーシステンス図の点同士を互いにマッチングして，マッチングされた点同士の距離の最大値を考える．この距離の最大値をマッチングのコストとして，コストが最小となるようにマッチングを選んだときのコストの値をパーシステンス図間の距離と定義する．しかしながら，このやり方には 2 つの問題点がある：

(i)　点の個数は等しいとは限らない．

(ii)　重要性が異なると想定される対角線に近い点と遠い点とがマッチングされる可能性がある．

そこで，点同士を部分的にマッチングして残りの点は対角線上の点とマッチングすると考える．以下，パーシステンス図の点を $q = (b, d)$ とあらわす．また，例 2.2.7 で見た $\mathbb{R}^2$ 上の ℓ^∞ 距離を $\overline{\mathbb{R}}^2$ に次のように拡張しておこう：

$q = (b, d)$, $q' = (b', d')$ に対して

$$d_\infty(q, q') = \|q - q'\|_\infty := \max\{|b - b'|, |d - d'|\}$$

ここで，$a, a' \in \overline{\mathbb{R}}$ に対して

$$|a - a'| = \begin{cases} |a - a'| & (a, a' \in \mathbb{R}), \\ 0 & (a = \infty, a' = \infty \text{ または } a = -\infty, a' = -\infty), \\ \infty & (\text{それ以外}) \end{cases}$$

と約束する．また，$c \in \mathbb{R} \cup \{\infty\}$ に対して，$\max\{\infty, c\} = \infty$ と約束する．

定義 2.5.1 D, D' を 2 つのパーシステンス図とする．

1. D と D' の間の**部分マッチング**（partial matching）とは $D \times D'$ の部分集合[♠31]M であって次の 2 条件を満たすものである：
   (1) 任意の $q \in D$ に対して，$(q, q') \in M$ を満たす $q' \in D'$ は高々 1 つである．
   (2) 任意の $q' \in D$ に対して，$(q, q') \in M$ を満たす $q \in D$ は高々 1 つである．

   このとき，部分マッチング M を $M : D \leftrightarrow D'$ とあらわす．$(q, q') \in M$ となる対をマッチングされた対と呼び，マッチングされた対の成分にならない $D \sqcup D'$ の点をマッチングされない点と呼ぶ．

2. D と D' の間の部分マッチング $M : D \leftrightarrow D'$ に対して，そのコスト $c(M)$ を

$$c(M) := \max\left\{ \sup_{(q, q') \in M} \|q - q'\|_\infty, \sup_{\substack{q \in D \sqcup D' \\ \text{マッチングされない点}}} \frac{|d - b|}{2} \right\}$$

により定める．$\frac{|d-b|}{2}$ は q を対角線へ射影した点を $\pi(q)$ と書くとき，$\|q - \pi(q)\|_\infty$ と等しいことに注意する．図 2.24 を参照.

[♠31]正確には多重集合の意味での部分集合である．

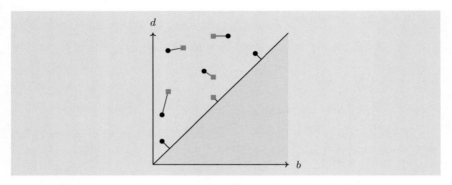

図 2.24　2 つのパーシステンス図間のボトルネック距離を定める
部分マッチングの例. 丸点からなるパーシステンス図と 4
角点からなるパーシステンス図のボトルネック距離を与
える部分マッチング M が線で示されている. マッチング
された対の ℓ^∞ 距離およびマッチングされない点と対角
線との ℓ^∞ 距離の最大値がボトルネック距離である.

3. D と D' との**ボトルネック距離**（bottleneck distance）$d_\mathrm{B}(D, D')$ を

$$d_\mathrm{B}(D, D') := \inf_{M \,:\, D \leftrightarrow D'} c(M)$$

により定める（図 2.24 を参照）. ここで M は D と D' の間の部分マッチング全体を渡る.

例 **2.5.2**　$D = \{(2, 5), (0, \infty)\}$, $D' = \{(1, \infty)\}$ とする. このとき, 部分マッチング $M = \{((0, \infty), (1, \infty))\}$ が D と D' のボトルネック距離を与え,

$$
\begin{aligned}
d_\mathrm{B}(D, D') &= c(M) \\
&= \max\left\{1, \frac{3}{2}\right\} \\
&= \frac{3}{2}
\end{aligned}
$$

である.

注意 2.5.3 部分マッチング $M: D \leftrightarrow D'$ は次のように考えたほうがわかりやすいかもしれない．すなわち，部分集合 $\widetilde{D} \subset D$ と $\widetilde{D'} \subset D'$ および全単射 $M: \widetilde{D} \to \widetilde{D'}$ の 3 つ組が部分マッチングである．このとき，$\widetilde{D'} = \mathrm{Im}\, M$ と書き部分マッチング M の像，$\widetilde{D} = \mathrm{Coim}\, M$ と書き M の余像と呼ぶ．部分マッチングの記号には $M: D \leftrightarrow D'$ の他に $M: D \rightarrowtail D'$ も使われることがある．

定義 2.5.1 では，部分マッチング $M: D \leftrightarrow D'$ に対して，マッチングされた対 $(q, q') \in M$ のコストは $d_\infty(q, q') = \|q - q'\|_\infty$，点 $q \in D \sqcup D'$ であってマッチングされないもののコストは対角線までの距離 $d_\infty(q, \Delta) = \frac{|d-b|}{2}$ と定めた．この定義により，先に述べた (i), (ii) の問題点は解消されて d_B はパーシステンス図間の拡張擬距離（定義 2.2.6 を参照）を定める．

注意 2.5.4 パーシステンス図 D, D' が有限多重集合である場合は，$d_\mathrm{B}(D, D') = 0$ ならば対角線を除いて D と D' は等しい．有限でない場合には，ボトルネック距離が 0 であっても（対角線の差を無視したとしても）等しいとは限らない．たとえば，$D := \{(a, a+1) \in \Upsilon \mid a \in \mathbb{Q}\}$, $D' := D + (\sqrt{2}, \sqrt{2})$ と定めると，$d_\mathrm{B}(D, D') = 0$ である．

ボトルネック距離は，直感的にはマッチングの中で最も離れた対の距離をはかっている．つまり，ボトルネック距離は 1 点の差のみで決まってしまい，その意味での頑健性はない．ユークリッド空間における ℓ^p 距離のように，1 つの座標軸だけを見るのか全体を見るのかのバランスを指定できるパーシステンス図の間の距離として，次のワッサースタイン距離[32]がある．ワッサースタイン距離は，特別な場合としてボトルネック距離を含む．

定義 2.5.5 p, p' を 1 以上の実数または ∞ として，D と D' を 2 つのパーシステンス図とする．D と D' の間の部分マッチング $M: D \leftrightarrow D'$ に対して，$1 \leq p < \infty$ のとき

$$c_{p,p'}(M) := \left(\sum_{(q,q') \in M} (\|q - q'\|_{p'})^p + \sum_{\substack{q \in D \sqcup D' \\ \text{マッチングされない点}}} (\|q - \pi(q)\|_{p'})^p \right)^{\frac{1}{p}}$$

と定め，$p = \infty$ のときは

---

[32]最適輸送の文脈で現れるワッサースタイン距離と似ているが完全に同じではない．

$$c_{\infty,p'}(M) := \max\left\{\sup_{(q,q')\in M}\|q-q'\|_{p'}, \sup_{\substack{q\in D\sqcup D' \\ \text{マッチングされない点}}}\|q-\pi(q)\|_{p'}\right\}$$

と定める．ここで $\pi\colon \overline{\mathbb{R}}^2 \to \Delta$, $(b,d)\mapsto (\frac{b+d}{2},\frac{b+d}{2})$ は対角線への射影である．D と D' の間の (p,p')-**ワッサースタイン距離**（Wasserstein distance）を

$$W_{p,p'}(D,D') := \inf_{M\colon D\leftrightarrow D'} c_{p,p'}(M)$$

により定める．$p=p'$ の場合は単に W_p と書かれる．

　定義よりボトルネック距離は，$p=\infty$ の場合のワッサースタイン距離 W_∞ と等しい．ボトルネック距離と並んで，$p=2$ の場合のワッサースタイン距離 W_2 も実用上よく用いられる．

　ワッサースタイン距離は計算量が大きいという実用上の問題がある．Carrière–Cuturi–Oudot[71] で導入されたスライスワッサースタイン距離（sliced Wasserstein distance）は，$\mathbb{R}^2$ 内の直線にパーシステンス図の各点を射影したもののワッサースタイン距離を，すべての直線に渡って積分（平均）した値で定義される．実用上は直線を有限個選ぶことで近似的に計算する．直線上のワッサースタイン距離は非常に高速に計算できるため，スライスワッサースタイン距離はワッサースタイン距離よりも少ない計算量で計算できる代替として用いられる．

2.5.2 安定性定理

　パーシステントホモロジーはデータの「大まかな形」，すなわちトポロジーを抽出して出力するので，入力データのある種の変形に対しては出力があまり変わらずにノイズに頑健であることが期待される．これを数学的な定理として述べるのが**安定性定理**（stability theorem）であり，パーシステンス図間のボトルネック距離が入力データの何らかの距離で上から評価されるという形で主張される．安定性定理は位相的データ解析の根幹をなす重要な定理であり，現在でも様々な形で研究がなされている．ここではその応用の広さから，Cohen-Steiner–Edelsbrunner–Harer[72] によって証明された劣位集合フィルトレーションのパーシステントホモロジーに関するものを述べよう．

例 2.2.28 で見たように，$\mathbb{R}^d$ の有限部分集合 P の Čech フィルトレーション
は，P からの距離として定まる $\mathbb{R}^d$ 上の距離関数の劣位集合フィルトレーショ
ンとみなせるのであった．この設定では，P の各点が少しずつ移動した P' に
対して，パーシステントホモロジーが大きく変わらないことが保証される．

位相空間 X 上の関数 $f\colon X \to \mathbb{R}$ に対して，その一様ノルム♠33は
$\|f\|_\infty := \sup_{x \in X} |f(x)|$ により定義され，2 つの関数 f, g の間の距離は
$\|f - g\|_\infty$ で与えられる．後で見るように，$\mathbb{R}^d$ の 2 つの有限部分集合 P, Q に
関する距離関数 f_P, f_Q に対して，$\|f_P - f_Q\|_\infty$ は P と Q の間のハウスドル
フ距離というものと等しくなる．

定理 2.5.6（劣位集合フィルトレーションに関する安定性定理）　$f, g \colon X \to \mathbb{R}$
を劣位集合のホモロジーが有限次元である 2 つの関数（定義 2.3.11 参照）と
して，劣位集合フィルトレーションのパーシステンス図 $D(f), D(g)$ を考え
る♠34．このとき，パーシステンス図間のボトルネック距離と関数の一様ノル
ムの間に不等式
$$d_{\mathrm{B}}(D(f), D(g)) \leq \|f - g\|_\infty$$
が成り立つ．

この定理 2.5.6 の，パーシステンス加群の間のインターリービング距離を経
由する証明方針は，3.1.3 項で説明する．

定理 2.5.6 は入力データ f と g のずれが小さいならば，パーシステンス図の
ずれもボトルネック距離の意味で小さいということを述べており，パーシステ
ントホモロジーのある種のノイズ耐性を示している．図 2.25 に X が $\mathbb{R}$ の区
間の場合の例が示されている．連続な関数 f（黒線）を区分的線形関数 g（青
線）で近似したとき（図 (a)），関数間の距離が小さいので対応するパーシステ
ンス図の間のボトルネック距離も小さくなっている（図 (b)）．

注意 2.5.7　Cohen-Steiner–Edelsbrunner–Harer–Mileyko [73] は，ワッサースタイ
ン距離に関する安定性定理も証明している．

♠33ここでは有界性を課していないので厳密な意味ではノルムではない．
♠34原論文[72] で述べられている主張はより仮定が強く，X が有限 3 角形分割可能で f, g が
連続であることを仮定する．

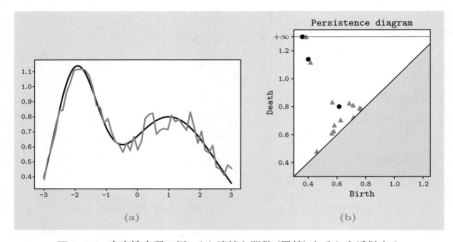

図 2.25　安定性定理の例．(a) 連続な関数（黒線）とそれを近似する
　　　　　区分的線形関数（青線）．ここで一様ノルム $\|f - g\|_\infty$ は，
　　　　　上下の差の絶対値の最大値である．(b) 対応する 0 次の
　　　　　パーシステンス図．近似誤差である一様ノルム $\|f - g\|_\infty$
　　　　　が小さいため，パーシステンス図間のボトルネック距離も
　　　　　小さくなっている．

　劣位集合フィルトレーションに関する安定性定理から，ハウスドルフ距離に
関する安定性が得られることを説明しよう．A と B を $\mathbb{R}^d$ の 2 つの有界な閉
集合としたとき，それらの間のハウスドルフ距離 $d_{\mathrm{H}}(A, B)$ は，A を r だけ膨
らませたものに B が含まれ，B を r だけ膨らませたものに A が含まれるよう
な r の下限として定義される．すなわち，$A_r := \{x \in \mathbb{R}^d \mid d(x, A) \le r\}$ とし
て B_r も同様に定義したとき

$$d_{\mathrm{H}}(A, B) := \inf\{r \in \mathbb{R}_{\ge 0} \mid A \subset B_r \text{ かつ } B \subset A_r\}$$

により定義される．別の表示では

$$d_{\mathrm{H}}(A, B) = \max\left\{\sup_{a \in A} d(a, B), \sup_{b \in B} d(b, A)\right\}$$

である．A, B に関する距離関数 $f_A, f_B \colon \mathbb{R}^d \to \mathbb{R}$ をそれぞれ $f_A(x) :=$

$d(x, A)$, $f_B(x) := d(x, B)$ により定めると，等式 $d_{\mathrm{H}}(A, B) = \|f_A - f_B\|_\infty$ が確かめられる．ゆえに安定性定理から次が得られる．

命題 2.5.8 A, B を $\mathbb{R}^d$ の有界な閉集合として，その距離関数 f_A, f_B による劣位集合フィルトレーションをそれぞれ $\mathcal{A} = (A_r)_r$, $\mathcal{B} = (B_r)_r$ とする．距離関数 f_A, f_B の劣位集合のホモロジーが有限次元であると仮定して，$\mathcal{A}, \mathcal{B}$ のパーシステンス図を $D(\mathcal{A}), D(\mathcal{B})$ と書く．このとき，パーシステンス図間のボトルネック距離とハウスドルフ距離の間に不等式

$$d_{\mathrm{B}}(D(\mathcal{A}), D(\mathcal{B})) \leq d_{\mathrm{H}}(A, B)$$

が成り立つ．

命題 2.5.8 でさらに特殊化して A, B がともに $\mathbb{R}^d$ の有限部分集合 P, Q である場合を考えよう．距離関数 f_P の劣位集合は Čech 複体とホモトピー同値なので，パーシステンス図について $D(\mathcal{P}) = D(\check{\mathcal{C}}(P))$ が成り立つ．これにより，Čech フィルトレーションによるパーシステンス図は点群のハウスドルフ距離に関するずれに対して頑健であることを主張する次の系が得られる．

系 2.5.9 P, Q を $\mathbb{R}^d$ の有限部分集合とする．このとき，

$$d_{\mathrm{B}}(D(\check{\mathcal{C}}(P)), D(\check{\mathcal{C}}(Q))) \leq d_{\mathrm{H}}(P, Q)$$

が成り立つ．

命題 2.5.8 は，$\mathbb{R}^d$ の有界な閉集合 A から有限個のサンプル点の集合 P をとる場合にも重要な理論保証を与えてくれる．応用上は，未知の A のトポロジーを調べるためにサンプル点の集合 P をとり，そのトポロジーから A の構造を推測する．上でも述べたようにパーシステンス図 $D(\mathcal{P})$ は Čech フィルトレーションによるパーシステンス図 $D(\check{\mathcal{C}}(P))$ と等しいので，計算機で得ることが可能♠35である．このとき，実際に知りたいトポロジー的情報 $D(\mathcal{A})$ が $D(\mathcal{P})$ とどのくらいずれているかを理論的に保証するのが，命題 2.5.8 である．

♠35しかし，パーシステンス図 $D(\check{\mathcal{C}}(P))$ を実際に計算することは計算量的に困難な場合が多い．

ノ ー ト

グロモフ–ハウスドルフ距離に関する安定性定理

　Vietoris–Rips フィルトレーションのパーシステンス図については，以下の
グロモフ–ハウスドルフ距離に関する安定性定理が成り立つ[74]．(X, d_X) と
(Y, d_Y) を 2 つの距離空間としたとき，それらの間のグロモフ–ハウスドルフ距
離 $d_{\mathrm{GH}}(X, Y)$ は

$$
d_{\mathrm{GH}}(X, Y) := \inf_{Z, f, g} \left\{ d_{\mathrm{H}}(f(X), g(Y)) \left| \begin{array}{l} (Z, d_Z) \text{ は距離空間で} \\ f: X \to Z \text{ および} \\ g: Y \to Z \text{ は等長埋め込み} \end{array} \right. \right\}
$$

で定義される．すなわち，等長埋め込みで同じ距離空間 Z にうつしてハウス
ドルフ距離を考え，それらの下限をとって距離と定義するのである．

　命題 2.5.10（Chazal–Cohen-Steiner–Guibas–Mémoli–Oudot [74]）
(X, d_X) と (Y, d_Y) を 2 つの有限距離空間とする．このとき，Vietoris–Rips
フィルトレーションのパーシステンス図間のボトルネック距離は不等式

$$
d_{\mathrm{B}}(D(\mathcal{VR}(X)), D(\mathcal{VR}(Y))) \le d_{\mathrm{GH}}(X, Y)
$$

を満たす．

パーシステンス図に関する信頼集合

　Fasy ら[75] は，安定性定理を用いてパーシステンス図に関する信頼集合
を構成した．M を $\mathbb{R}^d$ 内のコンパクト部分多様体として，$\mathcal{M} = (M_r)_r$,
$M_r = \{x \in \mathbb{R}^d \mid d(x, M) \le r\}$ を M への距離関数による劣位集合フィルト
レーションとする．このとき，M からサンプリングした n 個の点からなる点
群 X_n を用いて，パーシステンス図 $D(\mathcal{M})$ を推定することを考えたい．M
に台を持つ適当な仮定を満たす確率分布から X_n をサンプリングしたとき，
$0 < \alpha < 1$ に対して c_n を構成して

$$
\limsup_{n \to \infty} \mathbb{P}(d_{\mathrm{B}}(D(\check{\mathcal{C}}(X_n)), D(\mathcal{M})) > c_n) \le \alpha
$$

とできる．この不等式は

$$\liminf_{n \to \infty} \mathbb{P}(d_{\mathrm{B}}(D(\check{\mathcal{C}}(X_n)), D(\mathcal{M})) \in [0, c_n]) \geq 1 - \alpha$$

を意味するので，$C_n = \{P \mid d_{\mathrm{B}}(D(X_n), P) \leq c_n\}$ により漸近的な $(1 - \alpha)$ 信頼集合が得られている．証明は命題 2.5.8 を用いて，

$$\limsup_{n \to \infty} \mathbb{P}(d_{\mathrm{H}}(X_n, M) > c_n) \leq \alpha$$

を満たす c_n を構成することで行われる．

パーシステントホモロジーの代数的構造 ③

　本章では，パーシステントホモロジーの代数的構造を 2 つの方向に一般化するものとして，パーシステンス加群とクイバーの表現を説明する．パーシステンス加群はある条件下で区間加群という簡単なブロックの直和に分解し，そのパーシステンス図が定義できる．また，パーシステンス加群の間にはインターリービング距離という代数的な距離が定義され，これがパーシステンス図のボトルネック距離と等しいという等長定理が成り立つ．この定理は安定性定理の基礎となる．一方，クイバーの表現もある条件下で単純なブロックに分解するが，応用上はそのような条件を満たさない場合も重要である．ここでは，分解の条件を満たす例として，時系列データを扱う際に有用なジグザグパーシステンス加群，分解の条件を満たさない例として，複数のパラメータを含むフィルトレーションを扱えるマルチパラメータのパーシステンス加群を取り上げる．

3.1 パーシステンス加群とインターリービング距離

　ここではパーシステントホモロジーの間の距離や同型の概念を定めるために，パーシステントホモロジーの構造に着目して代数的に抽象化したパーシステンス加群を導入する．パーシステンス加群の間には標準的にインターリービング距離が定まる．良い状況ではパーシステンス加群に対してパーシステンス図が定義されるが，このとき実はパーシステンス図のボトルネック距離とインターリービング距離が等しいという等長定理が成り立つ．2.5 節で説明した安定性定理はこの等長定理を経由して見たほうがわかりやすく，パーシステンス加群はパーシステントホモロジーの単なる抽象化以上に重要である．

3.1.1 パーシステンス加群

　パーシステントホモロジーはフィルトレーションから誘導されるホモロジー

群の間の線形写像の族として定義された（定義 2.3.7）．この構造を代数的に抽象化したものが次のパーシステンス加群である．以下，体 $\mathbb{F}$ を固定して $\mathbb{F}$ 上のベクトル空間を考える．

定義 3.1.1（パーシステンス加群とその射）　R を $\mathbb{R}$ の部分集合とする．

1. R 上の**パーシステンス加群**（persistence module）$\mathbf{V}$ とは，R でパラメータ付けられたベクトル空間の族 $(V_r)_{r \in R}$ と，$r \le s$ なるすべての $r, s \in R$ に対して定義された線形写像 $V_{s,r} \colon V_r \to V_s$ の族 $(V_{s,r})_{r \le s}$ の組 $\mathbf{V} = ((V_r)_{r \in R}, (V_{s,r})_{r \le s})$ であって，2 条件
    - (1)　$V_{r,r} = \mathrm{id}_{V_r}$,
    - (2)　$r \le s \le t$ に対して $V_{t,r} = V_{t,s} \circ V_{s,r}$

    を満たすもののことである．条件 (2) は次の図式が可換になることと言い換えられる（図式とその可換性については 38 ページを参照）：

$$V_r \xrightarrow{V_{s,r}} V_s \xrightarrow{V_{t,s}} V_t$$
$$\underset{V_{t,r}}{\longrightarrow}$$

2. R 上の 2 つのパーシステンス加群 $\mathbf{V} = ((V_r)_{r \in R}, (V_{s,r})_{r \le s})$ および $\mathbf{W} = ((W_r)_{r \in R}, (W_{s,r})_{r \le s})$ に対して，パーシステンス加群の**射**（morphism）$\Phi \colon \mathbf{V} \to \mathbf{W}$ とは線形写像の族 $(\phi_r \colon V_r \to W_r)_{r \in R}$ であって，$r \le s$ なる任意の $r, s \in R$ に対して $\phi_s \circ V_{s,r} = W_{s,r} \circ \phi_r$ が成り立つもののことである．すなわち，次の図式が可換になることである：

$$
\begin{array}{ccc}
V_r & \xrightarrow{V_{s,r}} & V_s \\
\phi_r \downarrow & & \downarrow \phi_s \\
W_r & \xrightarrow{W_{s,r}} & W_s.
\end{array}
$$

    射 $\mathrm{id}_{\mathbf{V}} \colon \mathbf{V} \to \mathbf{V}$ を $\mathrm{id}_{\mathbf{V}} = (\mathrm{id}_{V_r})_{r \in R}$ により定めて $\mathbf{V}$ の恒等射と呼ぶ．R 上の 2 つのパーシステンス加群の射 $\Phi = (\phi_r)_{r \in R} \colon \mathbf{V} \to \mathbf{W}$ と $\Psi = (\psi_r)_{r \in R} \colon \mathbf{U} \to \mathbf{V}$ に対して，その合成は $\Phi \circ \Psi = (\phi_r \circ \psi_r)_{r \in R}$ で定義される．

3. R 上の 2 つのパーシステンス加群 $\mathbf{V}, \mathbf{W}$ に対して，パーシステンス加群の射 $\Phi \colon \mathbf{V} \to \mathbf{W}$ と $\Psi \colon \mathbf{W} \to \mathbf{V}$ が存在して $\Psi \circ \Phi = \mathrm{id}_{\mathbf{V}}$ かつ

$\Phi \circ \Psi = \mathrm{id}_{\mathbf{W}}$ を満たすとき，$\mathbf{V}$ と $\mathbf{W}$ は**同型**（isomorphic）であるといい，$\mathbf{V} \cong \mathbf{W}$ とあらわす.

以下，記述を簡潔にするために，パーシステンス加群 $\mathbf{V}$ の構成要素は同じアルファベットで書かれるベクトル空間 V_r と線形写像 $V_{s,r}$ の族であると約束する. また，記号を濫用してパーシステンス加群をベクトル空間の族 $(V_r)_{r \in R}$ だけであらわす場合もある. また，R を固定して考えているときは，R を省略することもある.

注意 3.1.2　圏論の言葉を使うと，パーシステンス加群とは実数の部分集合 R を通常の順序によって圏とみなしたものから $\mathbb{F}$ 上のベクトル空間の圏への関手 $\mathbf{V} \colon (R, \leq) \to \mathrm{Vect}(\mathbb{F})$ のことである. このようにみなすと，パーシステンス加群の射 $\Phi \colon \mathbf{V} \to \mathbf{W}$ とは自然変換のことである.

例 3.1.3　$\mathcal{K} = (K_r)_{r \in \mathbb{R}}$ をセル複体 K のフィルトレーションとする. このとき，$\mathcal{K}$ の n 次パーシステントホモロジー $H_n(\mathcal{K})$ は $\mathbb{R}$ 上のパーシステンス加群である. 単体的複体の場合は命題 2.1.21 を，立方体的複体の場合は定義 2.1.32 の後の注意を参照のこと.

例 3.1.4　$f \colon X \to \mathbb{R}$ を位相空間 X 上の関数とする. その劣位集合フィルトレーション $\mathcal{X}(f) = (X(f)_r)_{r \in \mathbb{R}}$, $X(f)_r = \{x \in X \mid f(x) \leq r\}$ の n 次パーシステントホモロジー $H_n(\mathcal{X}(f))$ は $\mathbb{R}$ 上のパーシステンス加群となる. 実際，パーシステンス加群の条件は，ホモロジー群の関手性（48 ページ）から従う. これを $\mathbf{V}(f, n)$ と書く. 以下ではしばしば n を省略して単に $\mathbf{V}(f) = (V(f)_r)_r$ と書く.

$g \colon X \to \mathbb{R}$ を別の X 上の関数として，その劣位集合フィルトレーション $\mathcal{X}(g)$ を考える. もし任意の $x \in X$ に対して $g(x) \leq f(x)$ ならば，任意の $r \in \mathbb{R}$ に対して包含 $X(f)_r \subset X(g)_r$ が成り立つ. したがって，包含写像により $\phi_r \colon H_n(X(f)_r) \to H_n(X(g)_r)$ が定まり，これはパーシステンス加群の射 $\Phi = (\phi_r)_{r \in \mathbb{R}} \colon \mathbf{V}(f) \to \mathbf{V}(g)$ を誘導する.

3.1.2　パーシステンス加群の区間分解

2.3 節では，パーシステントホモロジーのコンパクトな表現としてパーシステンス図を紹介した. この項では，一定の条件を満たすパーシステンス加群が

単純なブロックの直和に分解するという定理を説明し，それを利用してパーシステンス加群のパーシステンス図を定義する．

まずパーシステンス加群の直和を定義しよう．

定義 3.1.5 R を $\mathbb{R}$ の部分集合とする．A で添字付けられた R 上のパーシステンス加群の族 $(\mathbf{V}_\alpha)_{\alpha \in A}, \mathbf{V}_\alpha = (((V_\alpha)_r)_{r \in R}, ((V_\alpha)_{s,r})_{r \le s})$ に対して，

$$V_r := \bigoplus_{\alpha \in A} (V_\alpha)_r, \quad V_{s,r} := \bigoplus_{\alpha \in A} (V_\alpha)_{s,r}$$

と定めることで，R 上のパーシステンス加群 $\mathbf{V}$ が得られる．これを $(\mathbf{V}_\alpha)_{\alpha \in A}$ の**直和**（direct sum）と呼び，$\bigoplus_{\alpha \in A} \mathbf{V}_\alpha$ であらわす．

次の区間加群は最も単純なパーシステンス加群と考えられる．

定義 3.1.6（区間加群） 空集合，$\mathbb{R}$ 全体，あるいは $b \le d$ を満たす $b, d \in \mathbb{R}$ によって $[b, d], [b, d), (b, d], (b, d)$ または $[b, \infty), (b, \infty), (-\infty, d], (-\infty, d)$ の形で書ける $\mathbb{R}$ の部分集合を $\mathbb{R}$ の区間という．$\mathbb{R}$ の区間と R の共通集合のことを R の区間という．記号を濫用して，$\mathbb{R}$ の区間 I に対して，R の区間 $I \cap R$ を単に I とも書く．I を R の区間とするとき，R 上のパーシステンス加群 $\mathbb{F}_I = (((\mathbb{F}_I)_r)_{r \in R}, ((\mathbb{F}_I)_{s,r})_{r \le s})$ を

$$(\mathbb{F}_I)_r := \begin{cases} \mathbb{F} & (r \in I) \\ 0 & （それ以外）, \end{cases} \qquad (\mathbb{F}_I)_{s,r} := \begin{cases} \mathrm{id}_{\mathbb{F}} & (r, s \in I) \\ 0 & （それ以外）\end{cases}$$

と定めて，$\mathbb{F}_I$ を I の**区間加群**（interval module）と呼ぶ．

パーシステンス加群の同型の定義から，R 上の 2 つの区間加群 $\mathbb{F}_I$ と $\mathbb{F}_J$ について，同型 $\mathbb{F}_I \cong \mathbb{F}_J$ が成り立つことと $I = J$ であることは同値である．

与えられたパーシステンス加群を，単純なブロックである区間加群の直和としてあらわしたい．これは無条件には成り立たず，何らかの制限を加えたパーシステンス加群を考えなければならない．ここでは，実用上はほぼ常に仮定することのできる次の条件を考える．

定義 3.1.7 R 上のパーシステンス加群 $\mathbf{V}$ について，任意の $r \in R$ に対して V_r が有限次元であるとき，$\mathbf{V}$ は**各点で有限次元**（pointwise finite-dimensional）

であるという.

定理 3.1.8（パーシステンス加群の分解定理[76]）　$\mathbf{V}$ を各点で有限次元な R 上のパーシステンス加群とする. このとき, 区間の族 $(I_\alpha)_{\alpha \in A}$ であってすべての α について $I_\alpha \neq \emptyset$ が成り立つものが存在して, 同型 $\mathbf{V} \cong \bigoplus_{\alpha \in A} \mathbb{F} I_\alpha$ が成り立つ. さらに, この空でない区間からなる族 $(I_\alpha)_{\alpha \in A}$ は順序を除いて一意である.

　この定理の証明は本書では与えないが, R が有限集合である場合に限定した定理 3.1.12 を証明する. この場合には, 2.4 節が存在の構成的な証明を与えているともみなせる. さらに問題 3.1.13 では,「各点で有限次元で, 同型でない V_r の変化が有限個の r でしか起こらない」という条件のもとでの分解定理の証明を扱う.

　定理 3.1.8 で得られた区間の族 $(I_\alpha)_{\alpha \in A}$ を $\mathbf{V}$ の**バーコード**（barcode）と呼ぶ. $R = \mathbb{R}$ の場合, I_α の左側の端点を第 1 軸に右側の端点を第 2 軸にプロットすることで, バーコードに対して $\overline{\mathbb{R}}^2$ 内の多重集合 $D(\mathbf{V})$ が得られる. R が一般の場合は, R の区間 I_α を, $b, d \in \overline{\mathbb{R}}$ を用いて $(b, d) \cap R$ とあらわすときに, b, d がそれぞれ最大になるようなものを選び, $(b, d) \in \overline{\mathbb{R}}^2$ とみなすことで, バーコードに対して $\overline{\mathbb{R}}^2$ 内の多重集合 $D(\mathbf{V})$ を定める. この $D(\mathbf{V})$ を $\mathbf{V}$ の**パーシステンス図**と呼ぶ. パーシステントホモロジーを定義 2.3.7 に従ってパーシステンス加群とみなすとき, そのパーシステンス図は 2.3 節で導入したものと一致する.

注意 3.1.9　上の定義では, 各点で有限次元なパーシステンス加群 $\mathbf{V}$ のパーシステンス図 $D(\mathbf{V})$ は, $\mathbf{V}$ の区間加群への直和分解において各区間に端点が入るか否かの情報が落ちるため, $\mathbf{V}$ の情報を完全に保持するとは言えない. しかしながら, 区間の端点の情報も入れた装飾付きパーシステンス図（decorated persistence diagram）を用いることで, パーシステンス加群の情報を完全に保持することができる. 詳しくは Oudot [77] などを参照されたい.

　定理 3.1.8 を定義 2.3.7 に適用すると, 次が得られる.

定理 3.1.10　$\mathbb{R}$ の有限部分集合 $R = \{r_0, r_1, \ldots, r_N\}$（$r_0 < r_1 < \cdots < r_N$）で添字付けられた K の部分複体の増大列

$$\mathcal{K} : K_{r_0} \subsetneq K_{r_1} \subsetneq \cdots \subsetneq K_{r_N} = K$$

が与えられたとき，自然数 $n \in \mathbb{N}$ に対して，ある一意的な多重集合 $\{[b_i, d_i) \in R \times (R \cup \{\infty\}) \mid 1 \leq i \leq m\}$ が存在して，その n 次のパーシステントホモロジーは区間加群の直和 $\bigoplus_{i=1}^{m} \mathbb{F}_{[b_i, d_i)}$ と同型になる.

この定理は，定理 2.3.1 の言い換えとなっており，n 次のパーシステントホモロジーの持つ情報は，実質的に m 個の数の組 (b_i, d_i) $(1 \leq i \leq m)$ と等価であることを示している．これらは定義 2.3.2 の生成消滅対に対応し，パーシステンス図の形で記述される.

R が有限であるという条件のもとで定理 3.1.8 を証明しよう．このとき，$N \in \mathbb{N}$ が存在して，$R = \{0, 1, \ldots, N\}$ であるとして一般性を失わない．つまり，$V_0 \xrightarrow{V_{1,0}} V_1 \xrightarrow{V_{2,1}} \cdots \xrightarrow{V_{N,N-1}} V_N$ の形のパーシステンス加群 $\mathbf{V}$ を考える．便宜上，$V_{-1} = V_{N+1} = 0$ とおく．このとき，区間は $0 \leq r,\ s \leq N+1$ によって半開区間 $[r, s)$ の形に書けるもののみに限定される.

ベクトル空間 V_r はそれぞれの r に対して基底を持つが，ベクトル空間の列に対して異なる r の間で整合的な基底を定めるために，次の定義を行う.

定義 3.1.11 $v_i \in V_r$ に対して $r = |v_i|$ と書く．$S = \{v_1, \ldots, v_m\} \subset \bigcup_{r=0}^{N} V_r$ に対して，$\{V_{r_i, |v_i|} v_i \mid r_i \geq |v_i|\}$ の線形結合であらわされる元のなす $\bigoplus_{r=0}^{N} V_r$ の部分空間を $\langle S \rangle$ や $\langle v_1, \ldots, v_m \rangle$ とあらわす．ただし $\langle \emptyset \rangle = 0$ とする．また，$\langle S \rangle = \bigoplus_{r=0}^{N} V_r$ を満たすとき S を生成系という．$\langle S \rangle$ は $\bigoplus_{r=0}^{N} V_r$ の部分ベクトル空間であるだけでなく，$\mathbf{V}$ の部分列としてパーシステンス加群とみなす.

定理 3.1.12 $\mathbf{V}$ は区間加群の直和 $\bigoplus_{i=1}^{m} \mathbb{F}_{I_i}$ と同型である．また，直和分解に現れる区間の多重集合 $\{I_i\}$ は一意的に定まる.

証明 この証明中に限って，$v \in V_r$ に対して $V_{r+k,r} v = 0$ なる最小の $k \in \mathbb{N}$ を $e(v)$ と表記することにする．このとき，$\langle v \rangle \cong \mathbb{F}_{[r, r+e(v))}$ であることに注意する．直和の定義から，$v_1, \ldots, v_m \in \bigcup_{r=0}^{N} V_r$ に対して以下は同値である：

(a) $\langle v_1, \ldots, v_m \rangle = \langle v_1 \rangle \oplus \cdots \oplus \langle v_m \rangle$

(b) 「ある r と $J \subset \{i \mid |v_i| \leq r\}$ および $\{c_i \in \mathbb{F} \mid i \in J\}$ に対して

$\sum_{i \in J} c_i V_{r,|v_i|} v_i = 0$ $(*)$」ならば「すべての $i \in J$ で $c_i V_{r,|v_i|} v_i = 0$」.
分解の存在の肝となるのは次の主張である.

主張：**$\mathbf{V}$ の生成系 $S = \{v_1, \ldots, v_m\}$ を任意にとる. $\mathbf{V} \not\cong \langle v_1 \rangle \oplus \cdots \oplus \langle v_m \rangle$ ならば, $\sum_{v \in S'} e(v) < \sum_{v \in S} e(v)$ を満たすような別の生成系 S' が存在する.**

$(*)$ のもとで $c_i V_{r,|v_i|} v_i \neq 0$ となる v_i $(i \in J)$ が存在したとして, その中で $|v_i|$ が最大のものの 1 つを v_j とする.

$$\overline{v}_j = \sum_{i \in J} c_i V_{|v_j|,|v_i|} v_i = c_j v_j + \sum_{i \in J \setminus \{j\}} c_i V_{|v_j|,|v_i|} v_i$$

とおくと, $c_j \neq 0$ であるから $S' = \{\overline{v}_j\} \cup \{v_i \mid i \neq j\}$ は $\mathbf{V}$ の生成系となる ($\overline{v}_j = 0$ となっても構わない). $c_j V_{r,|v_j|} v_j \neq 0$ より $r - |v_j| < e(v_j)$, また $V_{r,|v_j|} \overline{v}_j = \sum_{i \in J} c_i V_{r,|v_i|} v_i = 0$ より $r - |v_j| \geq e(\overline{v}_j)$ が従う. よって $\sum_{v \in S'} e(v) < \sum_{v \in S} e(v)$ が成り立ち, 主張が示された. 任意の生成系 S に対して $\sum_{v \in S} e(v)$ は非負整数であるから, 主張を繰り返し有限回適用することで, (b) が成立する生成系が得られ, (a) により分解の存在が従う.

次に分解の一意性を示す[♠1]. $k \geq 0$ に対して $V_r^k = \{v \in V_r \mid e(v) \leq k\}$ と定めると, これは V_r の部分ベクトル空間となる. $\mathbf{V} \cong \bigoplus_{i=1}^m \mathbb{F}_{[b_i, d_i)}$ と分解するとき, $\dim(V_r^k)$ は $b_i \leq r$ かつ $d_i \leq r + k$ なる組 (b_i, d_i) の数に等しいことに注意する. これより $\#\{i \mid b_i \leq r, d_i = r + k\} = \dim(V_r^k) - \dim(V_r^{k-1})$ であるから,

$$\#\{i \mid (b_i, d_i) = (r, r + k)\}$$
$$= (\dim(V_r^k) - \dim(V_r^{k-1})) - (\dim(V_{r-1}^{k+1}) - \dim(V_{r-1}^k))$$

となり, 多重集合 $\{(b_i, d_i) \mid 1 \leq i \leq m\}$ の一意性が示された. □

定理 3.1.12 はより一般に, 「各点で有限次元で, 同型でない V_r の変化が有限個の r でしか起こらない」ようなパーシステンス加群に拡張できる. これを演習問題の形で述べておこう.

問題 3.1.13 $\mathbb{R}$ 上のパーシステンス加群 $\mathbf{V} = ((V_r)_{r \in \mathbb{R}}, (V_{s,r})_{r \leq s})$ が次の 2 条件を

[♠1]以下の議論は 2.4.4 項のものと同等である. $\operatorname{rank} \rho_{s,t} = \dim(V_s) - \dim(V_s^{t-s})$ が成り立つ.

満たすとする:

(1) 任意の $r \in \mathbb{R}$ に対して V_r は有限次元である.

(2) $\mathbb{R}$ の有限部分集合 $\{s_1, s_2, \ldots, s_N\}$ $(s_1 < s_2 < \cdots < s_N)$ が存在して, $s_0 = -\infty, s_{N+1} = \infty$ とすると, 次が成り立つ. $r, s \in \mathbb{R}$ がある $i = 0, 1, \ldots, N$ について $s_i < r \le s < s_{i+1}$ を満たすならば, $V_{s,r} : V_r \to V_s$ は同型写像である.

このとき, **V** は区間加群の直和に(順序を除いて)一意的に分解することを示せ.

ヒント:

• $T = \{t_0, t_1, \ldots, t_{2N}\} \subset \mathbb{R}$ を $t_0 = s_1 - 1$, $t_{2N} = s_N + 1$ として, $t_{2i-1} = s_i$ $(i = 1, 2, \ldots, N)$ および $t_{2i} = \frac{s_i + s_{i+1}}{2}$ $(i = 1, 2, \ldots, N-1)$ と定める.

• $R = \{0, 1, \ldots, 2N\}$ 上のパーシステンス加群 $W_j := V_{t_j}$, $W_{j+1,j} := V_{t_{j+1}, t_j}$ に定理 3.1.12 を適用することで **V** の区間加群への直和の構成と一意性を示す(このとき, 構成が集合 $\{s_1, s_2, \ldots, s_N\}$ の選び方に依存しないことも示す必要がある).

セル複体のパーシステントホモロジーなど, フィルトレーションが有限の R で記述できるものは, $\mathbb{R}$ 上ではなく R 上のパーシステンス加群を定めるとも思える. これらからは同じパーシステンス図が得られることが, 上の問題から従う. つまり, 無限列である $\mathbb{R}$ 上のパーシステンス加群を考えるときは, 同型であるような $V_{s,r}$ は上の意味でまとめてしまって, 有限列として考えても特徴量としては同じ情報を与える.

3.1.3 インターリービング距離

パーシステンス加群同士は, 同型により厳格に比較するだけではなく, それらの間に距離を導入して近さをはかることができる. まずはこの距離の定義の動機となる, 劣位集合フィルトレーションから定まるパーシステンス加群間の差について考える. $f, g : X \to \mathbb{R}$ を位相空間 X 上の 2 つの関数として, f と g の差の一様ノルムについて $\|f - g\|_\infty \le \varepsilon$ であると仮定する. このとき, 任意の $x \in X$ に対して $|f(x) - g(x)| \le \varepsilon$ であるから, 任意の $r \in \mathbb{R}$ に対して包含関係

$$X(f)_r \subset X(g)_{r+\varepsilon}, \quad X(g)_r \subset X(f)_{r+\varepsilon}$$

が成立する. より詳しく言うと, 任意の $r \le s$ に対して次の劣位集合と包含写像の可換図式(38 ページを参照)が得られる:

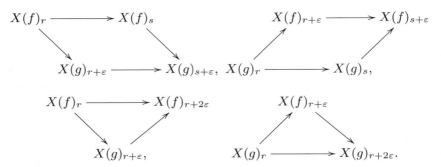

ホモロジー群をとると，包含写像から線形写像 $\phi_r \colon V(f)_r \to V(g)_{r+\varepsilon}$，$\psi_r \colon V(g)_r \to V(f)_{r+\varepsilon}$ が誘導される．ここで $V(f)_r = H_n(X(f)_r)$ の記号を用いた（例 3.1.4）．これらの写像について，次の可換図式が得られる[♠2]：

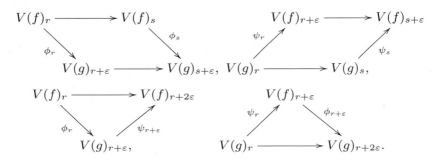

初めの 2 つの可換図式は，2 つの線形写像の族 $\Phi = (\phi_r)_{r\in\mathbb{R}} \colon (V(f)_r)_{r\in\mathbb{R}} \to (V(g)_{r+\varepsilon})_{r\in\mathbb{R}}$ と $\Psi = (\psi_r)_{r\in\mathbb{R}} \colon (V(g)_r)_{r\in\mathbb{R}} \to (V(f)_{r+\varepsilon})_{r\in\mathbb{R}}$ がパーシステンス加群の射であることを意味する（例 3.1.4 も参照）．

　上の考察では，添字を ε または 2ε だけずらしたパーシステンス加群とそれらに付随する射が現れた．一般に $\mathbb{R}$ 上のパーシステンス加群にも同様の概念を考えて記号を導入しよう．

定義 3.1.14（パーシステンス加群のシフト）　$\varepsilon \in \mathbb{R}_{\geq 0}$ とする．

　1．$\mathbb{R}$ 上のパーシステンス加群 $\mathbf{V}$ に対して，新たな $\mathbb{R}$ 上のパーシステンス加群 $\mathbf{V}[\varepsilon]$ を $V[\varepsilon]_r := V_{r+\varepsilon}$，$V[\varepsilon]_{s,r} := V_{s+\varepsilon,r+\varepsilon}$ により定める．また，

[♠2]ホモロジー群の関手性（48 ページ）による．

パーシステンス加群の射 $\tau_{\mathbf{V}}^{\varepsilon} : \mathbf{V} \to \mathbf{V}[\varepsilon]$ を $\tau_{\mathbf{V}}^{\varepsilon} := (V_{r+\varepsilon,r})_{r\in\mathbb{R}}$ により定める.

2. $\mathbb{R}$ 上のパーシステンス加群の射 $\Phi = (\phi_r)_{r\in\mathbb{R}} : \mathbf{V} \to \mathbf{W}$ に対して, パーシステンス加群の射 $\Phi[\varepsilon] : \mathbf{V}[\varepsilon] \to \mathbf{W}[\varepsilon]$ を $\Phi[\varepsilon] := (\phi_{r+\varepsilon})_{r\in\mathbb{R}}$ により定める.

たとえば, 区間加群 $\mathbb{F}_{[b,d)}$ に対しては, $\mathbb{F}_{[b,d)}[\varepsilon] \cong \mathbb{F}_{[b-\varepsilon,d-\varepsilon)}$ である.

いま定義した記号を用いると, 上の劣位集合フィルトレーションのパーシステンス加群の例では, $\Phi = (\phi_r)_{r\in\mathbb{R}} : \mathbf{V}(f) \to \mathbf{V}(g)[\varepsilon]$, $\Psi = (\psi_r)_{r\in\mathbb{R}} : \mathbf{V}(g) \to \mathbf{V}(f)[\varepsilon]$ という 2 つのパーシステンス加群の射が得られたことに注意しよう. また, 上の可換図式の後ろ 2 つの可換図式は, $\tau_{\mathbf{V}(f)}^{2\varepsilon} = \Psi[\varepsilon]\circ\Phi$, $\tau_{\mathbf{V}(g)}^{2\varepsilon} = \Phi[\varepsilon]\circ\Psi$ ということである. この関係を一般化してパーシステンス加群の間のインターリーブという概念を次のように定義しよう.

定義 3.1.15 (インターリーブ) $\mathbf{V}, \mathbf{W}$ を $\mathbb{R}$ 上のパーシステンス加群とする.

1. $\mathbf{V}$ と $\mathbf{W}$ が ε **インターリーブ** (ε-interleaved) であるとは, パーシステンス加群の射 $\Phi : \mathbf{V} \to \mathbf{W}[\varepsilon]$ と $\Psi : \mathbf{W} \to \mathbf{V}[\varepsilon]$ が存在して, 等式 $\tau_{\mathbf{V}}^{2\varepsilon} = \Psi[\varepsilon] \circ \Phi$, $\tau_{\mathbf{W}}^{2\varepsilon} = \Phi[\varepsilon] \circ \Psi$ が成り立つことをいう. すなわち, 次の 2 つの図式が可換になることである[3]:

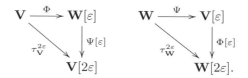

またこのとき, 射の組 (Φ, Ψ) を $\mathbf{V}$ と $\mathbf{W}$ の間の ε **インターリービング** (ε-interleaving) ともいう.

2. $\mathbf{V}$ と $\mathbf{W}$ の間の**インターリービング距離** (interleaving distance) $d_{\mathrm{I}}(\mathbf{V}, \mathbf{W})$ を

$$d_{\mathrm{I}}(\mathbf{V}, \mathbf{W}) := \inf\{\varepsilon \geq 0 \mid \mathbf{V} \text{ と } \mathbf{W} \text{ は } \varepsilon \text{ インターリーブ}\}$$

[3]38 ページでは図式は集合をあらわす記号とそれらの間の矢印からなる図と説明したが, より一般に対象と射からなる図も図式と呼ぶ. この場合も図式の可換性は同様に定義される.

と定める．d_{I} はパーシステンス加群全体に拡張擬距離（定義 2.2.6 を参照）を定める．

　　定義より 0 インターリーブは同型のことなので，インターリーブはずれを許した同型のような関係だとみなせる．許容するずれをどれくらい小さくできるかで，インターリービング距離を定義したのである．

問題 3.1.16　定義 3.1.15 で定義したインターリービング距離が 3 角不等式を満たすことを示せ．すなわち，任意のパーシステンス加群 $\mathbf{V}, \mathbf{V}', \mathbf{V}''$ に対して

$$d_{\mathrm{I}}(\mathbf{V}, \mathbf{V}'') \leq d_{\mathrm{I}}(\mathbf{V}, \mathbf{V}') + d_{\mathrm{I}}(\mathbf{V}', \mathbf{V}'')$$

であることを示せ．（**ヒント**：$\mathbf{V}$ と $\mathbf{V}'$ の間のインターリービングと，$\mathbf{V}'$ と $\mathbf{V}''$ の間のインターリービングから，$\mathbf{V}$ と $\mathbf{V}''$ の間のインターリービングを構成する．）

注意 3.1.17　インターリービング距離 d_{I} は $\mathbb{R}$ 上のパーシステンス加群全体の空間では非退化ではなく，擬距離にしかならない．すなわち，2 つのパーシステンス加群 $\mathbf{V}, \mathbf{W}$ が $d_{\mathrm{I}}(\mathbf{V}, \mathbf{W}) = 0$ であっても同型 $\mathbf{V} \cong \mathbf{W}$ が成り立つとは限らない．実際，$d_{\mathrm{I}}(\mathbb{F}_{(0,1)}, \mathbb{F}_{[0,1]}) = 0$ であるが，$\mathbb{F}_{(0,1)}$ と $\mathbb{F}_{[0,1]}$ は同型ではない．

問題 3.1.18　$d_{\mathrm{I}}(\mathbb{F}_{(0,1)}, \mathbb{F}_{[0,1]}) = 0$ であることを示せ．（**ヒント**：任意の $\varepsilon > 0$ に対して ε インターリーブであることを示す．）

　　上で劣位集合フィルトレーションのパーシステントホモロジーを一般化してインターリーブという概念を定義したので，関数の一様ノルムとの間には次のような関係があることがわかる．

例 3.1.19　$f, g \colon X \to \mathbb{R}$ を位相空間 X 上の関数として，$\|f - g\|_{\infty} \leq \varepsilon$ であると仮定する．このとき，上で見たようにパーシステンス加群の射 $\Phi \colon \mathbf{V}(f) \to \mathbf{V}(g)[\varepsilon]$ と $\Psi \colon \mathbf{V}(g) \to \mathbf{V}(f)[\varepsilon]$ が定まり，これらの射 Φ, Ψ で $\mathbf{V}(f)$ と $\mathbf{V}(g)$ は ε インターリーブとなる．したがって，パーシステンス加群間のインターリービング距離と関数の一様ノルムの間に不等式

$$d_{\mathrm{I}}(\mathbf{V}(f), \mathbf{V}(g)) \leq \|f - g\|_{\infty}$$

が成り立つ．

　　各点で有限次元なパーシステンス加群に対しては，インターリービング距離

の他に，対応するパーシステンス図のボトルネック距離が定まる．したがって，これら2つの距離の間にも安定性定理が成り立つかを問うことは自然である．Chazal–Cohen-Steiner–Glisse–Guibas–Oudot [78] は，ボトルネック距離はインターリービング距離で上から評価できる，すなわち不等式

$$d_{\mathrm{B}}(D(\mathbf{V}), D(\mathbf{W})) \leq d_{\mathrm{I}}(\mathbf{V}, \mathbf{W})$$

が成り立つことを示した．この不等式は代数的安定性定理（algebraic stability theorem）とも呼ばれる．その後 Lesnick [79] は，逆向きの不等式 $d_{\mathrm{I}} \leq d_{\mathrm{B}}$ を示し，結局これらの距離は等しいという次の**等長定理**（isometry theorem）が得られた．この定理の証明は少し複雑であり，その概略は付録 C で説明する．

定理 3.1.20（等長定理）　$\mathbf{V}$ と $\mathbf{W}$ を各点で有限次元な $\mathbb{R}$ 上の2つのパーシステンス加群とする．このとき，パーシステンス図間のボトルネック距離とパーシステンス加群間のインターリービング距離の間に等式

$$d_{\mathrm{B}}(D(\mathbf{V}), D(\mathbf{W})) = d_{\mathrm{I}}(\mathbf{V}, \mathbf{W})$$

が成り立つ．

　この等長定理を認めると定理 2.5.6 は次のように従う．$f, g \colon X \to \mathbb{R}$ を2つの関数とすると，例 3.1.19 より $d_{\mathrm{I}}(\mathbf{V}(f), \mathbf{V}(g)) \leq \|f - g\|_{\infty}$ が成り立つ．パーシステンス加群 $\mathbf{V}(f)$ に対応するパーシステンス図 $D(\mathbf{V}(f))$ が $D(f)$ のことであるから，等長定理（定理 3.1.20）から結論が従う．

ノート

q 従順なパーシステンス加群

　定理 3.1.8 のような分解定理は無条件には成り立たないが，パーシステンス図を定義することができるようなパーシステンス加群のクラスとして次がある．

定義 3.1.21（q 従順[77], [80]）　パーシステンス加群 $\mathbf{V}$ が **q 従順**（q-tame）であるとは，任意の $r < s$ に対して $\operatorname{rank} V_{s,r} < \infty$ であることをいう．

次数付き加群としてのパーシステントホモロジー

　単体的複体のフィルトレーションに対するパーシステントホモロジーが備え

る代数構造としてパーシステンス加群を取り上げたが，それと関連しつつ別の
捉え方として，パーシステントホモロジーをチェインのレベルで次数付き加群
として解釈することもできる．詳しくはたとえば論文 [81] や文献 [4] などを参
照せよ．$R \subset \mathbb{R}$ を有限集合として，$\mathcal{K} = (K_r)_{r \in R}$ を単体的複体 K のフィルト
レーションとする．このとき，添字を取り換えることで $R = \{0, 1, \ldots, N\} \subset \mathbb{N}$
となっているとしてよい．$K_r = K_N\ (r = N+1, N+2, \ldots)$ と定めて，$\mathbb{N}$
で添字付けられた族 $(K_r)_{r \in \mathbb{N}}$ を考えよう．$k \in \mathbb{N}$ に対して

$$C_k(\mathcal{K}) := \bigoplus_{r \in \mathbb{N}} C_k(K_r)$$

と定める．$C_k(\mathcal{K})$ の元は $(c_r)_{r \in \mathbb{N}} = (c_0, c_1, c_2, \ldots)$，$c_r \in C_k(K_r)$ とあらわ
せる．ここで z を不定元とする一変数多項式環 $\mathbb{F}[z]$ を考えて，z の $C_k(\mathcal{K})$ へ
の作用を

$$z \cdot (c_r)_r := (c_{r-1})_r \quad \text{ただし } c_{-1} = 0$$

$$\text{すなわち，} z \cdot (c_0, c_1, c_2, \ldots) := (0, c_0, c_1, \ldots)$$

と定めると，$C_k(\mathcal{K})$ は次数付き $\mathbb{F}[z]$ 加群となる．直観的には z の作用で，
$C_k(K_r)$ でのチェインを時刻が 1 進んだ $C_k(K_{r+1})$ でのチェインとみなすこ
とを意味している．ここで $\sigma \in K$ に対して，

$$r(\sigma) := \min\{r \in \mathbb{N} \mid \sigma \in K_r\}$$

と定義しよう．このとき，$\iota_r : C_k(K_r) \hookrightarrow C_k(\mathcal{K})$ を包含写像とすると，$C_k(\mathcal{K})$
は $\{e_\sigma := \iota_{r(\sigma)}(\sigma) \mid \sigma \in K, \dim \sigma = k\}$ を基底とする自由 $\mathbb{F}[z]$ 加群となるこ
とが確かめられる．そこで，$\sigma = \{v_0, \ldots, v_k\} \in K$ に対して

$$\widetilde{\partial}_k e_\sigma := \sum_{i=0}^{k} z^{r(\sigma) - r(\sigma_i)} e_{\sigma_i}, \quad \sigma_i = \{v_0, \ldots, \widehat{v_i}, \ldots, v_k\}$$

と定めて，$\mathbb{F}[z]$ 線形に拡張することで $\widetilde{\partial}_k : C_k(\mathcal{K}) \to C_{k-1}(\mathcal{K})$ を定義するこ
とができる．このとき，補題 2.1.14 と同様に $\widetilde{\partial}_k \circ \widetilde{\partial}_{k+1} = 0$ が成り立つので，
$n \in \mathbb{N}$ に対して $PH_n(\mathcal{K}) := \operatorname{Ker} \widetilde{\partial}_n / \operatorname{Im} \widetilde{\partial}_{n+1}$ と定義する．$PH_n(\mathcal{K})$ は次数
付き $\mathbb{F}[z]$ 加群であり，$\mathbb{F}$ 上のベクトル空間としては $\bigoplus_{r \in \mathbb{N}} H_n(K_r)$ と同型で，
構成から z の $H_n(K_r)$ への作用は $i_{r+1,r_*} : H_n(K_r) \to H_n(K_{r+1})$ と等しい．

問題 3.1.22 上の $PH_n(\mathcal{K})$ に $\mathbb{F}[z]$ 上の有限生成次数付き加群の構造定理を用いて定理 2.3.1 を示せ．(**参考**：Zomorodian–Carlsson[81]，平岡[4]．)

3.2 パーシステントホモロジーとクイバーの表現論

　ここまでは，通常の順序が入った実数の集合 $\mathbb{R}$ でパラメータ付けられたパーシステンス加群を考えてきた．しかし，このような設定では扱えないパーシステントホモロジーやパーシステンス加群を考えて，データのトポロジーの変化を追跡したい場合がある．ここではそのような例を 2 つ紹介しよう．

　1 つ目は，パーシステントホモロジーの一般化として提案されたジグザグパーシステンス加群[82] である．この枠組みを用いると，増大族とは限らない空間♠4の族も扱うことができる．たとえば，時刻でパラメータ付けられた時間変化する空間の族 $(X_t)_{t=1}^T$ は，一般には増大しないのでフィルトレーションではない．このような場合は，フィルトレーションの代わりに，包含写像からなる次の空間の図式が考えられる：

$$X_1 \to X_1 \cup X_2 \leftarrow X_2 \to \cdots \leftarrow X_{T-1} \to X_{T-1} \cup X_T \leftarrow X_T. \quad (3.1)$$

この列のホモロジー群をとると次のベクトル空間の図式が得られる：

$$
\begin{array}{ccccccc}
& H_n(X_1 \cup X_2) & & \cdots & & H_n(X_{T-1} \cup X_T) & \\
& \nearrow \quad \nwarrow & & \nwarrow & & \nearrow \quad \nwarrow & \\
H_n(X_1) & & H_n(X_2) & & H_n(X_{T-1}) & & H_n(X_T).
\end{array}
$$
$$(3.2)$$

このとき，パラメータの空間は有向グラフ

$$(1) \to (1,2) \leftarrow (2) \to \cdots \leftarrow (T-1) \to (T-1,T) \leftarrow (T) \quad (3.3)$$

であると考えて，頂点にベクトル空間が，矢印に線形写像が対応するとみなせばよい．

　2 つ目は，複数のパラメータを扱うマルチパラメータのパーシステントホモロジー[83] である．これを用いることで，たとえば時空間データ解析において時間と空間スケールの 2 つを同時に扱うことができる．また図 3.1 のように，

♠4この節では，セル複体または位相空間を「空間」として考えるが，厳密な議論を省く．

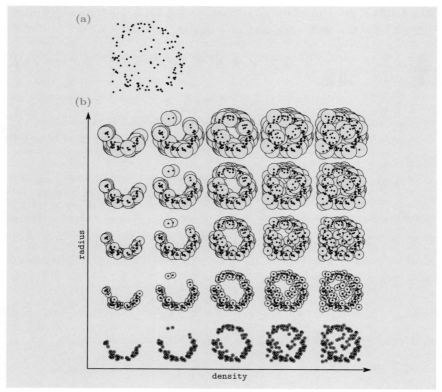

図 3.1 　マルチパラメータによる解析の例．(a) 解析対象の点群 P．
(b) P の各点に対してその周りでの密度推定値と，割り
当てる円盤の半径の値の 2 つの値を考える．密度推定値
（density）が指定値以上の値をとる P の部分集合に対して，
それらからの距離が指定した半径（radius）以下であると
いう $\mathbb{R}^2$ の部分集合を考える．（つまり，radius について は
劣位集合フィルトレーションを，density については優位集
合フィルトレーションを考えている）．なお，density の指
定値は右に行くほど低くなり，低密度の点も入れることと
なる．距離のみによる劣位集合を考えたものが右端の列に
対応し，点群中央の輪は検出されない．密度推定値も同時
に考慮することで，パーシステントホモロジーで輪の情報
が捉えられる．

点群の解析において，各点の半径と密度の2つを同時に扱うといった場面がある．こうしてマルチパラメータ化によってデータを複数の視点から調べることができるようになる．

このような場合，包含写像からなる次の空間の図式が考えられる：

$$
\begin{array}{ccccccccc}
\vdots & & \vdots & & \vdots & & \vdots & & \\
\uparrow & & \uparrow & & \uparrow & & \uparrow & & \\
X_{0,2} & \to & X_{1,2} & \to & X_{2,2} & \to & X_{3,2} & \to & \cdots \\
\uparrow & & \uparrow & & \uparrow & & \uparrow & & \\
X_{0,1} & \to & X_{1,1} & \to & X_{2,1} & \to & X_{3,1} & \to & \cdots \\
\uparrow & & \uparrow & & \uparrow & & \uparrow & & \\
X_{0,0} & \to & X_{1,0} & \to & X_{2,0} & \to & X_{3,0} & \to & \cdots.
\end{array}
\tag{3.4}
$$

この図式のホモロジー群をとると次のベクトル空間の図式が得られる：

$$
\begin{array}{ccccccccc}
\vdots & & \vdots & & \vdots & & \vdots & & \\
\uparrow & & \uparrow & & \uparrow & & \uparrow & & \\
H_q(X_{0,2}) & \to & H_q(X_{1,2}) & \to & H_q(X_{2,2}) & \to & H_q(X_{3,2}) & \to & \cdots \\
\uparrow & & \uparrow & & \uparrow & & \uparrow & & \\
H_q(X_{0,1}) & \to & H_q(X_{1,1}) & \to & H_q(X_{2,1}) & \to & H_q(X_{3,1}) & \to & \cdots \\
\uparrow & & \uparrow & & \uparrow & & \uparrow & & \\
H_q(X_{0,0}) & \to & H_q(X_{1,0}) & \to & H_q(X_{2,0}) & \to & H_q(X_{3,0}) & \to & \cdots.
\end{array}
\tag{3.5}
$$

上記のようなパーシステントホモロジーの様々な一般化を，1つの枠組みで議論するには，以下で紹介する（関係付き）クイバーの表現論が便利である．クイバーの表現論についてより詳しくは Assem–Simson–Skowroński[84] を参照されたい．

3.2.1 クイバー表現とジグザグパーシステンス加群
まずは，クイバーの定義を与えよう．

定義 3.2.1（クイバー）　**クイバー**（quiver）または**箙**（えびら）とは，
- 2つの集合 Q_0, Q_1 と

- 写像 $s, t\colon Q_1 \to Q_0$

の組 $Q = (Q_0, Q_1, s, t)$ のことである．クイバー $Q = (Q_0, Q_1, s, t)$ に対して，集合 Q_0 の元を Q の頂点，集合 Q_1 の元を Q の矢と呼ぶ．また，各矢 $\alpha \in Q_1$ に対して，$s(\alpha)$ を矢 α の始点，$t(\alpha)$ を終点と呼び，α を「矢印」$\alpha\colon s(\alpha) \to t(\alpha)$ であらわす．

　以下，本書では，特に断りのない限り，クイバー Q とは頂点集合 Q_0 と矢の集合 Q_1 が有限集合であるもの（有限クイバー）を指すことにする．

　ジグザグの形のパーシステンス加群 (3.2) のパラメータ空間としては，向きが同じとは限らない矢からなるクイバーを考えればよい．

定義 3.2.2（A_n 型クイバー）　正の自然数 $n \in \mathbb{N}_{>0}$ に対して，長さ n の向き τ とは記号「f」または記号「b」を元とする長さ $n-1$ の列 $\tau = (\tau_1, \ldots, \tau_{n-1})$ のことである．

　長さ n の向き τ に対して，クイバー $A_n(\tau)$ を

$$A_n(\tau)\colon\ 1 \xleftrightarrow{\ \alpha_1\ } 2 \xleftrightarrow{\ \alpha_2\ } \cdots \xleftrightarrow{\ \alpha_{n-1}\ } n$$

で定義する．ただし，i 番目の矢 α_i の方向は次のように τ_i で決める．$\tau_i = f$ ならば $\alpha_i\colon i \to i+1$，$\tau_i = b$ ならば $\alpha_i\colon i \leftarrow i+1$ である．$A_n(\tau)$ を **A_n 型クイバー**（A_n-type quiver）と呼ぶ．また，$\tau = (f, \ldots, f)$ の場合，$A_n(\tau)$ を $\vec{A}_n$ と書く．

　以下ではクイバーを定義 3.2.2 のように有向グラフで表示する．

例 3.2.3　$\tau = (f, b)$ のとき，$A_3(\tau) = A_3((f, b))$ はクイバー

$$1 \xrightarrow{\ \alpha_1\ } 2 \xleftarrow{\ \alpha_2\ } 3$$

である．$A_3((f, b))$ は $A_3(fb)$ と略す．一般の τ についても同様の略記を使う．

定義 3.2.4（表現）　$\mathbb{F}$ を体，Q をクイバーとする．

1. クイバー Q の $\mathbb{F}$ **表現**（$\mathbb{F}$-representation）とは，
   - 頂点集合 Q_0 で添字付けられた $\mathbb{F}$ ベクトル空間の族 $(V(i))_{i \in Q_0}$ と
   - 矢の集合 Q_1 で添字付けられた線形写像 $V(\alpha)\colon V(s(\alpha)) \to V(t(\alpha))$

の族 $(V(\alpha))_{\alpha \in Q_1}$

の組 $V = ((V(i))_{i \in Q_0}, (V(\alpha))_{\alpha \in Q_1})$ のことである.

2. 表現

$$V = ((V(i))_{i \in Q_0}, (V(\alpha))_{\alpha \in Q_1})$$

について，すべてのベクトル空間 $V(i)$ が有限次元のとき，V は有限次元
表現であるという.

3. クイバー Q の零表現 V とは，各 $i \in Q_0$ に対して $V(i) = 0$（零空間）
を満たす表現である．零表現を単に 0 であらわす.

たとえば，$R = \{1, 2, \ldots, n\}$ について R 上のパーシステンス加群は
$\vec{A}_n = A_n(f \cdots f)$ の表現に他ならず[♠5]，各点で有限次元な R 上パーシス
テンス加群は $\vec{A}_n$ の有限次元表現のことである．また，この節の最初の 1 つ
目の例で現れた有向グラフ (3.3) は，クイバー $A_{2T-1}(fbfb \cdots fb)$ に他なら
ない．空間と包含写像の図式 (3.1) の $\mathbb{F}$ 係数ホモロジー群をとって得られた
ベクトル空間と線形写像の図式 (3.2) は $A_{2T-1}(fbfb \cdots fb)$ の $\mathbb{F}$ 表現である.
これらは以下で定義するジグザグパーシステンス加群の典型的な例となって
いる.

定義 3.2.5 A_n 型クイバー $A_n(\tau)$ の表現を**ジグザグパーシステンス加群**
(zigzag persistence module) と呼ぶ.

定理 3.1.8 により，各点で有限次元な R 上（$R \subset \mathbb{R}$）のパーシステンス加群
（つまり，$A_n(f \cdots f)$ の有限次元表現）が区間加群に一意的に分解されるとわ
かった．一般にジグザグパーシステンス加群（$A_n(\tau)$ の表現）についても同様
の結果が成り立つことを述べよう.

まず，定義 3.1.1 の 2. と 3. と同様に，クイバーの表現の射・恒等射・同型が
定義できる．また，定義 3.1.5 と同様に，クイバーの表現の族の直和が定義で
きる．零表現ではない表現 L に対して，$L \cong M \oplus N$ が成り立つとき M か N
のどちらか 1 つが必ず零表現である場合，L は**直既約表現**（indecomposable

[♠5] $\vec{A}_n$ の表現 V に対して，R 上のパーシステンス加群 $\mathbf{V}' = ((V'_r)_{r \in R}, (V'_{s,r})_{r \leq s})$ は，
$V'_r := V(r)$, $V'_{i+1,i} := V(\alpha_i)$ で一意的に定まる．なぜなら，定義 3.1.1 の条件 (2) によ
り，$V'_{s,r}$ $(r + 2 \leq s)$ は $V'_{i+1,i}$ $(i = r, r + 1, \ldots, s - 1)$ の合成で定まるからである.

representation）であるという．直既約表現は「それ以上分解できない」[♠6]ような表現であることを意味する．

　Krull–Schmidt の定理（たとえば文献 [84] の I.4.10 を参照）により，有限クイバー Q の有限次元表現 V は，重複を許して直既約表現 L_i の直和で（直和因子の順番と同型を除き）一意的にあらわせる．すなわち $V \cong \bigoplus_{j=1}^{N} L_j$ の形で書ける．ここで $i \neq j$ に対して L_i と L_j が同型である場合もある．クイバー Q が**有限表現型**（finite representation type）とは，直既約表現が（同型を除いて）有限個しか存在しないことをいう．そうでないとき，Q は**無限表現型**（infinite representation type）という．

　この分野において，Gabriel の定理は重要である．その結果の一部をここで述べよう．Gabriel の定理はノートの定理 3.2.14 を参照されたい．

定理 3.2.6（Gabriel の定理[85], [86] の系）　τ を任意の向きとするとき，クイバー $A_n(\tau)$ の直既約表現は，同型を除いて次のように定義される区間表現 $I[b,d]$（$b \leq d \in \{1,2,\ldots,n\}$）となる：

$$i \in Q_0 \text{に対して、} I[b,d](i) := \begin{cases} \mathbb{F} & (i \in \{b,\ldots,d\}) \\ 0 & (\text{それ以外}), \end{cases}$$

$$\alpha \in Q_1 \text{に対して、} I[b,d](\alpha) := \begin{cases} \mathrm{id}_{\mathbb{F}} : \mathbb{F} \to \mathbb{F} & (s(\alpha),t(\alpha) \in \{b,\ldots,d\}) \\ 0 & (\text{それ以外}). \end{cases}$$

つまり，$A_n(\tau)$ は有限表現型である．

　定理 3.2.6 と Krull–Schmidt の定理により，任意のジグザグパーシステンス加群（$A_n(\tau)$ の有限次元表現）V は区間表現の直和 $V \cong \bigoplus_{i=1}^{N} I[b_i,d_i]$ で（直和因子の順番を除き）一意的にあらわせる．よって，ジグザグパーシステンス加群に対してもパーシステンス図を定義することができる．しかし，この場合には区間表現の矢の向きはクイバー Q に依存することに注意しよう．

[♠6]直既約表現は単純加群（既約表現）とは異なる概念であることに注意．

3.2.2 マルチパラメータのパーシステンス加群

次に，マルチパラメータのパーシステントホモロジーをクイバー表現の枠組みに入れることを考えよう．包含写像からなる空間の図式 (3.4) のホモロジー群をとると，図式 (3.5) が得られる．ここで，図式 (3.5) の写像の間には次のように可換性が成り立つ．まず，図式 (3.4) における各「箱」

$$
\begin{array}{ccc}
X_{i,j+1} & \xrightarrow{\iota_1} & X_{i+1,j+1} \\
{\scriptstyle \iota_2}\big\uparrow & & \big\uparrow{\scriptstyle \iota_3} \\
X_{i,j} & \xrightarrow{\iota_4} & X_{i+1,j}
\end{array}
$$

について，すべての写像が包含写像であることから，$\iota_1 \circ \iota_2 = \iota_3 \circ \iota_4$ が成り立つ．よって，ホモロジー群と誘導写像の図式

$$
\begin{array}{ccc}
H_n(X_{i,j+1}) & \xrightarrow{\iota_{1*}} & H_n(X_{i+1,j+1}) \\
{\scriptstyle \iota_{2*}}\big\uparrow & & \big\uparrow{\scriptstyle \iota_{3*}} \\
H_n(X_{i,j}) & \xrightarrow{\iota_{4*}} & H_n(X_{i+1,j})
\end{array}
$$

において，$\iota_{1*} \circ \iota_{2*} = \iota_{3*} \circ \iota_{4*}$，すなわち $\iota_{1*} \circ \iota_{2*} - \iota_{3*} \circ \iota_{4*} = 0$ が成り立つ．このような可換性を満たす表現だけを扱うには，次の関係付きクイバーの概念が役立つ．

定義 3.2.7（関係付きクイバー） 1. クイバー Q の矢 α_i の列

$$p = (\alpha_\ell, \alpha_{\ell-1}, \ldots, \alpha_1)$$

が $i = 2, \ldots, \ell$ に対して $s(\alpha_i) = t(\alpha_{i-1})$ を満たすとき，p は Q の長さ ℓ の**パス**（path）と呼ぶ．パス $p = (\alpha_\ell, \alpha_{\ell-1}, \ldots, \alpha_1)$ を簡単に $\alpha_\ell \alpha_{\ell-1} \cdots \alpha_1$ とも書く．パス $p = \alpha_\ell \alpha_{\ell-1} \cdots \alpha_1$ の始点を $s(\alpha_1)$，終点を $t(\alpha_\ell)$ と定める．

2. クイバー Q の**関係**（relation）とは，同じ始点と同じ終点を持つ長さが 2 以上[7]の Q のパス $p_1, p_2, \ldots, p_n$ の $\mathbb{F}$ 上の有限形式和

---

[7]本書で扱う範囲であれば，2 以上という条件を外しても特に不都合はないが，ここでは標準的な定義を採用して，長さが 2 以上とする．

$$r = \sum_{i=1}^{n} c_i p_i \quad (c_i \in \mathbb{F})$$

である.

   3.　**関係付きクイバー**（quiver with relations）とは，クイバー Q と Q の関係からなる集合 ρ の組 (Q, ρ) のことである.

例 3.2.8　クイバーを

$$Q: \quad \begin{array}{ccc} 1 \xrightarrow{\alpha_{21}} 2 \xrightarrow{\alpha_{32}} 3 \\ {\scriptstyle\alpha_{52}}\downarrow \qquad\quad \downarrow{\scriptstyle\alpha_{63}} \\ 5 \xrightarrow[\alpha_{65}]{} 6 \end{array}$$

とし，関係からなる集合 ρ を

$$\rho = \{\alpha_{52}\alpha_{21}, \ \alpha_{63}\alpha_{32} - \alpha_{65}\alpha_{52}\}$$

とすると，(Q, ρ) は関係付きクイバーである.

  V をクイバー Q の表現とする．パス $p = (\alpha_\ell, \alpha_{\ell-1}, \ldots, \alpha_1)$ について，線形写像 $V(p)$ を合成

$$V(p) = V(\alpha_\ell) \circ V(\alpha_{\ell-1}) \circ \cdots \circ V(\alpha_1) \colon V(s(p)) \to V(t(p))$$

で定義する．さらに，Q の関係 $r = \sum_{i=1}^{n} c_i p_i$ に対して，$V(r)$ を

$$V(r) = \sum_{i=1}^{n} c_i V(p_i)$$

で定義する．関係 $r = \sum_{i=1}^{n} c_i p_i$ の定義において，パス $p_1, p_2, \ldots, p_n$ は同じ始点 $s(p_1) = \cdots = s(p_n) = s_r$ と同じ終点 $t(p_1) = \cdots = t(p_n) = t_r$ を持つ．よって，任意の $i = 1, \ldots, n$ について $V(p_i)$ は $V(s_r)$ から $V(t_r)$ への線形写像であり，これらの 1 次結合である $V(r) = \sum_{i=1}^{n} c_i V(p_i)$ は問題なく定義されている.

定義 3.2.9（関係付きクイバーの表現）　　1. V をクイバー Q の表現とする．関係 r に対して $V(r)$ が零写像のとき，V は関係 r を満たすという．

2. (Q, ρ) を関係付きクイバーとする．Q の表現 V が任意の関係 $r \in \rho$ を満たしているとき，V は関係付きクイバー (Q, ρ) の**表現**であるという．

例 3.2.10　(Q, ρ) を例 3.2.8 の関係付きクイバーとする．

1.

$$V: \quad \begin{array}{ccccc} \mathbb{F} & \xrightarrow{\left[\begin{smallmatrix}1\\0\end{smallmatrix}\right]} & \mathbb{F}^2 & \xrightarrow{[\,0\ 1\,]} & \mathbb{F} \\ & & \downarrow{\scriptstyle[\,1\ 0\,]} & & \downarrow{\scriptstyle 1} \\ & & \mathbb{F} & \xrightarrow{\ 1\ } & \mathbb{F} \end{array}$$

は Q の表現であるが，(Q, ρ) の表現ではない．なぜならば

$$V(\alpha_{52}) \circ V(\alpha_{21}) = 1 \neq 0,$$
$$V(\alpha_{63}) \circ V(\alpha_{32}) - V(\alpha_{65}) \circ V(\alpha_{52}) = [0\ 1] - [1\ 0] \neq 0$$

だからである．

2.

$$V': \quad \begin{array}{ccccc} \mathbb{F} & \xrightarrow{\left[\begin{smallmatrix}1\\0\end{smallmatrix}\right]} & \mathbb{F}^2 & \xrightarrow{[\,0\ 1\,]} & \mathbb{F} \\ & & \downarrow{\scriptstyle[\,0\ 1\,]} & & \downarrow{\scriptstyle 1} \\ & & \mathbb{F} & \xrightarrow{\ 1\ } & \mathbb{F} \end{array}$$

は (Q, ρ) の表現である．実際，

$$V'(\alpha_{52}) \circ V'(\alpha_{21}) = 0,$$
$$V'(\alpha_{63}) \circ V'(\alpha_{32}) - V'(\alpha_{65}) \circ V'(\alpha_{52}) = [0\ 1] - [0\ 1] = 0$$

である．

　関係付きクイバー (Q, ρ) の表現の射・恒等射・同型・直和は，関係を忘れたクイバー Q の表現とみなしたときの射・恒等射・同型・直和として定義する．また，関係付きクイバー (Q, ρ) の零表現ではない表現 L に対して，$L \cong M \oplus N$

（M と N は (Q, ρ) の表現）が成り立つならば，M か N のどちらか 1 つが必ず零表現であるとき，L は (Q, ρ) の**直既約表現**であるという．クイバーの場合と同様に，関係付きクイバー (Q, ρ) が**有限表現型**とは，直既約表現が（同型を除いて）有限個しか存在しないことをいう．そうでなければ，(Q, ρ) は**無限表現型**という．

　ここまでの準備をもとに，**マルチパラメータパーシステンス加群** (multiparameter persistence module)[83] について説明しよう．マルチパラメータパーシステンス加群のパラメータ空間となる関係付きクイバーは，可換格子である．

定義 3.2.11（d 次元可換格子と d パラメータパーシステンス加群）　$m, n \in \mathbb{N}_{>0}$ に対して，関係付きクイバー $\vec{G}_{m,n}$ を $m \times n$ の **2 次元可換格子**（2D commutative grid）と呼び[♠8]，以下のように定める．$\vec{G}_{m,n}$ の頂点集合は，

$$(\vec{G}_{m,n})_0 = \{(i, j) \subset \mathbb{N}^2 \mid 1 \le i \le m, 1 \le j \le n\}$$

である．各頂点 (i, j) について，$(i, j+1)$ か $(i+1, j)$ が $\vec{G}_{m,n}$ の頂点であればそれぞれに対して矢 $\alpha_{i,j,u} : (i, j) \to (i, j+1)$ か $\alpha_{i,j,r} : (i, j) \to (i+1, j)$ を与える．また，各頂点 (i, j) に対して，$(i, j+1)$ と $(i+1, j)$ が両方 $\vec{G}_{m,n}$ の頂点であれば，関係

$$\alpha_{i,j+1,r} \circ \alpha_{i,j,u} - \alpha_{i+1,j,u} \circ \alpha_{i,j,r}$$

を与える．これは各「箱」

$$
\begin{array}{ccc}
(i, j+1) & \xrightarrow{\alpha_{i,j+1,r}} & (i+1, j+1) \\
{\scriptstyle \alpha_{i,j,u}} \uparrow & & \uparrow {\scriptstyle \alpha_{i+1,j,u}} \\
(i, j) & \xrightarrow[\alpha_{i,j,r}]{} & (i+1, j)
\end{array}
$$

を可換にするための関係である．

　一般に d 次元可換格子 $\vec{G}_{n_1,\ldots,n_d}$（$n_1, \ldots, n_d \in \mathbb{N}_{>0}$）も同様に定義できる．**$d$ パラメータパーシステンス加群**（d-parameter persistence module）とは，ある $\vec{G}_{n_1,\ldots,n_d}$ の表現である．

[♠8]向きが同じであることを強調したい場合は equioriented という語を付ける場合もある．

$\vec{G}_{m,n}$ は，頂点を m 列と n 行に並べて矢が上か右を向くように表示することで，2次元格子としてあらわされる．たとえば，$\vec{G}_{3,2}$ を表示してみよう．

$$(1,2) \xrightarrow{\alpha_{1,2,r}} (2,2) \xrightarrow{\alpha_{2,2,r}} (3,2)$$
$$\alpha_{1,1,u}\uparrow \qquad \alpha_{2,1,u}\uparrow \qquad \alpha_{3,1,u}\uparrow$$
$$(1,1) \xrightarrow{\alpha_{1,1,r}} (2,1) \xrightarrow{\alpha_{2,1,r}} (3,1)$$

必要な関係は

$$\alpha_{1,2,r} \circ \alpha_{1,1,u} - \alpha_{2,1,u} \circ \alpha_{1,1,r},$$
$$\alpha_{2,2,r} \circ \alpha_{2,1,u} - \alpha_{3,1,u} \circ \alpha_{2,1,r}$$

である．

2パラメータパーシステンス加群の複雑さをあらわす以下のことが知られている．

定理 3.2.12（Leszczyński[87] 定理 2.5，Leszczyński–Skowroński[88] 定理 5，Bauer–Botnan–Oppermann–Steen[89] 定理 1.3） $m,n \in \mathbb{N}_{\geq 2}$ とする．2次元可換格子 $\vec{G}_{m,n}$ は，$mn \geq 9$ のとき無限表現型である．さらに $mn \geq 12$ のときはワイルド表現型と呼ばれる非常に複雑な表現型である．

定理 3.2.13（Buchet–Escolar[90] 定理 1.1） 任意の1パラメータパーシステンス加群は，ある直既約2パラメータパーシステンス加群の直線への制限として得られる．

この定理は，直既約2パラメータパーシステンス加群の直線への制限全体は，（直既約とは限らない）すべての1パラメータパーシステンス加群を含んでいることを意味する．逆に言えば，2パラメータパーシステンス加群を直線1つに制限して得られる情報は限られている．

このように，マルチパラメータパーシステンス加群の代数的構造は複雑であるのだが，その特徴を抽出する方法として「ランク不変量」と「ファイバー化バーコード」の2つ[♠9]の手法を紹介する．マルチパラメータパーシステンス

[♠9] 実はこの2つの不変量は同じ情報を持っている．

加群に対しては，様々な手法が 2023 年現在でも提案・研究されている．たとえば，$A_n(\tau)$ の $I[b,d]$ をマルチパラメータの設定に拡張した「区間表現」を使った様々な不変量[91], [92], [93], [94], [95], [96] が最近活発に研究されている．6.2 節も参照せよ．

ランク不変量

$\vec{G}_{n_1,\dots,n_d}$ に対して

$$\mathcal{R} = \{(v_1, v_2) \mid v_1, v_2 \text{ は } \vec{G}_{n_1,\dots,n_d} \text{ の頂点}, v_1 \text{ から } v_2 \text{ へのパスが存在する}\}$$

と定義する．このとき $\vec{G}_{n_1,\dots,n_d}$ の表現である d パラメータパーシステンス加群 V に対して，関数 $\mathrm{rk}_V \colon \mathcal{R} \to \mathbb{N}$ を

$$\mathrm{rk}_V((v_1, v_2)) \coloneqq \mathrm{rank}\, V(p) \quad (p \text{ は } v_1 \text{ から } v_2 \text{ へのパス})$$

と定めて V の**ランク不変量**（rank invariant）と呼ぶ．ここで，v_1 から v_2 へのどのパスに対しても $V(p)$ は等しいので，この定義は well-defined である．

　1 パラメータパーシステンス加群の場合，つまり $\vec{G}_n = \vec{A}_n$ の表現 V に対し，

$$\mathrm{rk}_V((s,t)) = \mathrm{rank}(V_{t,s} \colon V(s) \to V(t))$$
$$= \#\{(b_i, d_i) \in D(V) \mid b_i \leq s, t \leq d_i\}$$

である．ただし，$D(V)$ は V のパーシステンス図である．2 つ目の等号は2.4.4 項と同様の議論で確認できる[♠10]．上の等式は，パーシステンス図の情報を使ってランク不変量が復元できることを意味する．逆に，2.4.4 項と同様の議論により，ランク不変量の情報からパーシステンス図が決まる．つまり，1 パラメータパーシステンス加群 V に関しては，ランク不変量とパーシステンス図は同じ情報を持っていると言ってよい．

　しかし，2 パラメータ以上の場合には，ランク不変量が等しくても 2 つのパーシステンス加群は同型であるとは限らない．たとえば 2×2 グリッド

$$\vec{G}_{2,2} = \begin{array}{ccc} (1,2) & \longrightarrow & (2,2) \\ \uparrow & & \uparrow \\ (1,1) & \longrightarrow & (2,1) \end{array}$$

[♠10]ここでは d_i は区間に入っているので，式 (2.13) とは d_i の扱いが若干異なる．

の 2 つの表現

$$V = \begin{array}{ccc} \mathbb{F} & \xrightarrow{\left[\begin{smallmatrix}1\\0\end{smallmatrix}\right]} & \mathbb{F}^2 \\ \uparrow & & \uparrow {\scriptstyle\left[\begin{smallmatrix}1\\0\end{smallmatrix}\right]} \\ 0 & \longrightarrow & \mathbb{F} \end{array}, \quad W = \begin{array}{ccc} \mathbb{F} & \xrightarrow{\left[\begin{smallmatrix}1\\0\end{smallmatrix}\right]} & \mathbb{F}^2 \\ \uparrow & & \uparrow {\scriptstyle\left[\begin{smallmatrix}0\\1\end{smallmatrix}\right]} \\ 0 & \longrightarrow & \mathbb{F} \end{array}$$

を考えよう. このとき,

$$\mathrm{rk}_V((1,2),(2,2)) = 1 = \mathrm{rk}_W((1,2),(2,2)),$$

$$\mathrm{rk}_V((2,1),(2,2)) = 1 = \mathrm{rk}_W((2,1),(2,2)),$$

$$\mathrm{rk}_V((v_1,v_2)) = 0 = \mathrm{rk}_W((v_1,v_2)) \qquad (\text{その他の } (v_1,v_2) \in \mathcal{R})$$

であるから, V と W のランク不変量は等しいことがわかる. しかし,

$$V \cong \begin{array}{ccc} \mathbb{F} & \xrightarrow{1} & \mathbb{F} \\ \uparrow & & \uparrow {\scriptstyle 1} \\ 0 & \longrightarrow & \mathbb{F} \end{array} \oplus \begin{array}{ccc} 0 & \longrightarrow & \mathbb{F} \\ \uparrow & & \uparrow \\ 0 & \longrightarrow & 0 \end{array}$$

$$W \cong \begin{array}{ccc} \mathbb{F} & \xrightarrow{1} & \mathbb{F} \\ \uparrow & & \uparrow \\ 0 & \longrightarrow & 0 \end{array} \oplus \begin{array}{ccc} 0 & \longrightarrow & \mathbb{F} \\ \uparrow & & \uparrow {\scriptstyle 1} \\ 0 & \longrightarrow & \mathbb{F} \end{array}$$

であるから, 直既約分解の一意性により $V \not\cong W$ である. つまり, ランク不変量だけでは V と W は区別できない.

ファイバー化バーコード

2 つ目にファイバー化バーコードを紹介しよう. 2 パラメータパーシステンス加群 M が与えられたとき, パラメータ空間[11]の中の直線 L に対して, L に M を制限した 1 パラメータパーシステンス加群 $M|_L$ が定義できる. 各 $M|_L$ は 1 パラメータパーシステンス加群なので, そのバーコード $D(M|_L)$ が定義できる. **ファイバー化バーコード**(fibered barcode)とは, 複数の直線への制限のバーコードの族である. ファイバー化バーコードは, RIVET というソフトウェア[12]で計算できる. 5.1 節では, マルチパラメータ解析の簡単な応用

---

[11]ここで説明した 2 パラメータパーシステンス加群のパラメータ空間は $\vec{G}_{m,n}$ であるが, より一般的には平面 $\mathbb{R}^2$ となる.

[12]RIVET は他の機能も持っているので, より詳しい紹介は 5.5 節を参照されたい.

例も示す.

ノ ー ト

圏 の 表 現 論

この節では，関係付きクイバーの表現論を用いて一般化されたパーシステン
ス加群を考えた．実は，関係付きクイバーは小圏の特殊な場合とみなすことが
でき，圏の表現論の枠組みで議論できる．ここで，小圏 $\mathcal{C}$ の $\mathbb{F}$ 表現とは，$\mathcal{C}$ か
ら $\mathbb{F}$ ベクトル空間の圏 $\mathrm{Vect}(\mathbb{F})$ への関手のことである．圏と表現論に関する
ことは，文献 [97] などを参照されたい.

たとえば，2 パラメータパーシステンス加群は圏の表現論の枠組みで次のよ
うに定式化することもできる．まず，$\mathbb{Z}^2$ には自然な半順序

$$(s_1, s_2) \leq (t_1, t_2) \iff s_1 \leq t_1 \text{ かつ } s_2 \leq t_2$$

が定義されている．この半順序を制限することで $(\vec{G}_{m,n})_0 = \{1, 2, \ldots, m\} \times \{1, 2, \ldots, n\} \subset \mathbb{Z}^2$ に半順序 $\leq$ を定める．一般に半順序集合 P は，対象が P
であって射の集合が

$$\mathrm{Hom}(x, y) = \begin{cases} * & (x \leq y) \\ \emptyset & (\text{それ以外}) \end{cases}$$

である圏とみなすことができる．この節で定義した 2 パラメータパーシステン
ス加群とは，圏 $((\vec{G}_{m,n})_0, \leq)$ の表現のことである.

Gabriel の定理

定理 3.2.6 では Gabriel の定理の一部を述べたが，Gabriel の定理は以下の
通りである．有限次元表現 V の**次元ベクトル**（dimension vector）は，各頂点
にあるベクトル空間の次元の族 $\underline{\dim} V := (\dim V(i))_{i \in Q_0} \in \mathbb{N}^{|Q_0|}$ として定義
される.

定理 3.2.14（Gabriel の定理[85], [86]）   連結なクイバー Q に対して，Q が
有限表現型であることは Q が ADE 型 Dynkin クイバーであることと同値で
ある．このとき，Q の直既約表現の同型類の集合を $\mathcal{L}$ とすると，次元ベクトル
を与える写像 $\underline{\dim}: \mathcal{L} \to \mathbb{N}^{|Q_0|}$, $[V] \mapsto \underline{\dim} V$ は単射である．ただし，$[V]$ は
直既約表現 V の同型類を意味する.

ADE 型 Dynkin クイバーとは，矢の向きを忘れた無向グラフが以下のいずれかとなるクイバーである：

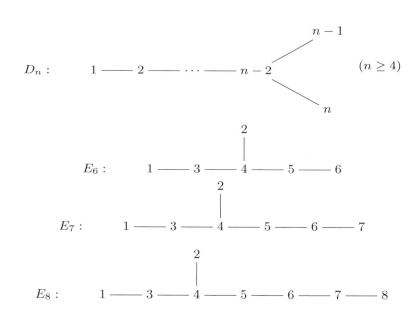

$$A_n: \quad 1 \relbar\joinrel\relbar 2 \relbar\joinrel\relbar \cdots \relbar\joinrel\relbar n \quad (n \geq 1)$$

$$D_n: \quad 1 \relbar\joinrel\relbar 2 \relbar\joinrel\relbar \cdots \relbar\joinrel\relbar n-2 \quad \begin{matrix} n-1 \\ \\ n \end{matrix} \quad (n \geq 4)$$

$$E_6: \quad 1 \relbar\joinrel\relbar 3 \relbar\joinrel\relbar \overset{\displaystyle 2}{\underset{|}{4}} \relbar\joinrel\relbar 5 \relbar\joinrel\relbar 6$$

$$E_7: \quad 1 \relbar\joinrel\relbar 3 \relbar\joinrel\relbar \overset{\displaystyle 2}{\underset{|}{4}} \relbar\joinrel\relbar 5 \relbar\joinrel\relbar 6 \relbar\joinrel\relbar 7$$

$$E_8: \quad 1 \relbar\joinrel\relbar 3 \relbar\joinrel\relbar \overset{\displaystyle 2}{\underset{|}{4}} \relbar\joinrel\relbar 5 \relbar\joinrel\relbar 6 \relbar\joinrel\relbar 7 \relbar\joinrel\relbar 8$$

応用に有用な3つの理論 4

本章ではパーシステントホモロジーを応用する際に有用な3つの理論を説明する．まず，パーシステントホモロジーの情報を要約して解釈する際に有用なパーシステンス図のベクトル化について，いくつかの手法とそれらの性質を説明する．次に，パーシステンス図で捉えられるトポロジー的特徴量が元データのどこに現れるかを特定するパーシステンス図の逆解析を，数理最適化で定式化する．最後に，パーシステンス図の変形に対応する点群変形やトポロジー的な損失関数を考える際に有用なパーシステンス図の微分可能性を，連続法による点群の変形とパーシステンス図の関数に対する勾配法に応用する．

4.1 パーシステンス図のベクトル化手法

パーシステンス図は $\overline{\mathbb{R}}^2$ 内の多重集合であるため，そのままでは解析には用いづらいという問題がある．そこで，パーシステンス図を要約して扱いやすい・理解しやすいベクトルに変換し，それを解析するというアプローチがよく用いられる♠1．このアプローチのもう1つの利点は，ベクトル化されたトポロジー的特徴量は機械学習の入力として使いやすいことである（付録Bを参照）．ベクトル化を通して，従来は抽出することが難しかったデータの大域的な情報を特徴量として，分類や回帰の既存アルゴリズムの入力として容易に用いることが可能となる．

以下，この節ではパーシステントホモロジー・パーシステンス図の情報をどのようにベクトルに変換するかを説明する．ここでベクトル化においては，パーシステンス図の点から消滅時刻が ∞ になるものを除いたほうが都合がよい場合がしばしばある．そこで，有限個の有限座標の点からなるパーシステ

♠1パーシステントホモロジーの情報の一部は失われる場合もある．

ンス図，すなわち $\mathbb{R}^2$ 内の有限多重集合♠2となるパーシステンス図を，**有限な パーシステンス図**と呼ぶことにしよう．一般にセル複体のフィルトレーション のパーシステンス図 D から消滅時刻が ∞ の点を除くと，有限なパーシステン ス図 D_{reg} が得られるので，この有限なパーシステンス図 D_{reg} に本節のベク トル化を適用すればよい．

4.1.1 ベ ッ チ 曲 線

初めに，パーシステントホモロジーの情報抽出方法の 1 つであるベッチ曲 線について説明しよう．単体的複体 K に対して，n 次ホモロジー群の次元 $\dim H_n(K;\mathbb{F})$ を n 次の $\mathbb{F}$ 係数の**ベッチ数**（Betti number）と呼び，$\beta_n(K;\mathbb{F})$ であらわす．ホモロジーの係数体 $\mathbb{F}$ を固定しているときは，$\beta_n(K;\mathbb{F})$ を $\beta_n(K)$ と略記する．フィルトレーション $\mathcal{K} = (K_r)_{r\in\mathbb{R}}$ に対しては，各 $r\in\mathbb{R}$ ごとに ベッチ数を考えた自然数の族 $(\beta_n(K_r))_{r\in\mathbb{R}}$ が得られる．$\mathbb{R}$ で添字付けられた この族をフィルトレーションの n 次の**ベッチ曲線**（Betti curve）と呼ぶ．ベッ チ曲線は「穴」の数の変化をあらわしており，直観的に理解がしやすい指標で ある．

ベッチ曲線はパーシステンス図からも作ることもできる．定理 2.3.1 の証明 （2.4.4 項）より，時刻 r でのベッチ数 $\beta_n(K_r)$ は $b_i \leq r < d_i$ を満たす生成消 滅対 (b_i, d_i) の個数であるから，$\{(b,d) \in \mathbb{R}^2 \mid b \leq r, d > r\}$ なる領域に存在 する n 次パーシステンス図の点の個数と一致する（図 4.1）．この方法でパー システンス図 D からベッチ曲線を定義することができ，これを $\beta(D)$ と書く． $\beta(D)$ は $\mathbb{R}$ 上の自然数値をとる関数 $\beta(D)\colon \mathbb{R} \to \mathbb{N}$ である．実用上は $\mathbb{R}$ 上に有 限個の点を（たとえば等間隔に）とり，そこでの値を考えることで，ベッチ曲 線を有限次元のベクトルだとみなすことも多い．

ベッチ曲線を一般化するものとして以下のパーシステンス曲線がある[98]． 関数 $\psi(b,d,r)$ と総和・最大などの**要約統計量** T が与えられたとき

$$P(D,\psi,T)(r) := T(\{\psi(b,d,r) \mid (b,d) \in D, b \leq r, d > r\})$$

で定まる r の関数を**パーシステンス曲線**（persistence curve）と呼ぶ．ベッチ 曲線は，パーシステンス曲線で ψ を定数関数 1 として，T を総和としたもの

♠2ここでは重複度の総和が有限である多重集合を有限多重集合と呼ぶ．

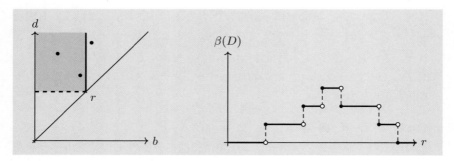

図 4.1　パーシステンス図とベッチ曲線との対応

である.

4.1.2　パーシステンスランドスケープ

ベッチ曲線と似ているがより詳細な情報を得られる方法として, Bubenik[99] により導入されたパーシステンスランドスケープがある. 統計的性質も詳しく調べられていることから, 応用上よく用いられる.

$\mathbf{V} = ((V_r)_{r \in \mathbb{R}}, (V_{s,r})_{r \le s})$ を有限なパーシステンス図を持つパーシステンス加群とする. ベッチ数に対応する V_r の次元 $\dim V_r$ の代わりに, $r \le s$ なる 2 つのパラメータ r, s に対して, 線形写像 $V_{s,r}$ のランク

$$\beta^{r,s}(\mathbf{V}) := \operatorname{rank} V_{s,r} = \dim \operatorname{Im} V_{s,r}$$

を考えよう. これを用いてランク関数 $\lambda' \colon \mathbb{R}^2 \to \mathbb{R}$ を

$$\lambda'(b, d) := \begin{cases} \beta^{b,d}(\mathbf{V}) & (b \le d) \\ 0 & (\text{それ以外}) \end{cases}$$

により定める. 関数 λ' はパーシステンス図 $D(\mathbf{V})$ からも得られる. 実際, $D(\mathbf{V})$ の各点から右下の領域で 1 となる指示関数を足し合わせてできる関数を $\Upsilon = \{(b, d) \mid b \le d\}$ 以外では 0 としたものが λ' と一致する（図 4.2）. 関数の台が上半平面になるように $x = \frac{d+b}{2}$, $y = \frac{d-b}{2}$ と座標変換すれば

$$\lambda'(x, y) = \begin{cases} \beta^{x-y,x+y}(\mathbf{V}) & (y \ge 0) \\ 0 & (\text{それ以外}) \end{cases}$$

となる.

定義 4.1.1 （パーシステンスランドスケープ） $\mathbf{V}$ を有限なパーシステンス
図を持つパーシステンス加群とする. このとき, 関数 $\lambda_k(\mathbf{V}) \colon \mathbb{R} \to \mathbb{R}$ の列
$\lambda(\mathbf{V}) = (\lambda_k(\mathbf{V}))_{k \in \mathbb{N}_{>0}} \colon \mathbb{N}_{>0} \times \mathbb{R} \to \mathbb{R}_{\geq 0}$ を

$$\lambda_k(\mathbf{V})(t) := \sup\{u \geq 0 \mid \lambda'(t, u) \geq k\}$$

により定める. $\lambda(\mathbf{V})$ を $\mathbf{V}$ の**パーシステンスランドスケープ** (persistence
landscape) と呼び, $\lambda_k(\mathbf{V})$ を k 位のパーシステンスランドスケープと呼ぶ.

　パーシステンスランドスケープは次の性質を満たす:
(i)　任意の $t \in \mathbb{R}$ に対して $\lambda_k(\mathbf{V})(t) \geq \lambda_{k+1}(\mathbf{V})(t)$,
(ii)　$\lambda_k(\mathbf{V})$ は 1-リプシッツである.
パーシステンスランドスケープ $\lambda_k(\mathbf{V})$ は $\mathbf{V}$ のパーシステンス図 $D(\mathbf{V})$ を用
いてもあらわせる. 実際, 有限なパーシステンス図 $D(\mathbf{V}) = \{(b_i, d_i)\}_i$ に対
して,

$$\lambda_k(\mathbf{V})(t) = k\text{-}\max_i \min\{t - b_i, d_i - t\}_+$$

である. ここで k-max は k 番目に大きい値であり, 実数 $a \in \mathbb{R}$ に対して
$a_+ = \max\{0, a\}$ である. 一般に, 有限なパーシステンス図 $D = \{(b_i, d_i)\}_i$
に対しても,

$$\lambda_k(D)(t) := k\text{-}\max_i \min\{t - b_i, d_i - t\}_+ \tag{4.1}$$

と定義する. 上の式 (4.1) から, パーシステンス図内の対角線から遠い点ほど
パーシステンスランドスケープにより大きく寄与することがわかる. これは,
パーシステンス図内の点で対角線に近いものがノイズで, 対角線から遠いもの
が本質的とみなされることと合致している.

　パーシステンスランドスケープは $\mathbb{R}$ 上の関数の列であるから, ノルムを与える
ことができる. 一般に, $1 \leq p \leq \infty$ と関数の列 $\lambda = (\lambda_k)_{k \in \mathbb{N}_{>0}} \colon \mathbb{N}_{>0} \times \mathbb{R} \to \mathbb{R}$
に対して

$$\|\lambda\|_p^p := \sum_{k=1}^{\infty} \|\lambda_k\|_p^p, \quad \|\lambda\|_\infty := \sup\{\|\lambda_k\|_\infty \mid k \in \mathbb{N}_{>0}\}$$

と定義する. ここで $\|f\|_p$ は関数 f の p ノルムである. このようにしてパーシ

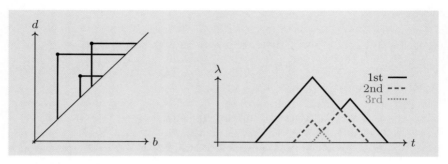

図 4.2　パーシステンス図とパーシステンスランドスケープとの対
応．右の図で関数値の大きい順に $k = 1, 2, 3$ のパーシステ
ンスランドスケープである．

ステンスランドスケープはバナッハ空間の元とみなすことができ，バナッハ空
間に値をとる確率変数の理論を適用することも可能になる．$p = \infty$ のときは，
次のパーシステンスランドスケープに関する安定性定理が成立する．

命題 4.1.2　$\mathbf{V}$ と $\mathbf{W}$ を 2 つのパーシステンス加群とする．このとき，不等式

$$\|\lambda(\mathbf{V}) - \lambda(\mathbf{W})\|_\infty \leq d_\mathrm{I}(\mathbf{V}, \mathbf{W})$$

が成り立つ．特に，等長定理（定理 3.1.20）より，有限なパーシステンス図
D, D' に対して不等式

$$\|\lambda(D) - \lambda(D')\|_\infty \leq d_\mathrm{B}(D, D')$$

が成り立つ．

　$1 \leq p < \infty$ の場合の安定性については原論文[99] を参照されたい．
　実用上は，ベッチ曲線と同様に $\mathbb{R}$ 内の有限個の点での値を考えることで，
パーシステンスランドスケープを有限次元のベクトルとみなすことが多い．

4.1.3　パーシステンスイメージ

　パーシステンス図は $\mathbb{R}^2$ 内の多重集合であるから，それを可視化すると 2 次
元画像とみなせる．この画像出力を滑らかにして画像としてベクトル化するも
のが Adams ら[100] により提案されたパーシステンスイメージである．これは
カーネル密度推定を経由してパーシステンス図をベクトル化しているとみなす

こともできる.

D を有限なパーシステンス図とする.まず座標変換 $T\colon \mathbb{R}^2 \to \mathbb{R}^2$,
$(b,d) \mapsto (b, d-b)$ によって,パーシステンス図を変換した $T(D)$ を考える.これはパーシステンスランドスケープと同様に,$\Upsilon = \{(b,d) \mid b \le d\}$ に存在する多重集合を上半平面 $\mathbb{R} \times \mathbb{R}_{\ge 0}$ にうつす(図 4.3 も参照)[♠3].$\phi_u\colon \mathbb{R}^2 \to \mathbb{R}$ を平均が $u \in \mathbb{R}^2$ である微分可能で連続な確率密度関数とする.実際の応用においては,2 次元ガウス関数

$$g_{u,\sigma}(z) := \frac{1}{2\pi\sigma^2} \exp\left(-\frac{\|z-u\|_2^2}{2\sigma^2}\right)$$

がよく用いられる.さらに重み関数 $w\colon \mathbb{R}^2 \to \mathbb{R}_{\ge 0}$ を固定する.重み関数は対角線に近い点の重みを小さくするために使われ,実用上は連続で対角線に向かって 0 に単調減少する関数を使うことが多い.安定性定理を証明するには重み関数にさらに条件を付ける必要がある場合もある.論文 [100] では定数 $a > 0$ に対して

$$w(z_1, z_2) = \begin{cases} \frac{z_2}{a} & (0 \le z_2 \le a) \\ 1 & (z_2 > a) \end{cases}$$

と定めた関数 w を使うことが提案されており,その他にも $w(z_1, z_2) = \arctan(z_2)$ が使われる場合もある[♠4].ここで z_2 の値は,T の定義によりパーシステンス図の点の寿命に対応することに注意する.離散化するために $\mathbb{R}^2$ の部分集合 P が有限個の領域に分割されている状況 $P = \bigsqcup_{\alpha \in A} P_\alpha$ を考えよう.このとき,各領域 P_α で値を与えることで $\#A$ 次元のベクトルが得られる.

定義 4.1.3(パーシステンスイメージ) D を有限なパーシステンス図とする.このとき,

[♠3]パーシステンスランドスケープと同様の変換 $(b,d) \mapsto \left(\frac{d+b}{2}, \frac{d-b}{2}\right)$ を使ってもよいが,ここでは多くの位相的データ解析 OSS で採用されている変換 T を使って説明する.また,上半平面への変換をしない場合もある.異なる変換を用いたとしても,確率密度関数 ϕ_u を調節すれば,定義 4.1.3 の $\rho(D)$ として別の変換を用いたパーシステンス面と同じものが得られる.たとえば,最も典型的な 2 次元ガウス関数を利用する場合は,共分散を調節する.

[♠4]本書では arctan は主値 $\left(-\frac{\pi}{2}, \frac{\pi}{2}\right)$ をとるものとする.

$$\rho(D)(z) := \sum_{u \in T(D)} w(u)\phi_u(z)$$

により関数 $\rho(D)\colon \mathbb{R}^2 \to \mathbb{R}$ を定めて，D のパーシステンス面（persistence surface）と呼ぶ．各領域 P_α 上での積分値を

$$I(\rho(D))_{P_\alpha} := \int_{P_\alpha} \rho(D)(z)dz$$

と定めたとき，この積分値の集まり $I(\rho(D)) = (I(\rho(D))_{P_\alpha})_{\alpha \in A}$ を**パーシステンスイメージ**（persistence image）と呼ぶ．

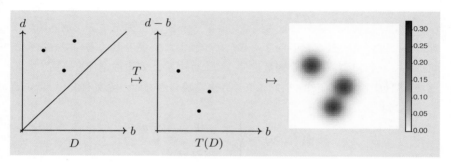

図 4.3　パーシステンス図とパーシステンスイメージの対応

応用では，長方形 P を合同な $n \times m$ の小長方形に分割したものを考えて，$n \times m$ 次元のベクトルを得ることが多い．図 4.3 には 50×50 の例が示されている．

ϕ_u がガウス関数の場合は次の安定性定理が示されている．より一般の安定性については論文 [100] を参照せよ．

命題 4.1.4　D と D' を 2 つの有限なパーシステンス図として，$I(\rho(D))$ と $I(\rho(D'))$ をそれぞれ $\phi_u = g_{u,\sigma}$ としたときの D と D' のパーシステンスイメージとする．連続で区分的に微分可能な重み関数 $w\colon \mathbb{R}^2 \to \mathbb{R}_{\geq 0}$ が $w|_{\mathbb{R} \times \{0\}} = 0$ を満たすとき，不等式

$$\|I(\rho(D)) - I(\rho(D'))\|_1 \leq \left(\sqrt{5}|\nabla w| + \sqrt{\frac{10}{\pi}} \frac{\|w\|_\infty}{\sigma} \right) W_1(D, D')$$

が成り立つ．ここで $|\nabla w| := \sup_{z \in \mathbb{R}^2} \|\nabla w(z)\|_2$ である．

4.1.4 カ ー ネ ル 法

機械学習においては，データ $X = (x_i)_i$ をそのままの入力空間 $\mathcal{X}$ で考えても学習には適さない場合がしばしばある．その場合は，内積空間（ヒルベルト空間）$\mathcal{H}$ への非線形変換 $\phi\colon \mathcal{X} \to \mathcal{H}$（これを特徴写像と呼ぶ）を考え，変換後のベクトルたち $\{\phi(x_i)\}_i$ に線形の機械学習手法を適用するというアプローチが考えられる．特徴写像によって表現される非線形の特徴や高次モーメントの情報が学習に役立つと考えられるためである．

$\mathcal{H}$ として高次元ベクトル空間や無限次元ベクトル空間を用いると，計算が困難となる問題が生じる（特に無限次元の場合は計算が不可能な場合もある）が，カーネル法はその困難を解消する術を与える．様々な線形の機械学習手法は，ベクトルたち $\{\phi(x_i)\}_i$ そのものの代わりにそれらの内積たち $\{\langle \phi(x_i), \phi(x_j)\rangle_{\mathcal{H}}\}_{i,j}$ が計算可能ならば適用できることから，特徴写像 $\phi\colon \mathcal{X} \to \mathcal{H}$ ではなく内積 $\langle \phi(x), \phi(x')\rangle_{\mathcal{H}}$ さえ与えれば十分だろうというのがカーネル法の基本的な考え方である．この考え方は次のようにして正当化される．変換 $\phi\colon \mathcal{X} \to \mathcal{H}$ が与えられたとき，$k(x, x') = \langle \phi(x), \phi(x')\rangle_{\mathcal{H}}$ は

(1) 対称性：$k(x, x') = k(x', x)$,

(2) 正定値性：任意の $x_1, \ldots, x_N \in \mathcal{X}$ に対して，グラム行列 $(k(x_i, x_j))_{i,j}$ が半正定値行列である

の2つの性質を満たす．この2つの性質を満たす関数 $k\colon \mathcal{X} \times \mathcal{X} \to \mathbb{R}$ を**正定値カーネル**（positive definite kernel）関数という．逆に集合 $\mathcal{X}$ 上の正定値カーネル関数 k が与えられたとき，$\mathcal{X}$ 上の関数からなるヒルベルト空間 $\mathcal{H}_k$ が一意に存在して，任意の $x \in \mathcal{X}$ に対して $k(x, *) \in \mathcal{H}_k$ かつ $f \in \mathcal{H}_k$ に対して $\langle f, k(x, *)\rangle_{\mathcal{H}_k} = f(x)$ を満たすことが知られている（この空間を再生核ヒルベルト空間と呼ぶ）．したがって，$\phi(x) := k(x, *)$ とすれば，これは $\phi\colon \mathcal{X} \to \mathcal{H}_k$ を定め $\langle \phi(x), \phi(x')\rangle_{\mathcal{H}_k} = k(x, x')$ を満たす．この意味で正定値カーネル関数と再生核ヒルベルト空間への変換は一対一に対応する．よく用いられるユークリッド空間上の正定値カーネル関数としては，定数 $\sigma > 0$ に対するガウスカーネル（Gaussian kernel）$\exp\left(-\frac{\|x - x'\|_2^2}{2\sigma^2}\right)$ がある．

カーネル法を用いた機械学習は，比較的少量のデータでも高い精度を達成することが知られているが，データ数を N としたとき $N \times N$ 行列 $(k(x_i, x_j))_{i,j=1}^N$ の計算が必要なため計算量が大きいという問題もある．カーネル法について詳

しくは，たとえば文献 [101], [102] を参照せよ．

　パーシステンス図に対してもカーネル法によりベクトル化を行う手法が様々に提案されている．ここでは草野–福水–平岡[103] による**重み付きガウスカーネル**（weighted Gaussian kernel）の手法を説明しよう．上で説明したことより，有限なパーシステンス図の空間 $\mathcal{D}$ 上に正定値カーネル関数を定めれば十分である．有限なパーシステンス図は2次元ユークリッド空間 $\mathbb{R}^2$ 上の多重集合であったので，2つの有限なパーシステンス図 D, D' に対してガウスカーネルを用いて

$$k(D, D') = \sum_{q \in D} \sum_{q' \in D'} \exp\left(-\frac{\|q - q'\|_2^2}{2\sigma^2}\right)$$

を考えることが自然であろう．しかしながら，このままではパーシステンス図において対角線から遠い点と対角線に近い点が同じ重みで足されてしまい，本質的なトポロジー的特徴量とノイズが同じ重みを持ってしまう．そこで，論文 [103] では $C, p > 0$ を固定して $q = (b, d) \in \mathbb{R}^2$ に対して

$$w_{\mathrm{arc}}(q) := \arctan(C|d - b|^p)$$

で定まる関数を重み付けとして用いることが提案された．式からわかるように対角線に近づくにつれ w_{arc} の値が0に近づくように設計されており，パーシステンスイメージで使われた重み関数と同様の役割を果たす．この重み関数を用いることで，重み付きガウスカーネルは2つの有限なパーシステンス図 D, D' に対して

$$k_{\mathrm{PWG}}(D, D') := \sum_{q \in D} \sum_{q' \in D'} w_{\mathrm{arc}}(q) w_{\mathrm{arc}}(q') \exp\left(-\frac{\|q - q'\|_2^2}{2\sigma^2}\right)$$

により定義される．こうして k_{PWG} をカーネル関数としてパーシステンス図の再生核ヒルベルト空間へのベクトル化が（陰に）実現される．

　カーネル法によるパーシステンス図のベクトル化は，この他にもスライスワッサースタインカーネル[71]・パーシステンスフィッシャーカーネル[104]・パーシステンススケール空間カーネル[105] といったものが提案されている．

4.1.5　データ駆動的な方法

ここまで説明したパーシステンス図のベクトル化は，タスクに応じて解析者

がベクトル化の方法を指定するものであった. しかしながら, 機械学習の観点
からはベクトル化をタスクに合わせて学習することが自然である. ここでは
パーシステンス図のベクトル化をデータから学習するデータ駆動的な手法を 2
つほど紹介しよう.

まずは Hofer ら[106] により提案された手法について説明する. 最初に有限な
パーシステンス図の点を $T': \mathbb{R}^2 \to \mathbb{R}^2: (b, d) \mapsto (\frac{d+b}{2}, \frac{d-b}{2})$ と変換する[♠5].
これは $\Upsilon = \{(b, d) \mid b \leq d\}$ に存在する多重集合を上半平面にうつすためであ
る. ここで, 対角線付近の情報をどの程度使うかを定める定数 $\nu \in \mathbb{R}_{>0}$ を固
定して, パラメータ $\boldsymbol{\mu} = (\mu_1, \mu_2) \in \mathbb{R} \times \mathbb{R}_{>0}$, $\boldsymbol{\sigma} = (\sigma_1, \sigma_2) \in \mathbb{R}_{>0}^2$ に対して,
関数 $s_{\boldsymbol{\mu},\boldsymbol{\sigma},\nu}: \mathbb{R} \times \mathbb{R}_{\geq 0} \to \mathbb{R}$ を

$$
s_{\boldsymbol{\mu},\boldsymbol{\sigma},\nu}(z_1, z_2) := \begin{cases} \exp\left(-\dfrac{(z_1 - \mu_1)^2}{2\sigma_1^2} - \dfrac{(z_2 - \mu_2)^2}{2\sigma_2^2}\right) & (z_2 \geq \nu) \\[2ex] \exp\left(-\dfrac{(z_1 - \mu_1)^2}{2\sigma_1^2} - \dfrac{(\nu \log \frac{z_2}{\nu} + \nu - \mu_2)^2}{2\sigma_2^2}\right) & (0 < z_2 < \nu) \\[2ex] 0 & (z_2 = 0) \end{cases}
$$

と定める[♠6]. このとき, 計算により $s_{\boldsymbol{\mu},\boldsymbol{\sigma},\nu}$ は $\mathbb{R} \times \mathbb{R}_{\geq 0}$ 上連続かつ微分可能で
あり, パラメータ $\boldsymbol{\mu}, \boldsymbol{\sigma}$ についても微分可能であることが確かめられる. これ
を用いて, 有限なパーシステンス図の空間 $\mathcal{D}$ 上の関数 $S_{\boldsymbol{\mu},\boldsymbol{\sigma},\nu}: \mathcal{D} \to \mathbb{R}$ を

$$
S_{\boldsymbol{\mu},\boldsymbol{\sigma},\nu}(D) := \sum_{u \in T'(D)} s_{\boldsymbol{\mu},\boldsymbol{\sigma},\nu}(u)
$$

により定め, $M \in \mathbb{N}$ と $\theta = (\boldsymbol{\mu}_i, \boldsymbol{\sigma}_i)_{i=1}^M$, $\boldsymbol{\mu}_i \in \mathbb{R} \times \mathbb{R}_{>0}$, $\boldsymbol{\sigma}_i \in \mathbb{R}_{>0}^2$ に対して

$$
S_{\theta,\nu}: \mathcal{D} \to \mathbb{R}^M, D \mapsto (S_{\boldsymbol{\mu}_i,\boldsymbol{\sigma}_i,\nu}(D))_{i=1}^M
$$

と定義する. $u \in T'(D)$ に関する総和は順序によらないので, $S_{\boldsymbol{\mu},\boldsymbol{\sigma},\nu}$ は多重
集合であるパーシステンス図 $D \in \mathcal{D}$ の関数とみなせることに注意しよう. こ
の $S_{\theta,\nu}$ は θ に関して微分可能なので, タスクに応じて設計された損失関数を
使って確率的勾配降下法などで $S_{\theta,\nu}$ を学習させることができる.

[♠5]論文 [106] では $(b, d) \mapsto (d + b, d - b)$ を使っているが, 本質的な違いはない.
[♠6]論文 [106] で提案されている関数は, パラメータ σ の入り方が少し異なるが, 本質的な
違いはない.

次に，これまでに見たベクトル化手法と類似のベクトル化をデータ駆動的に統一的に行えるフレームワークである PersLay [107] について説明する．この構造は Zaheer ら [108] の DeepSets に基づいている．$\phi_\theta: \mathbb{R}^2 \to \mathbb{R}^M$ をパラメータ θ が入った変換写像として θ に関して区分的に微分可能であるとする．たとえば ϕ_θ としては次のような変換をとることができる．

(i)　**3 角変換写像** ϕ_Λ：　点 $q = (b, d) \in \mathbb{R}^2$ に対して

$$\Lambda_q: \mathbb{R} \to \mathbb{R}, t \mapsto \max\{0, d - |t - b|\}$$

として，$\theta = (t_1, \ldots, t_M) \in \mathbb{R}^M$ に対して

$$\phi_{\Lambda,\theta}: \mathbb{R}^2 \to \mathbb{R}^M, q \mapsto [\Lambda_q(t_1), \ldots, \Lambda_q(t_M)]^T$$

と定める．

(ii)　**ガウス変換写像** ϕ_Γ：　点 $q \in \mathbb{R}^2$，$\sigma > 0$ に対して

$$\Gamma_q: \mathbb{R}^2 \to \mathbb{R}, c \mapsto \exp\left(-\frac{\|q - c\|_2^2}{2\sigma^2}\right)$$

として，$\theta = (c_1, \ldots, c_M) \in \mathbb{R}^{2M}$ に対して

$$\phi_{\Gamma,\theta}: \mathbb{R}^2 \to \mathbb{R}^M, q \mapsto [\Gamma_q(c_1), \ldots, \Gamma_q(c_M)]^T$$

と定める．

(iii)　**直線変換写像** ϕ_L：　点 $q \in \mathbb{R}^2$ に対し $L_q: \mathbb{R}^2 \times \mathbb{R} \to \mathbb{R}$ を $\Delta = (e, a) \mapsto q \cdot e + a$ と定める．1 つの Δ は $\mathbb{R}^2$ 内の直線を 1 つ定めるとみなせる．$\Delta_1, \ldots, \Delta_M$ に対して

$$\phi_{L,\theta}: \mathbb{R}^2 \to \mathbb{R}^M, q \mapsto [L_q(\Delta_1), \ldots, L_q(\Delta_M)]^T$$

と定める．ここで $\theta = (\Delta_1, \ldots, \Delta_M) \in \mathbb{R}^{3M}$ である．

さらに，$w: \mathbb{R}^2 \to \mathbb{R}$ を重み関数，op: $\mathbb{R}^M \to \mathbb{R}$ を置換不変な**集約演算**とする．op はたとえば最大値・最小値・総和・k 番目に大きい値などである．この置換不変の演算は，パーシステンス図を多重集合とみなして点の順序を無視するために必要となる．こうして，有限なパーシステンス図の空間 $\mathcal{D}$ から $\mathbb{R}^M$ への

変換 PersLay: $\mathcal{D} \to \mathbb{R}^M$ を

$$\mathrm{PersLay}(D) := \mathrm{op}\left(\{w(q) \cdot \phi_\theta(q)\}_{q \in D}\right)$$

により定義する. ϕ が3角変換写像 ϕ_Λ で $w \equiv 1$, $\mathrm{op} = k\text{-max}$ が大きいほうから k 番目の値を返す関数のとき, これは k 位のパーシステンスランドスケープの類似物である. ϕ がガウス変換写像 ϕ_Γ で op が和のとき, これはパーシステンスイメージの類似物であり, 重み付きガウスカーネルのアプローチにも近いものとなる. 直線変換写像を用いた場合はスライスワッサースタインカーネル[71] のアプローチに近いものである.

PersLay の後に通常のニューラルネットワークを構成して, 適切な損失関数を用いてパラメータ θ を最適化することで, タスクに合わせたベクトル化が学習される. グラフ分類と合わせた PersLay の応用例は 5.4 節で解説する.

ノ ー ト

パーシステンス図のベクトル化は, この節で説明した以外にも様々な手法が提案されている. たとえば論文 [109] ではパーシステンスシルエットと呼ばれるベクトル化が導入され, 論文 [110] ではトロピカル座標を用いた手法が提案されている. 論文 [111] ではパーシステンス図の点をクラスタリングし, クラスタごとに点の密度から重みを計算するパーシステンスコードブックという手法を提案している. コードブックは直観的にはパーシステンスイメージを適合的なメッシュ（点密度が大きい領域では細かいメッシュ, 低い領域では粗いメッシュ）で計算していると言える.

4.2 パーシステンス図の逆解析

ここまではパーシステントホモロジーの「順問題」を考えてきた. ここでいう「順問題」とは, データからパーシステンス図を計算して, それを解析することを指す. この節ではその逆, すなわちパーシステンス図からデータに戻る方向について考える. ここではこの「逆問題」の 2 つの解釈を挙げる：

1. 与えられたパーシステンス図 D に対して, $D = D(\mathcal{K})$ を満たすフィルトレーション $\mathcal{K}$ を探す.

2. フィルトレーション $\mathcal{K}$ のパーシステンス図 $D(\mathcal{K})$ のある点, もしく

はすべての点 (b_i, d_i) に対して，「一番良い」「代表的な」サイクル z_i を
探す．

問題1. に関連する話題は 4.3 節で扱う．この節では問題2. を扱おう．「一番良
い」と「代表」の意味が異なるいくつかの手法を紹介する．

4.2.1　ホモロジーにおける最適サイクル

まずは簡単のため1つの単体的複体 K で最適サイクルを考える．そのた
めに，図 4.4 の例を考えることにしよう．2つの1次サイクル z_1 と z_2 は
$[z_1] = [z_2]$ を満たす，つまりホモロジーの意味では同じ情報を持っている．し
かし z_2 のほうが単体的複体に含まれる穴をタイトに囲んでいるため，z_2 のほ
うが z_1 よりこのホモロジー類を表現するのに都合が良いように思われる．こ
の例から，「一番良い」の基準の1つとして，「最も小さい（短い）」という基
準を用いるとよさそうだということが考えられる．そこでこの考察を一般化し
てホモロジーにおける最適化問題を考えることとしよう．

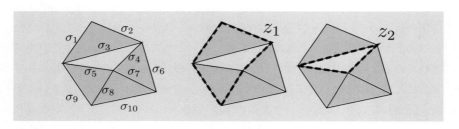

図 4.4　同じホモロジー類を持つ2つのサイクル．σ_1 から σ_{10} は
　　　　すべて1単体をあらわす．$z_1 = \sigma_1 + \sigma_2 + \sigma_4 + \sigma_8 + \sigma_9$，
　　　　$z_2 = \sigma_3 + \sigma_4 + \sigma_5$．

まずは，K を単体的複体とし，その k 次元チェイン $C_k(K; \mathbb{F}_2)$ の k 単体か
らなる基底 $\{\sigma_1, \ldots, \sigma_{m_k}\}$ を考えよう．ただし，m_k は K の k 単体の数であ
る．定義 2.1.12 で議論しているように，$x = \sum_{i=1}^{m_k} x_i \sigma_i \in C_k(K; \mathbb{F}_2)$ に対応
する図形は

$$\{\sigma_i \mid x_i = 1\} = \{\sigma_i \mid x_i \neq 0\}$$

という集合であらわされる．このとき x の大きさを単体の数によって

$$\#\left\{\sigma_i \;\middle|\; x_i \neq 0, x = \sum_{i=1}^{m_k} x_i \sigma_i\right\}$$

と定義するのは自然なやり方の 1 つである．そこでこの量を $\|x\|_{0,\mathbb{F}_2}$ とあらわすことにする．図 4.4 の例では $\|z_1\|_{0,\mathbb{F}_2} = 5$, $\|z_2\|_{0,\mathbb{F}_2} = 3$ である．すると，あるサイクル $z \in Z_n(K)$ が与えられたとき，z のホモロジー類 $[z]$ において最も「短い」代表元を探す問題は，以下のように定式化できる：

$$
\begin{aligned}
\text{minimize} \quad & \|x\|_{0,\mathbb{F}_2}, \\
\text{subject to} \quad & \left\{
\begin{array}{l}
x = \partial_{n+1} y + z, \\
x \in C_n(K;\mathbb{F}_2), y \in C_{n+1}(K;\mathbb{F}_2).
\end{array}
\right.
\end{aligned}
\tag{4.2}
$$

この問題は，**最適ホモロジーサイクル問題**（optimal homologous cycle problem）と呼ばれる．この問題を解くことができれば，図 4.4 の単体的複体に対して z_2 を計算することができる．

しかし，この最適化問題は計算機でも解くことは難しい．この最適化問題のクラスは一般的に NP-hard と呼ばれる，計算機で解くことが難しい問題であることが知られ，単体数が増えると途端に実用的な時間で計算することが不可能となる[112], [113]．

そこで実用のためには何らかの妥協が必要となる．以下では，係数体を $\mathbb{F}_2$ から $\mathbb{R}$ に変更し，最適化関数を ℓ^1 ノルムにするということを考える．付録 A.2 で説明するやり方で $\mathbb{R}$ 係数ホモロジー群を考えて，実数上の最適化問題とする．ここで $\|\cdot\|_{0,\mathbb{F}_2}$ の実ベクトル空間での対応物を素直に考えると $x = \sum_{i=1}^{m_k} x_i \overline{\sigma_i} \in C_k(K;\mathbb{R})$ に対して

$$\|x\|_0 := \#\{x_i \neq 0\}$$

を最適化することとなるが，この最適化問題も一般に NP-hard であるので

$$\|x\|_1 := \sum_{i=1}^{m_k} |x_i|$$

を代わりに考える．この 2 つを適用することで，最適化問題 (4.2) は次のようになる：

$$\text{minimize} \quad \|x\|_1,$$
$$\text{subject to} \quad \begin{cases} x = \partial_{n+1} y + z, \\ x \in C_n(K; \mathbb{R}), y \in C_{n+1}(K; \mathbb{R}). \end{cases} \tag{4.3}$$

ただし，∂_{n+1} は付録 A.2 で説明する実数係数での境界準同型である．これは線形計画法の問題となり，w を設計変数とする線形計画法の標準形であらわすと以下の通りになる：

$$\text{maximize} \quad c^T w,$$
$$\text{subject to} \quad \begin{cases} Aw \le b, \\ w \ge \vec{0}. \end{cases} \tag{4.4}$$

ただし，

$$A = \begin{bmatrix} I & -I & -\partial_{n+1} & \partial_{n+1} \\ -I & I & \partial_{n+1} & -\partial_{n+1} \end{bmatrix},$$

$$w = \begin{bmatrix} x^+ \\ x^- \\ y^+ \\ y^- \end{bmatrix}, c = \begin{bmatrix} -\vec{1} \\ -\vec{1} \\ \vec{0} \\ \vec{0} \end{bmatrix}, b = \begin{bmatrix} z \\ -z \end{bmatrix}$$

であって，I は $m_n \times m_n$ 単位行列，$\vec{1}$ はすべての要素が 1 の m_n 次列ベクトル，$\vec{0}$ はすべての要素が 0 の m_{n+1} 次列ベクトル，∂_{n+1} は実数係数での境界準同型の行列表示である．A は $2m_n \times (2m_n + 2m_{n+1})$ 行列で $x^+, x^- \in \mathbb{R}^{m_n}$, $y^+, y^- \in \mathbb{R}^{m_{n+1}}$, $w, c \in \mathbb{R}^{2m_n + 2m_{n+1}}$, $b \in \mathbb{R}^{2m_n}$ となる．このとき，$x = x^+ - x^-$, $y = y^+ - y^-$ と対応させることで式 (4.4) の最適解と式 (4.3) の最適解が対応する．

しかし，線形計画法を使う方法の妥当性には以下の 2 点で疑問がある：

- 係数体を $\mathbb{F}_2$ から $\mathbb{R}$ に変更するとホモロジーの情報が変わるのではないか，
- 最適化の目的関数を ℓ^1 ノルムに変更してうまくいくのか．

この 2 点は両方ともまっとうな問題意識であり，うまくいかない例を構成することは易しい．しかし，経験的にはうまくいくことが多く，あまり気にせずに利用されている場合が多い．ℓ^1 ノルムによる近似はスパースモデリングと呼ば

れる分野でよく使われる近似であり，比較的うまくいくことが知られている．

0 ではない 2 つのホモロジー類が絡んでいる場合は少し注意が必要である．図 4.5 のサイクル z, g はホモロジー群の基底の代表元となるが，z と g の最適ホモロジーサイクルを計算すると x_0, x_1 が得られる．しかし，この場合 x_0, x_1 よりも x_2, x_1 のほうが期待される結果である場合が多いだろう．ここで問題を少し変えることで x_2 を z, g から計算する方法を考えよう．

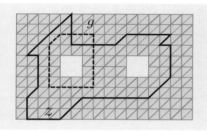 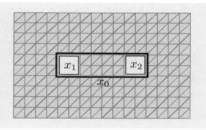

図 4.5　2 個の輪を持つ単体的複体での最適ホモロジーサイクル

ここで $z + g$ のホモロジー類をとると $[z + g] = [x_0 + x_1] = [x_2]$ となるため，$z + g$ に対して最適ホモロジーサイクルを計算すると x_2 が得られる．これは z が x_1 のところで絡んでいるので，そこを g を使って「ほぐす」ことで x_2 が得られるのである．一般にサイクル $z \in Z_n(K; \mathbb{R}) \subset C_n(K; \mathbb{R})$ と，ほぐしたいサイクル $g_i\ (i = 1, \ldots, M)$ が与えられたとき，以下の線形計画問題を設定することができる：

$$
\begin{aligned}
\text{minimize} \quad & \|x\|_1, \\
\text{subject to} \quad & \begin{cases} x = \partial_{n+1} y + \sum_{i=1}^{M} y_i' g_i + z, \\ x \in C_n(K; \mathbb{R}), y \in C_{n+1}(K; \mathbb{R}), y_1', \ldots, y_M' \in \mathbb{R}. \end{cases}
\end{aligned}
\tag{4.5}
$$

この問題設定は，g_i が代表している穴を「埋めている」と解釈できる．これに関して，正確な定義を与えずにイメージを述べる．各 g_i について，g_i を境界として持つ $n + 1$ 次元「図形」を，単体的複体 K に追加して K' を作る[7]．ここで，K' の境界準同型行列は

---

[7] 一般的に K' は単体的複体でなくなってしまうが，CW 複体で定式化できる．

$$\widehat{\partial}_{n+1} = \begin{bmatrix} \partial_{n+1} & g_1 & \cdots & g_M \end{bmatrix}$$

であるから，問題 (4.5) は

$$\begin{aligned}
&\text{minimize} && \|x\|_1, \\
&\text{subject to} && \begin{cases} x = \widehat{\partial}_{n+1} y + z, \\ x \in C_n(K; \mathbb{R}) \cong C_n(K'; \mathbb{R}), y \in C_{n+1}(K'; \mathbb{R}) \end{cases}
\end{aligned}$$

と，K' における最適ホモロジーサイクル問題に書き直すことができる．

4.2.2 パーシステントホモロジーにおける最適サイクル

上で説明したホモロジーサイクルをほぐすアイデアは，穴の生成と消滅を追跡するパーシステントホモロジーのアイデアと組み合わせることができる．ここでは，論文 [114] で提案されたパーシステントホモロジーに関する「最適サイクル」の計算アルゴリズム（アルゴリズム 2）を紹介する．この問題も前項での議論と同様，理念的には $\mathbb{F}_2$ 係数で考えたい問題であるが，計算コストの問題から線形計画問題が利用可能な $\mathbb{R}$ 係数ホモロジーで定式化している．ここで仮定 2.4.1 を満たすフィルトレーション $\mathcal{K} : K_0 \subset \cdots \subset K_N, K_r = \{\sigma_1, \dots, \sigma_r\}$ に対して，その n 次元サイクルの最適化を考える．以下では付録 A.2 に従い，単体 σ があらわす向きの付いたチェインを $\overline{\sigma}$ と書く．

アルゴリズム 2 のアイデアは，問題 (4.5) をパーシステンス図のアルゴリズムの中に取り入れることである．具体的には，新たなサイクル h_j が生成されるたび，その時点で生存する他のサイクルをほぐしながら h_j を最適化する．この最適化問題は，前の項で説明した通り，線形計画問題（アルゴリズム 3）として形式化している．アルゴリズム 3（OPTIMIZE_CYCLE）は，フィルトレーションの j 番目までの状態で，その時点でまだ生きているすべてのサイクル $\tilde{z}_i$ をほぐす問題 (4.5)（g_i として $\tilde{z}_i$ を使う）と対応する．

パーシステンス図の計算アルゴリズムでは，フィルトレーション $\mathcal{K}$ の単体的複体を $K_1, K_2, \dots, K_N$ の順に見ている（「左から右への掃き出し法」）ので，それに合わせて線形計画問題を更新している．具体的には，線形計画問題を更新するのは 2 箇所 (n 次の BIRTH), (n 次の DEATH) である：

- (n 次の BIRTH) n 次のホモロジー類 $[h_j]$ が生成され，最適サイクル $\tilde{z}_j$ が得られたとする．$\tilde{z}_j$ は，これからの最適化問題においてほぐしたいサイ

アルゴリズム 2　サイクルの最適化を行いながら，パーシステンス図を計算する

$B \leftarrow C(K_N)$ での境界準同型 $\partial^{(N)}$ の基底 $\{\overline{\sigma_1}, \ldots, \overline{\sigma_N}\}$ による行列表現
$h_j \leftarrow \overline{\sigma_j}\ (j = 1, \ldots, N)$
空の線形計画問題を用意する．すなわち A と $\widetilde{Z}$ は $N \times 0$ 行列とする
for $j = 1, \ldots, N$ **do**
    while $i < j$ で $L(B, i) = L(B, j) \neq -\infty$ となる i が存在する **do**
        $\ell \leftarrow L(B, j),\ c \leftarrow -B_{\ell, j} \cdot (B_{\ell, i})^{-1}$
        B の j 列に B の i 列の c 倍を加える
        h_j に h_i の c 倍を加える
    if B の j 列は 0 かつ $\dim \overline{\sigma_j} = n$ **then**　　　　　　　　　　$\triangleright$ (n 次の BIRTH)
        $\widetilde{z}_j = \mathrm{OPTIMIZE\_CYCLE}(h_j, A, \widetilde{Z})$　　　　　　　　$\triangleright$ (アルゴリズム 3)
        $\widetilde{z}_j$ を線形計画問題の行列 $\widetilde{Z}$ に列として追加
    if B の j 列は 0 ではないかつ $\dim \overline{\sigma_j} = n + 1$ **then**　　$\triangleright$ (n 次の DEATH)
        B の j 列を線形計画問題の行列 A に追加
        $\widetilde{z}_{L(B, j)}$ を線形計画問題の行列 $\widetilde{Z}$ から取り除く
return B

アルゴリズム 3　OPTIMIZE_CYCLE：サイクルの最適化を行う

入力の $h_j, A, \widetilde{Z}$ に対して，以下の最小化問題の解 x を返す
   minimize $\|x\|_1$,
    subject to $x = Ay + \widetilde{Z}y' + h_j$
（ベクトル y, y' の次元は $A, \widetilde{Z}$ の列数に合わせる）
（また，A や $\widetilde{Z}$ が 0 列の場合は対応する Ay や $\widetilde{Z}y'$ は 0 とするとよい）

クルとなるため，アルゴリズム 3 の条件 $x = Ay + \widetilde{Z}y' + h_j$ の $\widetilde{Z}$ に新しい列として追加する．

- (n 次の DEATH) n 次のホモロジー類が消滅するとき，その消滅を引き起こす境界準同型行列 B の j 列を A に追加する．また，サイクル $\widetilde{z}_{L(B,j)}$ は消滅したので $\widetilde{Z}$ から消す．

この定式化では，定式化を簡単にするため $A, \widetilde{Z}$ などは N 行としている（つまり $C_0(K_N; \mathbb{R}) \oplus C_1(K_N; \mathbb{R}) \oplus \cdots$ 上で説明している）が，アルゴリズム 3 の

最適化は $C_n(K_j; \mathbb{R})$ に関連しない行はすべて無視できるので高速化のためそうすべきである.

4.2.3　体積最小サイクル

4.2.2 項では, パーシステンス図の生成消滅対に対してその良い代表元を求める問題を, あるサイクル z と同じ穴を囲む x の長さを最短にする問題として定式化した. ここでは, サイクルの最適化ではなく, そのサイクルの内側の領域を最小化する観点から, 体積最小サイクル (volume-optimal cycle)[115] を紹介する.

4.2.2 項と同様に仮定 2.4.1 を満たすフィルトレーション $\mathcal{K} : K_0 \subset \cdots \subset K_N, K_r = \{\sigma_1, \ldots, \sigma_r\}$ を考える. フィルトレーション $\mathcal{K}$ の n 次パーシステンス図を

$$D_n(\mathcal{K}) = \{(b_1, d_1), \ldots, (b_l, d_l)\}$$

とすると, 2.4 節の議論から $b_1, d_1, \ldots, d_l, b_l$ はすべて相異なり, σ_{b_i} は n 単体で, σ_{d_i} は $(n+1)$ 単体である.

ここで, $(b_i, d_i) \in D_n(\mathcal{K})$ に対し次の最適化問題を考える. この最適化問題の解 $\hat{v}$ の境界 $\partial_{n+1}\hat{v}$ を**体積最小サイクル**と呼ぶ.

$$
\begin{aligned}
\text{minimize} \quad & \|v\|_{0, \mathbb{F}_2}, \\
\text{subject to} \quad &
\begin{cases}
v = \sigma_{d_i} + \sum_{\sigma \in F_{n+1}} \alpha_\sigma \sigma & (\alpha_\sigma \in \mathbb{F}_2), \\
(\partial_{n+1} v)_\tau = 0 & (\forall \tau \in F_n), \\
(\partial_{n+1} v)_{\sigma_{b_i}} \neq 0.
\end{cases}
\end{aligned}
\tag{4.6}
$$

ただし, $F_{n+1} = \{\sigma_j \mid \sigma_j$ は $(n+1)$ 単体, $b_i < j < d_i\}$ は b_i と d_i の間に追加された k 単体であり, $(\partial_{n+1} v)_\tau$ は $\partial_{n+1} v$ の中の τ の項の係数を意味している.

体積最小サイクルの直観的な意味は図 4.6 の通りである. $b_i - 1$ から b_i で n 単体が追加されることで新たなサイクルが生まれ, $d_i - 1$ から d_i で $(n+1)$ 単体が追加されることでそのサイクルが埋められる. K_{d_i} の濃い灰色の領域がこのサイクルに囲まれた領域で, 最適化問題 (4.6) の v に対応する. この領域の大きさを最小化したものが $\hat{v}$ であり, この領域を囲うサイクルが体積最小サイクル $\partial_{n+1}\hat{v}$ となる.

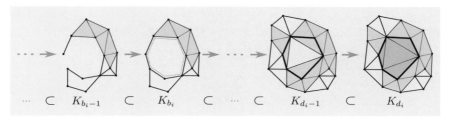

　ここで示した最適化問題 (4.6) も最適ホモロジーサイクル問題と同様計算機で直接解くのは困難である. そこで同様に係数体を $\mathbb{F}_2$ から $\mathbb{R}$ に変更し, 最適化の目的関数を ℓ^1 ノルムに変更し, さらに $(\partial_{n+1}v)_{\sigma_{b_i}} \neq 0$ という条件を取り除くことで線形計画問題に変換することができる. この場合も様々な近似を行うことでようやく実用的に計算機で解くことができるようになる.

ノート

整数計画問題

　以上の議論ではすべて $\mathbb{R}$ 係数での最適化問題を考え, 線形計画法によってその解を数値的に求めている. しかし, $\mathbb{R}$ 係数だと分数係数が現れたりするため解の解釈がしづらくなる可能性がある. そこで式 (4.3) に以下のような条件を課すことで, 解釈性を改善することが考えられる:

1. 係数を整数に限定する.
2. 係数を $\{-1, 0, 1\}$ に限定する.

特に 2. のもとでは, チェインを向き付けられた単体の集合と同一視できる. しかし, こういった制約を課すと式 (4.3) は整数計画問題という問題となり, 解くのが計算量的に困難になる.

　特定の幾何的条件のもとでは, 式 (4.4) の行列 A は全ユニモジュラ行列と呼ばれる行列となり, 線形計画法 (4.3) の解は実数係数で解いても自動的に 1. の条件を満たす解になることが知られている[116].

重み付き ℓ^1 ノルムの利用

　この節の議論では, サイクルの大きさを単体の数ではかることにし, その近似として ℓ^1 ノルムを考えている. つまり, すべての単体は同じ大きさを持っ

ているという想定であるが，各単体に面積や長さといった異なる大きさを割り当てることはできないかというのは自然な疑問である．単体 σ_i の大きさを ω_i とすると，$x = \sum_{i=1}^{m_k} x_i \sigma_i \in C_k(K; \mathbb{F}_2)$ のトータルの大きさは

$$\sum_{i; x_i \neq 0} \omega_i$$

である．これを ℓ^1 化したものは $x = \sum_{i=1}^{m_k} x_i \overline{\sigma_i} \in C_k(K; \mathbb{R})$ に対して

$$\sum_{i=1}^{m_k} \omega_i |x_i|$$

とあらわされると考えられる．この値を最小化する問題も線形計画法で解くことができる．

 ## 4.3 パーシステンス図の微分可能性

位相的データ解析の応用においては，何らかのパラメータ[8]が入ったフィルトレーションからできるパーシステンス図を考えて，そのパーシステンス図を変形することでパラメータを動かしたい状況がある．このような状況は，たとえばパーシステンス図を変形したときに点群がどう変化するかを知りたい場合や，パーシステンス図に基づく損失関数を設計してパラメータを最適化したい場合などに現れる．このとき，パーシステンス図をパラメータについて微分して，その微分情報を用いてパラメータを動かすアプローチが有用である．この節では，パーシステンス図の微分に関するトピックを紹介する．

4.3.1 パラメータ付けられたパーシステンス図

まず，パラメータ付けられたパーシステンス図の概念を定式化しておこう．そのために，単体的複体のフィルトレーションと単体的複体上の関数の対応を思い出そう．単体的複体 K のフィルトレーションは，関数 $\Phi: K \to \mathbb{R}$ であって $\sigma, \tau \in K$，$\tau \subset \sigma$ ならば $\Phi(\tau) \leq \Phi(\sigma)$ を満たすものであった（定義 2.2.20）．以下では便宜上，単体的複体 K に 1 つ順序を固定して，Φ を $\#K$ 次元のベクトル $\Phi = (\Phi_\sigma)_{\sigma \in K} \in \mathbb{R}^{\#K}$ とみなす．フィルトレーションをパラ

---

[8]ここでのパラメータは，フィルトレーションのパラメータ r とは異なることに注意.

メータ付きに拡張するものとして次を定義する.

定義 4.3.1 K を単体的複体, A を集合とする. A で**パラメータ付けられた** K の**フィルトレーション**とは写像 $\Phi\colon A \to \mathbb{R}^{\#K}$ であって, 任意の $z \in A$ に対して $\tau \subset \sigma$ ならば $\Phi_\tau(z) \le \Phi_\sigma(z)$ を満たすもののことである.

例 4.3.2 1. $\mathbb{R}^d$ における N 個の点群 $\{x_1, \dots, x_N\}$ に対する Vietoris–Rips フィルトレーションは, これらの点の座標たちでパラメータ付けられたフィルトレーション

$$\Phi\colon A = \mathbb{R}^{d \times N} \to \mathbb{R}^{\#K} = \mathbb{R}^{2^N - 1}$$

を定める. ここで K は $(N-1)$ 単体のすべての面からなる単体的複体 $2^{\{1, \dots, N\}} \setminus \{\emptyset\}$ である. 具体的には, $x = (x_1, \dots, x_N) \in A$ とすると $\sigma \in K$ に対して

$$\Phi_\sigma(x) = \frac{1}{2} \max_{i,j \in \sigma} \|x_i - x_j\|$$

である (例 2.2.24 および問題 2.2.25 を参照).

2. K を頂点集合が V である単体的複体として V 上の関数に関する劣位集合フィルトレーション (例 2.2.26) を考えよう. V 上の実数値関数 $f\colon V \to \mathbb{R}$ はベクトル $(f(v))_{v \in V} \in \mathbb{R}^{\#V}$ と同一視できるので, 劣位集合フィルトレーションはパラメータ付けられたフィルトレーション

$$\Phi\colon A = \mathbb{R}^{\#V} \to \mathbb{R}^{\#K}$$

を定めることがわかる.

3. 上の 2 つの例では点の座標や頂点上の関数値の集合がパラメータ空間となるパラメータ付けられたフィルトレーションを考えたが, パラメータ空間としてはもっと一般のものを考えてもよい. たとえば $\mathbb{R}^d$ 内の固定された点群 $P = \{x_1, \dots, x_N\}$ をパラメータ付けられた写像 $f_\theta\colon \mathbb{R}^d \to \mathbb{R}^{d'}$ $(\theta \in \Theta)$ でうつすことを考えよう. このとき, $\mathbb{R}^{d'}$ 内の点群 $f_\theta(P)$ の Vietoris–Rips フィルトレーションは, $K = 2^{\{1, \dots, N\}} \setminus \{\emptyset\}$ として $\sigma \in K$ に対して

$$\Phi_\sigma(\theta) = \frac{1}{2} \max_{i,j \in \sigma} \|f_\theta(x_i) - f_\theta(x_j)\|$$

により定まる．これは Θ でパラメータ付けられたフィルトレーション

$$\Phi\colon A = \Theta \to \mathbb{R}^{\#K} = \mathbb{R}^{2^N-1}$$

とみなせる．このようにパラメータ空間がデータと直接関係がないパラメータである場合も本節の理論は適用可能であり，たとえば機械学習モデルに現れるパラメータをパーシステンス図を用いてコントロールする際などにも役立つ．

　ベクトル $\Phi = (\Phi_\sigma)_{\sigma \in K}$ がフィルトレーションを定める条件は複数の不等式で表現されることに注意する．そこで Filt_K を $\{\Phi = (\Phi_\sigma)_{\sigma \in k} \in \mathbb{R}^{\#K} \mid \tau \subset \sigma$ ならば $\Phi_\tau \le \Phi_\sigma\}$ と定義することで，A でパラメータ付けられた K のフィルトレーションを写像 $\Phi\colon A \to \mathrm{Filt}_K$ とみなすことができる．

　さて，ここで 2.4 節で説明した（パラメータがない）フィルトレーション $\Phi \in \mathbb{R}^{\#K}$ からパーシステンス図を計算するアルゴリズムを思い出そう．このアルゴリズムは，生成消滅単体の組たちを抽出する組合せ的部分と，それらにフィルトレーションの値を対応させる部分からなるのであった．まず，フィルトレーションの値と単体の次元 $(\Phi_\sigma, \dim \sigma)$ に関する辞書式順序により K に順序を与える．ここで同じフィルトレーション値かつ同じ次元を持つ場合は適当に順序付けることにする．すると，2.4 節で説明したアルゴリズムにより，生成消滅単体の s 個の組たち $\{(\sigma_{b_i}, \sigma_{d_i})\}_{i=1}^s$ と残りの t 個の単体たち $\{\sigma_{b_i}\}_{i=s+1}^{s+t}$ が得られる．$t = \sum_{n \in \mathbb{N}} \dim H_n(K)$ であるので，t はフィルトレーションの順序によらない．また $\#K = 2s + t$ となることにも注意しよう．2.4 節で見たように，生成消滅単体の組はフィルトレーション値自体ではなくその大小関係にのみ依存する．これらの単体の組を見つければ，そのパーシステンス図はフィルトレーション値を対応させることで

$$\{(\Phi_{\sigma_{b_i}}, \Phi_{\sigma_{d_i}})\}_{i=1}^s \cup \{(\Phi_{\sigma_{b_i}}, +\infty)\}_{i=s+1}^{s+t}$$

と得られたのであった．

　$\mathbb{R}^2$ に辞書式順序を与えることで，パーシステンス図は $\mathbb{R}^2$ の s 個の点と第 2 成分が $+\infty$ である t 個の点の第 1 成分を並べた $\mathbb{R}^{2s} \times \mathbb{R}^t = \mathbb{R}^{\#K}$ のベクトルとみなすことができる．こうして K のフィルトレーションに対してパーシス

テンス図を与える対応は

$$\mathrm{Pers}\colon \mathbb{R}^{\#K} \supset \mathrm{Filt}_K \to \mathbb{R}^{2s+t} = \mathbb{R}^{\#K}$$

という写像とみなせる．この写像は実際には単なる成分の置換であり，置換の仕方が単体的複体の構造とフィルトレーション値の順序という組合せ的なデータによっている．Pers は**パーシステンス写像**（persistence map）と呼ばれる．

次に，パラメータ付けられたフィルトレーションに対するパーシステンス図を考えよう．A を有限次元実ベクトル空間の部分集合として，$\Phi\colon A \to \mathbb{R}^{\#K}$ をパラメータ付けられた K のフィルトレーションとする．任意の $\sigma \in K$ に対して，フィルトレーション値 $\Phi_\sigma(z)$ はパラメータ $z \in A$ に関して微分可能であると仮定しよう．上で見たように，フィルトレーション値の順序が変わらない範囲では生成消滅単体の組は不変なので，この範囲でパーシステンス写像との合成写像 $\mathrm{Pers} \circ \Phi\colon A \to \mathbb{R}^{2s+t} = \mathbb{R}^{\#K}$ は微分可能である．また，次元 t は K の構造のみによるので，A 全体で一定であることにも注意する．以下では，このパーシステンス写像の微分可能性を用いて，パーシステンス図の変形に対応して点群の変形を与える連続変形法や，パーシステンス図に対する関数 $E\colon \mathbb{R}^{\#K} \to \mathbb{R}$ を合成した関数 $E \circ \mathrm{Pers} \circ \Phi\colon A \to \mathbb{R}$ の最適化を考える．

4.3.2 パーシステンス図を通した連続変形法による点群の変形

ここでは Gameiro–平岡–大林[117] で提案された，パーシステンス図を通した連続変形法による点群の変形について説明しよう．例 4.3.2 に従い，K を $2^{\{1,\dots,N\}} \setminus \{\emptyset\}$ とし点群 $P = \{x_1,\dots,x_N\}$ を $x = (x_1,\dots,x_N) \in \mathbb{R}^{d\times N}$ と同一視することでパラメータ付けられた Vietoris–Rips フィルトレーション $\Phi\colon \mathbb{R}^{d\times N} \to \mathrm{Filt}_K$ を構成する．このとき，点群からパーシステンス図への変換 $\mathrm{Pers} \circ \Phi\colon \mathbb{R}^{d\times N} \to \mathbb{R}^{\#K}$ の微分可能性を用いて点群の変形を考えることにしよう．

微分可能性が考えられる開部分集合を定義しよう．まず，$P = \{x_1,\dots,x_N\}$ が Vietoris–Rips 的に一般の位置にあるとは

1. $i \neq j$ に対して $x_i \neq x_j$，
2. $\{i,j\} \neq \{k,l\}$ に対して $\|x_i - x_j\| \neq \|x_k - x_l\|$

の 2 条件を満たすことと定義する．これを用いて，$\mathbb{R}^{d\times N}$ の開部分集合 U を

$$U := \{x \in \mathbb{R}^{d \times N} \mid x = (x_1, \ldots, x_N) \text{ は Vietoris–Rips 的に一般の位置にある}\} \tag{4.7}$$

と定めると，U の各連結成分上ではフィルトレーションの順序は変わらないので 4.3.1 項で説明したことから Pers∘Φ は U 上で微分可能である．

次に Newton–Raphson の連続変形法について説明する．U を $\mathbb{R}^l$ の開部分集合として C^1 級写像 $\varphi \colon U \times \mathbb{R}^m \to \mathbb{R}^m$ を考える．このとき，与えられた $v \in \mathbb{R}^m$ に対して $\varphi(u,v) = 0$ を満たす $u \in U$ を見つけたいとしよう．$(u_0, v_0) \in U \times \mathbb{R}^m$ で $\varphi(u_0, v_0) = 0$ となるものが 1 つ与えられたとする．このとき，所望の $v \in \mathbb{R}^m$ に対して，v_0 からスタートして $v_0, v_1, \ldots, v_M = v$ と微小に摂動していきながら $\varphi(u_k, v_k) = 0$ なる $u_k \in U$ を順次見つけて最終的に所望の解が得られることが期待される．v_{k-1} に対する u_{k-1} が得られたとき，実際の計算では次のように線形方程式を反復的に解くことで，v_k に対する u_k を構成する．最初に初期値を $u^{(0)} = u_{k-1}$ とする．j ステップ目においては線形近似

$$\varphi(u, v_k) \approx \varphi(u^{(j)}, v_k) + D_u \varphi(u^{(j)}, v_k)(u - u^{(j)})$$

で右辺を 0 として u について解くことを考える．もし $l = m$ でヤコビ行列 $D_u \varphi(u^{(j)}, v_k)$ が正則ならば，u について解いて得られる更新式

$$u^{(j+1)} = u^{(j)} - D_u \varphi(u^{(j)}, v_k)^{-1} \varphi(u^{(j)}, v_k)$$

で $u^{(j+1)}$ を定めることができる．一般には $l \neq m$ で $D_u \varphi(u^{(j)}, v_k)$ は正則とは限らないので，逆行列の代わりに擬似逆行列（pseudo-inverse matrix）を用いて近似的に方程式を解く．

$m \times l$ 行列 $A \in M_{m,l}(\mathbb{R})$ に対して，その擬似逆行列を $A^\dagger \in M_{m,l}(\mathbb{R})$ と書くことにしよう．擬似逆行列は特異値分解を通して構成でき，線形方程式 $Ax = b$ （$A \in M_{m,l}(\mathbb{R})$，$b \in \mathbb{R}^m$）の近似解を与えることが知られている．より正確には，$b \in \mathrm{Im}(A)$ の場合は $x = A^\dagger b$ は $Ax = b$ の解のうちノルムが最小になるものを与え，$b \notin \mathrm{Im}(A)$ の場合も $x = A^\dagger b$ は $\|Ax - b\|$ を最小にするベクトルの中でノルムが最小のものを与える．詳しくはたとえば文献 [118] を参照せよ．

逆行列 $D_u \varphi(u^{(j)}, v_k)^{-1}$ の代わりに擬似逆行列 $D_u \varphi(u^{(j)}, v_k)^\dagger$ を用いるこ

とで, 更新式

$$u^{(j+1)} = u^{(j)} - D_u\varphi(u^{(j)}, v_k)^\dagger \varphi(u^{(j)}, v_k) \tag{4.8}$$

が得られる. この更新式により $u^{(j+1)}$ を得て順次更新していき, v_k に対する近似解 u_k が得られる. この反復法は擬似逆行列による Newton–Raphson 法と呼ばれ, 適当な正則性のもとでその収束はよく調べられている (たとえば論文 [119] を参照). これを k に関して繰り返すことによって所望の v に対する近似解 u が得られる. したがってアルゴリズムとしては, k に関する反復の各ステップにおいて, v_k に対する近似解 u_k からスタートして Newton–Raphson 法の j に関する反復で v_{k+1} に対する近似解 u_{k+1} を見つけるという 2 重の反復を行うことになる. この 2 重の反復による計算法を Newton–Raphson の**連続変形法**(continuation method) と呼ぶ. 擬似逆行列のノルム最小解を与えるという性質より, 最終的に得られた近似解は「$\varphi(u, v) = 0$ を満たす u で $\|u - u_0\|$ が最小となるものを探す」問題の近似解になっていることが期待される.

Vietoris–Rips フィルトレーションのパーシステンス図の状況に戻ると, 我々が興味があるのは $\varphi(x, y) = \mathrm{Pers}\circ\Phi(x) - y$ の場合である. 与えられた $y \in \mathbb{R}^{\#K}$, すなわちパーシステンス図, に対する $y = \mathrm{Pers}\circ\Phi(x)$ の近似解 x, すなわち y をパーシステンス図として持つ点群, は次のように見つけることができる. まず適当な点群 x_0 に対するパーシステンス図 $y_0 = \mathrm{Pers}\circ\Phi(x_0)$ を計算することで, $\varphi(x_0, y_0) = 0$ を満たす $(x_0, y_0) \in U \times \mathbb{R}^{\#K}$ を見つける. 次に所望の $y \in \mathbb{R}^m$ に対して, 列 $y_0, y_1, \ldots, y_M = y$ であって y_k と y_{k+1} が十分近いものを構成する. 典型的には $y_k = y_0 + \frac{k}{M}(y - y_0)$ とする. すると, 上で説明した Newton–Raphson の連続変形法を適用することで, 所望の $y = y_M$ に対する近似解 x_M を構成することができる. この x_M は「$y = \mathrm{Pers}\circ\Phi(x)$ の解 x で x_0 に ℓ^2 距離で最も近いものを見つける」問題の近似解になっていると期待される♠[9].

実際の適用では, 上の手法をそのまま使うのではなく平行移動と回転による対称性の自由度を除いたほうがよい♠[10]. また, 適当な写像 $F : \mathbb{R}^{\#K} \to \mathbb{R}^r$ に

♠[9]この問題設定ではすべての生成消滅対は同じ重要度を持つものとしており, 対角線との距離による重み付けなどは考えていない.

♠[10]これをやらないと点群が計算の繰り返しでどんどん平行移動&回転するような現象が発生し, 計算結果が取り扱いづらくなる.

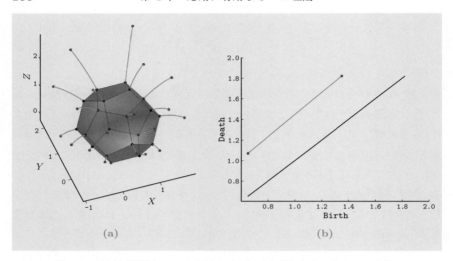

図 4.7　連続変形法による点群の変形の例（論文 [117] から引用）.
(a) 正 12 面体上にある初期点群と変形後の点群,（b) 2 次
のパーシステンス図の変形の様子. 1 つの点を右斜め上に
移動させていく変形を行う.

よってパーシステンス図からの情報抽出を行う, つまり $y = F \circ \mathrm{Pers} \circ \Phi(x)$
という問題を代わりに考えることで一部の生成消滅対のみを対象とするなど手
法の一般化が可能となる. さらに, 上では Vietoris–Rips フィルトレーション
に対してのみ説明したが, アルファフィルトレーションに対しても手法を拡張
することができる.

　パーシステンス図に関する連続変形法による点群変形の例として論文 [117]
で示されているものを挙げよう. 図 4.7 の (a) の正 12 面体上にある点群の 2
次のパーシステンス図は (b) の $(0.6, 1)$ 付近の点である. このパーシステンス
図の点を (b) にあるように $(1.4, 1.8)$ 付近まで動かして, 上で述べた連続変形
法により点群を変形する. 変形の軌跡は (a) に示されており, 空洞が大きくな
るように中心から遠くに点が移動していることがわかる.

4.3.3　パーシステンス図に関する損失関数と勾配法

　パーシステンス図に関する関数を損失関数に用いて, パラメータを最適化す

るという手法が様々に研究されている[106], [120]．このようなパーシステンス図の関数を用いて最適化する際には，通常の機械学習の手法と同様に機械学習フレームワークで実装して確率的勾配降下法を適用することが多い♠11．

まずパーシステンス図の関数という意味を明確にするために次の定義をしよう．4.3.1 項の記法に従い，パーシステンス図の点を $(q_1, \ldots, q_s, e_1, \ldots, e_t) \in \mathbb{R}^{2s+t} = \mathbb{R}^{\#K}$，$q_i \in \mathbb{R}^2$，$e_i \in \mathbb{R}$ とあらわす．

定義 4.3.3 関数 $E: \mathbb{R}^{\#K} \to \mathbb{R}$ が**パーシステンスの関数**（function of persistence）であるとは，パーシステンス図の点の置換に関して不変であることをいう．すなわち，任意の $(q_1, \ldots, q_s, e_1, \ldots, e_t) \in \mathbb{R}^{\#K}$，任意の $\{1, \ldots, s\}$ の置換 α と任意の $\{1, \ldots, t\}$ の置換 β に対して，等式

$$E(q_{\alpha(1)}, \ldots, q_{\alpha(s)}, e_{\beta(1)}, \ldots, e_{\beta(t)}) = E(q_1, \ldots, q_s, e_1, \ldots, e_t)$$

が成り立つことをいう．

例 4.3.4 1. $\mathbb{R}^{2s+t}$ のベクトルとして表現されたパーシステンス図 $D = ((b_1, d_1), \ldots, (b_s, d_s), e_1, \ldots, e_t)$ に対して，有限の座標を持つ点の対角線までの ℓ^∞ 距離の 2 倍（すなわち寿命）の和

$$E(D) = \mathrm{TotPers}(D) := \sum_{i=1}^{s} (d_i - b_i)$$

を考えると，この関数 TotPers は置換不変であるからパーシステンスの関数である．上の $\mathrm{TotPers}(D)$ を D の**全パーシステンス**（total persistence）と呼ぶ．$\mathrm{TotPers}(D)$ を小さくしていくことで本質的なトポロジー的特徴量を消すことができ，逆に大きくしていくことでトポロジー的特徴量を多く生成することができる．

より一般に次の関数も考えることができる[121]．有限の座標を持つ点 $(b_1, d_1), \ldots, (b_s, d_s)$ を寿命 $d_i - b_i$ が降順になるように並べ替えて

$$E(D) = \mu \sum_{i=j}^{k} (d_i - b_i), \quad 1 \le j \le k \le s,\ \mu \in \{-1, 1\}$$

♠11後述するように，パーシステンス図の関数の最適化には組合せ最適化の難しさが含まれるため，用途が限られることには注意が必要である．

と定めると，$E(D)$ はパーシステンスの関数である．たとえばパーシステンス図から 1 次の部分だけを抜き出し $j = k = 2$ かつ $\mu = -1$ として $E(D)$ を小さくしていくと，2 番目に大きい寿命を大きくしようとするので，2 つ以上の穴を持つようにトポロジーを変形していける．

2.　D をパーシステンス図としたとき，有限の座標だけを集めた部分多重集合を D_{reg} と書くことにする．このとき，ターゲットとなるパーシステンス図 D' を固定して D_{reg} と D'_{reg} の間のワッサースタイン距離を D の関数とみなした

$$E(D) = W_p(D_{\mathrm{reg}}, D'_{\mathrm{reg}})$$

はパーシステンスの関数である．特にボトルネック距離 $d_{\mathrm{B}}(D_{\mathrm{reg}}, D'_{\mathrm{reg}})$ もパーシステンスの関数となる．$E(D)$ を小さくしていくと，有限座標部分について D が D' に近づくようにトポロジーを変形していける．

3.　パーシステンス図 D の k 次パーシステンスランドスケープ $\lambda_k(D)(t)$（定義 4.1.1）やパーシステンスイメージ $I(\rho(D))$（定義 4.1.3）はパーシステンスの関数である．

A を有限次元実ベクトル空間の部分集合として $\Phi\colon A \to \mathbb{R}^{\#K}$ をパラメータ付けられた K のフィルトレーション，$E\colon \mathbb{R}^{\#K} = \mathbb{R}^{2s+t} \to \mathbb{R}$ をパーシステンスの関数とする．このとき，合成関数 $\mathcal{L} = E \circ \mathrm{Pers} \circ \Phi\colon A \to \mathbb{R}$ の勾配法による最適化が次のように可能である．まず上で見たように，$\mathrm{Pers} \circ \Phi\colon A \to \mathbb{R}^{\#K}$ はフィルトレーション値の順序が変わらない範囲で微分可能だったので，この範囲で $\mathcal{L}$ も微分可能である．そこで，勾配降下法の更新式

$$z_{k+1} = z_k - \eta_k \nabla \mathcal{L}(z_k) \quad (\eta_k \text{ は学習率})$$

で反復的に z_k を更新して $\mathcal{L}$ の値を小さくしていくことができる（付録 B も参照）．ただし，この更新は z_k が $\mathcal{L}$ の微分可能な領域に入るときに可能である．実用上は $\mathcal{L}$ はほとんど至るところで微分可能であることが多く，この勾配降下法が適用可能である[♠12,♠13]．勾配降下法では必ずしも大域最適解は求められ

[♠12] 機械学習での勾配降下法はほとんど至るところで微分可能であれば機能する場合が多い．たとえば，ニューラルネットワークで活性化関数としてよく使われる ReLU 関数 $f(x) = \max\{0, x\}$ も $x = 0$ で微分不可能であるが，問題なく動作する．

[♠13] より厳密な保証については，この後の確率的劣勾配降下法の部分で説明する．

ないことに加えて，更新の過程で $\mathcal{L}$ が微分可能な領域の連結成分を z_k がまたいで，そこでパーシステンス図計算における組合せ構造が変わることもあり，$\mathcal{L}$ の最適化は一般には困難になりうる．

パーシステンス図に関する損失関数の典型的な応用として，点群最適化の例を見てみよう．類似の例については Brüel-Gabrielsson らの論文[122] も参照せよ．$\mathbb{R}^2$ 内の点群 P に対して，その Vietoris–Rips フィルトレーションから得られる 1 次のパーシステンス図 $D_1(\mathcal{VR}(P))$ を考えよう．P の座標をパラメータとするパーシステンス図とみなして，損失関数 $\mathcal{L}(P)$ を

$$\mathcal{L}(P) := -W_2(D_1(\mathcal{VR}(P)), \emptyset) + \sum_{p \in P} d(p, [-1,1]^2)^2$$

と定める．この関数を用いて最適化することで，P の点は正方形 $[-1,1]^2$ 内にとどまりつつも，その 1 次パーシステンス図は対角線から遠い点を多く持つようになり輪が多く現れることが期待される．$[-1,1]^2$ 内の一様分布から 300 点をサンプルした点群の初期状態と，$\mathcal{L}$ に対して勾配降下法を適用した結果の点群が図 4.8 に示されている．期待通り最終的な点群には多くの輪が形成されている．

最後に論文 [123] で調べられたパーシステンス図の関数の確率的劣勾配降下

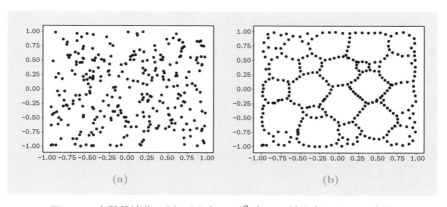

図 4.8　点群最適化の例．(a) $[-1,1]^2$ 内の一様分布から 300 点を
　　　　サンプルした点群の初期配置，(b) $\mathcal{L}$ に対して学習率 0.05
　　　　で勾配降下法を 1000 回行った後の点配置．

法に関する収束について述べよう．以降，$E\colon \mathbb{R}^{\#K} = \mathbb{R}^{2s+t} \to \mathbb{R}$ をパーシステンスの関数とする．E が局所リプシッツならば，置換不変性により合成 $E \circ \mathrm{Pers}\colon \mathrm{Filt}_K \to \mathbb{R}$ も局所リプシッツになることが示せる．例 4.3.4 で見た全パーシステンス・ボトルネック距離・ワッサースタイン距離は局所リプシッツである．また，パーシステンスランドスケープ $\lambda_k(D)(t)$ は安定性定理（命題 4.1.2）からリプシッツであり，パーシステンスイメージ $I(\rho(D))$ も安定性定理（命題 4.1.4）から適当な条件の下でリプシッツである．さらにパラメータ付けられたフィルトレーション Φ とパーシステンスの関数 E が，ある o-極小構造（o-minimal structure）で definable であるという良いクラスに入ると仮定する．o-極小構造について詳しくは Coste[124] などを参照してほしいが，次の例のようにこれまで見てきた関数の多くはこのクラスに含まれる．

例 **4.3.5**　　1.　半代数的（semi-algebraic）な関数♠14は任意の o-極小構造で definable である．特に多項式・絶対値・最大値・最小値などの合成で定義される関数は上のクラスに入る．よって，Vietoris–Rips フィルトレーションや劣位集合フィルトレーション，全パーシステンス・ワッサースタイン距離に以下の結果は適用可能である．また，パーシステンス写像 $\mathrm{Pers}\colon \mathrm{Filt}_K \to \mathbb{R}^{\#K}$ は，単体の順序が変わらない部分集合上で座標の置換で定まる関数である．この部分集合は $\mathbb{R}^{\#K}$ の座標間の等式および不等式で定義される半代数的集合なので，パーシステンス写像 Pers も半代数的である．

　　2.　Wilkie[125] の結果より，$\mathbb{R}[t_1, \ldots, t_n, \exp(t_1), \ldots, \exp(t_n)]$ に属する関数はある o-極小構造で definable である．したがって，半代数的な関数と指数写像を混ぜた関数，たとえば重み関数が半代数的であるパーシステンス面 $\rho(D)$ にも以下の結果は適用可能である．

　Φ と E がある o-極小構造で definable であるという仮定の下で，合成 $\mathcal{L}\colon A \to \mathbb{R}$ も definable な関数となることが示せる．ゆえに $\mathcal{L}$ はほとんど至るところで微分可能であり，well-defined な Clarke 劣微分

♠14グラフが半代数的集合，すなわち有限個の多項式の等式および不等式で定義される集合になる関数である．

$$\partial\mathcal{L}(z) := \mathrm{Conv}\left\{\lim_{z'\to z}\nabla\mathcal{L}(z'), \mathcal{L} \text{ は } z' \text{ で微分可能}\right\}$$

を持つ．この劣微分を用いて，

$$z_{k+1} = z_k - \eta_k(w_k + \zeta_k), \quad w_k \in \partial\mathcal{L}(z_k) \tag{4.9}$$

で逐次的に z_k を更新していくことを考えよう．ここで $(\eta_k)_k$ は学習率の列，$(\zeta_k)_k$ は確率変数の列であり，次の条件を仮定する：

(1) 任意の k に対して $\eta_k \geq 0$ であり，$\sum_{k=1}^{\infty}\eta_k = +\infty$，$\sum_{k=1}^{\infty}\eta_k^2 < +\infty$ である．

(2) ほとんど確実に $\sup_k\|z_k\| < +\infty$ である．

(3) $\mathcal{F}_k = \sigma(z_j, w_j, \zeta_j, j < k)$ を確率変数 z_j, w_j, ζ_j $(j < k)$ により生成される σ 加法族としたとき，有界集合上有界な関数 $p\colon \mathbb{R}^d \to \mathbb{R}$ が存在して，任意の k に対してほとんど確実に

$$\mathbb{E}[\zeta_k \mid \mathcal{F}_k] = 0, \quad \mathbb{E}[\|\zeta_k\|^2 \mid \mathcal{F}_k] < p(z_k)$$

が成り立つ．

これらの条件の下で，一般に局所リプシッツかつ definable な関数 $\mathcal{L}$ に関する確率的劣勾配法 (4.9) の収束定理が Davis ら[126] によって証明されている．この定理をパーシステンス的損失関数に適用すると次の定理[123] が得られる．

定理 4.3.6 K を単体的複体，A を有限次元実ベクトル空間の部分集合，$\Phi\colon A \to \mathbb{R}^{\#K}$ をある o-極小構造で definable な K のパラメータ付けられたフィルトレーションとする．さらに，$E\colon \mathbb{R}^{\#K} \to \mathbb{R}$ を definable なパーシステンスの関数として，合成関数 $\mathcal{L} = E \circ \mathrm{Pers} \circ \Phi$ が局所リプシッツであると仮定する．このとき，上の条件 (1)〜(3) の下で式 (4.9) の反復で定まる列 $(z_k)_k$ は，ほとんど確実に $\mathcal{L}$ の臨界点に収束して関数値の列 $(\mathcal{L}(z_k))_k$ も収束する．

ノート

パーシステンス図を通した連続変形法における特異的な状況について

連続変形法では $\mathrm{Pers} \circ \Phi(x) - y = 0$ が x に関して解を持つことを暗に仮定していたが，これが成り立たない場合もありえる．例として Vietoris–Rips フィルトレーションにおいて $N = 3$ （つまり 3 点）の場合を考える．

$c_{ij} = \frac{1}{2}\|x_i - x_j\|$ $(1 \leq i < j \leq 3)$ とおき，さらに $c_{12}, c_{13} \leq c_{23}$ という大小関係を仮定すると

$$\Phi(x) = (\Phi_1(x), \Phi_2(x), \Phi_3(x), \Phi_{12}(x), \Phi_{13}(x), \Phi_{23}(x), \Phi_{123}(x))$$
$$= (0, 0, 0, c_{12}, c_{13}, c_{23}, c_{23})$$

とあらわされ，Pers と合成すると

$$\text{Pers} \circ \Phi(x) = (0, c_{12}, 0, c_{13}, c_{23}, c_{23}, 0)$$

とあらわされる．y がこの形をしていない場合には $\text{Pers} \circ \Phi(x) = y$ は解を持たない．

　また，別の特異的パターンとして，更新式 (4.8) の途中で式 (4.7) の U のある連結成分から別の連結成分に移ってしまう場合も考えられる．このときは f が微分不可能な領域を飛び越えることになるので，Newton–Raphson の連続変形法は理論的には機能しない．ただ，この場合でも微分の不連続性が変な構造をしていなければ更新式の反復を続けることで目的の解に到達できる場合もある．

　論文 [117] の 5 節では，これらのような特異的な状況が発生する例についても考察している．

パーシステンス図の損失関数の応用例

　パーシステンス図を損失関数に導入する取り組みは様々に発展してきている．いくつか例を挙げよう．論文 [120] では，データと潜在空間のトポロジー性質を保持するようなトポロジー的損失項をオートエンコーダの損失関数に加えた学習を提案している．論文 [127] では，グラフのフィルトレーションをパラメータ付けて，そのパラメータも入った分類の損失関数を用いて最適化することでフィルトレーションを学習する手法が提案されている．グラフのフィルトレーション学習については，グラフニューラルネットワークと合わせて 5.4 節で説明する．論文 [122] はニューラルネットワークの 1 層としてトポロジー層を使うことを議論し，点群の最適化やトポロジー的敵対的攻撃（topological adversarial attack）などを調べている．論文 [121] はデータ埋め込みの損失関数にトポロジー的正則化項を加えることで，トポロジー的事前情報を使って埋め込みをトポロジー的にコントロールする手法を提案している．

パーシステントホモロジーの応用　5

　本章ではパーシステントホモロジーの様々な応用を説明する．まず，単純な人工データを用いてパーシステントホモロジーからどのような情報が得られるかを説明する．パーシステントホモロジーの有用な応用先として点群データ解析があり，物質科学への応用についていくつか例を取り上げる．一方で，パーシステントホモロジーはフィルトレーションの概念を経由することで，点群に限らず広範なデータ形式に適用できる．本章では，画像データについては医用画像を中心に説明し，グラフデータについてはグラフ分類やウイルス解析の例を解説する．また，最後に位相的データ解析に使えるオープンソースソフトウェアを紹介する．

5.1　単純な人工データ

　実データを扱う前に，この節では単純な人工データを用いて，位相的データ解析が様々な種類のデータに対してどのように適用できるかを説明する．

点群データ

　初めに，点群データに対するパーシステントホモロジーを用いた解析を扱う．図 5.1 に示されている点群を考える．これは異なる 3 つの半径（1.5, 2.0, 3.0）の円から，動径方向にガウスノイズ（標準偏差 $\sigma = 0.1$）を加えてそれぞれ 100 点サンプルした計 300 点の点群である．この点群は，3 つの連結成分と 3 つの輪を持つように見えるが，これがパーシステンス図ではどのようにあらわされるかを見てみよう．パー

図 5.1　3 つの円からなる点群

システントホモロジーを計算できるオープンソースソフトウェアの GUDHI[♠1]
を用いて，Vietoris–Rips フィルトレーションに関するパーシステンス図を計
算したものを図 5.2 に示した．図 5.2 のパーシステンス図において，0 次の点
のうち対角線からの距離が大きいものは 3 点（$(0, 1.6), (0, 2.0), (0, \infty)$ 付近）
である[♠2]．これは主要な連結成分が 3 つあることに対応している．また，1 次
の点のうち対角線からの距離が大きい 3 点（$(0.6, 2.2), (0.6, 2.7), (1.3, 4.6)$ 付
近）は，3 つある輪に対応している[♠3]．さらに，これら 1 次のパーシステンス
図の点たちの消滅時刻が異なっていることから輪の大きさが異なっていること
が読み取れる．2.2 節で点群からは様々な異なるフィルトレーションを定める
ことができることを見た．異なるフィルトレーションからは異なるパーシステ
ンス図が計算される．たとえば，アルファフィルトレーションを用いて計算し
たパーシステンス図は図 5.3 のようになる．これは図 5.2 とは異なっているが
大まかには似た傾向を示していることがわかるであろう．

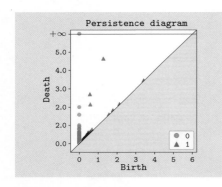

図 5.2　Vietoris–Rips フィルトレー　　図 5.3　アルファフィルトレーションに
　　　　ションによるパーシステンス図　　　　　　よるパーシステンス図

　ここで 1.1.1 項で触れた 0 次のパーシステントホモロジー・パーシステンス
図と**階層的クラスタリング**（hierarchical clustering）との関係についてより

[♠1]5.5 節も参照．

[♠2]ノイズがない状況であれば，これらの消滅時刻は 3 つの連結成分間の距離のうち小さい
もの 2 つと ∞ になる．

[♠3]ノイズがない状況であれば，これらの生成時刻はそれぞれの輪の「最大の切れ目の大き
さ」に，消滅時刻は 3 つの輪の半径のそれぞれ $\sqrt{3}$ 倍になる．

詳しく説明しておこう．クラスタリングとは与えられたデータを関連性の高い
グループ（クラスタ）に分ける操作のことであるが，その手法の 1 つである階
層的クラスタリングは，データ間の類似度が高いものを順にマージしていきグ
ループ化していく過程を記述する．クラスタ間の類似度の定義は様々に考えら
れるが，次に単連結法（single linkage method, 最短距離法とも）と呼ばれる
ものを紹介する．データ点間に類似度 d が定まっているとき，2 つのクラスタ
C_1, C_2 に対して

$$d(C_1, C_2) := \min_{x_1 \in C_1, x_2 \in C_2} d(x_1, x_2)$$

と類似度を定める．単連結法による階層的クラスタリングは，各クラスタが 1
つだけデータ点を持つようなデータ点数分のクラスタから始めて，閾値 r を
大きくしながら類似度が r 以下のクラスタを次々にマージするというアルゴ
リズムで行われる．このマージの過程はデンドログラムと呼ばれる図に表示さ
れる．たとえば，図 5.1 の点群に対するデンドログラムは図 5.4 に示されてい
る．単連結法による階層的クラスタリングは Vietoris–Rips フィルトレーショ
ンにおける 0 次のパーシステンス図と関連が深い（図 5.2 と 5.4 を比較せよ）．
Vietoris–Rips フィルトレーションによる 0 次のパーシステンス図の計算過程
において，閾値 r 以下の消滅時刻を持つ生成消滅対に対応する消滅 1 単体の頂
点が同じクラスタに入るようにしていけばデンドログラムにおける r 以下のク

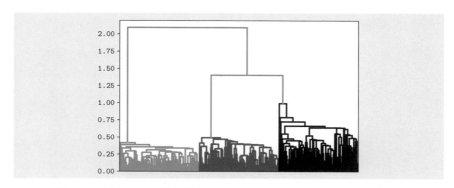

図 5.4 図 5.1 の点群に対する階層的クラスタリングのデンドログ
ラム

ラスタが得られる.

　点群の解析例としてもう 1 つ，2 次元トーラスからサンプルした点群を取り上げる．この点群のパーシステントホモロジーから，トーラスのホモロジーが見えることを説明しよう．2 次元トーラス $T^2 = S^1 \times S^1$ を 3 次元空間 $\mathbb{R}^3$ に

$$(\sqrt{x^2 + y^2} - 2)^2 + z^2 = (0.9)^2$$

として実現し，そこからランダムに 1000 点サンプルした点群が図 5.5 である．この点群からアルファフィルトレーション♠4を構成し，パーシステンス図を出力したものが図 5.6 に示されている.

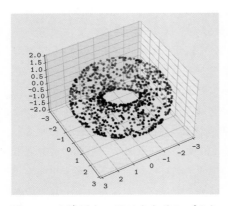

図 5.5　2 次元トーラスからサンプルした点群

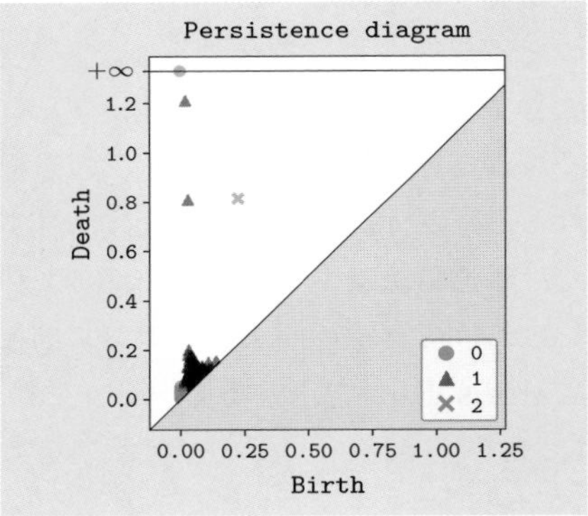

図 5.6　図 5.5 の点群に対するパーシステンス図

　図 5.6 のパーシステンス図において，0 次の点のうち対角線からの距離が大きいものは $(0, \infty)$ のみであると言ってよく，これは連結成分が 1 つであることに対応する．また，1 次のパーシステンス図の点で本質的なものは 2 つ，2 次のパーシステンス図の点で本質的なものは 1 つである．これらは T^2 のホモロジーが

　♠4ここでは計算量の問題から Vietoris–Rips フィルトレーションではなくアルファフィルトレーションを用いている．2 次までのパーシステンス図を得るには 3 次までの単体を考える必要があり，Vietoris–Rips フィルトレーションでは単体の数が爆発してしまう.

$$H_n(T^2; \mathbb{F}_2) \cong \begin{cases} \mathbb{F}_2 & (n = 0, 2) \\ (\mathbb{F}_2)^2 & (n = 1) \\ 0 & (\text{それ以外}) \end{cases} \tag{5.1}$$

であることと整合的である.

問題 5.1.1 2 次元トーラス T^2 のホモロジーについて, 同型 (5.1) を示せ. (**ヒント**:図 5.7 はトーラスの単体分割を与えるので, これを用いて計算せよ.)

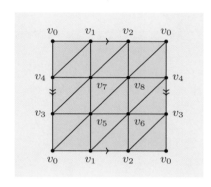

図 5.7　2 次元トーラスの単体分割の例. ここで大きな正方形の上下の辺と左右の辺は同じ種類の矢印に沿って同一視されていると考える.

　マルチパラメータ解析の応用例も示す. 図 5.8 に示されている, ノイズが乗った点群データを考える. ノイズがなければ, このデータの一番大きい穴は円形そのものに対応し, 消滅時刻はその直径である 1.5 に近いはずである. しかし, 円形の内側にあるノイズ点の存在により, 一番大きい穴の消滅時刻は 0.7 程度になってしまう.

　ここでは, ガウス密度関数をもう 1 つのパラメータとして用いることでノイズの問題にアプローチする. 実際に 2 パラメータパーシステンス加群のためのソフトウェアの 1 つである RIVET を用いて, 2 つのパラメータ (Vietoris–Rips のパラメータとガウス密度) に対する 2 パラメータパーシステンス加群 M を構成し, 121 ページで説明したファイバー化バーコード $L \mapsto D(M|_L)$ を解析してみる. 図 5.9 には RIVET での解析結果を表示している. 図の左側には 2 パラメータパーシステンス加群の格子を表示しており, 灰色の濃さで各格子点上のベクトル空間の次元を表現している. 青い直線がファイバー化バーコードの L である. 縦軸は Vietoris–Rips フィルトレーションの距離の

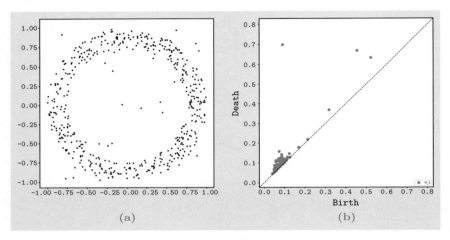

図 5.8　(a) ノイズが乗っている点群データと (b) その Vietoris–
Rips フィルトレーションのパーシステンス図.

パラメータに対応している．横軸はガウス密度関数のパラメータに対応してお
り，左にいくほどノイズ除去が強くなる（図 3.1 も参照）．図の右側にはファ
イバー化バーコードのパーシステンス図 $D(M|_L)$ を表示している．まず，確
認として，直線 L を一番右の縦の線にしてみよう．このとき，バーコードは普
通の Vietoris–Rips フィルトレーションのパーシステンス図と同じである（図
5.9 (a)）．線 L を動かすと，一番大きい穴の生成消滅対が移動することが確認
できる．また，その穴が広いパラメータ領域の中で生存していることがわかる
（図 5.9 (a) と (b) の左側）．その広い領域の上の壁はパラメータ 1.3〜1.5 付近
にあるので，穴の正しいサイズも推定できる．

重み付きグラフ

　　上では点群に対するパーシステンス図を見てきたが，第 2 章で説明したよう
にパーシステントホモロジーは点群データ以外にも適用可能である．ここでは
簡単な重み付きグラフに対してパーシステンス図を計算してみよう．

　　図 5.10 に示されているような，非負の重みを持つ重み付きグラフを考える．
このような重み付きグラフに対しては，例 2.2.22 で見たやり方で部分グラフ
$G_r = (V_r, E_r)$ を考えて，フィルトレーション $\mathcal{G} = (G_r)_r$ が得られるのであっ

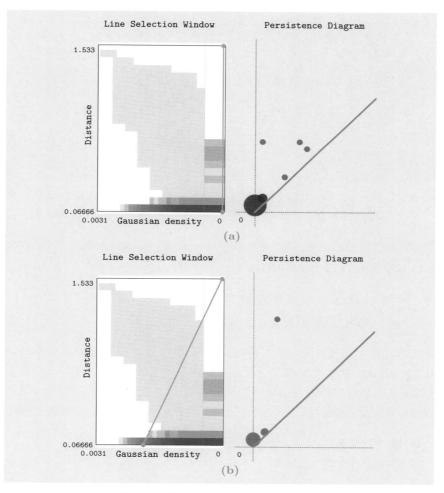

図 5.9 RIVET の解析結果．なお，計算量を抑えるため，解像度
を粗くしている．(a) パラメータ「gaussian density」を固
定して，右に表示されているパーシステンス図は通常の
Vietoris–Rips フィルトレーションのパーシステンス図と
同じである．(b) パラメータ「gaussian density」も変化さ
せている．

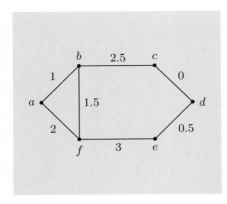
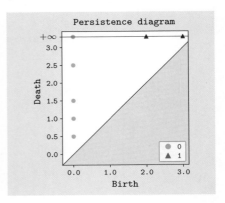

図 5.10　パーシステンス図を計算する　　図 5.11　図 5.10 の重み付きグラフに対
　　　　　重み付きグラフの例　　　　　　　　　　する パーシステンス図

た. このフィルトレーションを用いてパーシステンス図を計算したものが図
5.11 に示されている. 具体的には

$$D_0(\mathcal{G}) = \{(0, 0.5), (0, 1), (0, 1.5), (0, 2.5), (0, \infty)\},$$
$$D_1(\mathcal{G}) = \{(2, \infty), (3, \infty)\}$$

である. 0 次に着目すると, 時刻 0 で生まれた 5 つの連結成分が時刻
$0.5, 1, 1.5, 2.5$ で 1 つずつマージされていく様子がパーシステンス図に現
れている. また 1 次のパーシステンス図には, 時刻 2 で左側の a, b, f による閉
路が, 時刻 3 で右側の b, c, d, e, f による閉路が生成されていることが見える.

画 像 デ ー タ

立方体的複体を使った画像データに対するパーシステントホモロジーの計算
の例も 1 つ挙げておこう. 図 5.12 のモノクロ階調画像は, 正方形の格子の上
で定義された実数値関数とみなすことで, 信号値をフィルトレーション値とす
る立方体的複体（2.1.2 項）が得られる（詳しくは 5.3 節を参照）. このパーシ
ステントホモロジーは以下のように計算できる:

　・0 次元のパーシステンス図は

$$D_0 = \{(0, \infty), (0, 1), (0, 1), (0.5, 1), (0.5, 1)\}$$

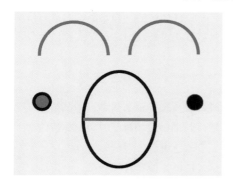

図 5.12　モノクロ階調画像．白が 1，黒が 0，灰色が 0.5 の信号値を持つ．上部の曲線を両目，左右の丸が頬，中央の図形を口と呼んで参照する．

である．目に相当する 2 つの連結成分が 2 つの生成消滅対 $(0.5, 1)$ に対応する．頬と口にあたる 3 つの連結成分が，永続する生成消滅対 $(0, \infty)$ と 2 つの生成消滅対 $(0, 1)$ に対応する．どの連結成分が永続する生成消滅対に対応するかは定義されないことに注意．

• 1 次元のパーシステンス図は

$$D_1 = \{(0, 0.5), (0, 1), (0.5, 1)\}$$

である．向かって左の頬は 0 の値を持つピクセルにより円をなし，それが灰色 0.5 の値を持つピクセルにより埋められるため，生成消滅対 $(0, 0.5)$ に対応する．口は値 0 を持つピクセルにより輪が形成され，これは生成消滅対 $(0, 1)$ に対応する．この輪が灰色 0.5 の値を持つピクセルにより分割されて 2 つの輪となり，生成消滅対 $(0.5, 1)$ に対応する．この生成消滅対を代表するサイクルは，分割後の上下どちらの輪にとってもよい．

5.2　点群データの解析（物質科学・材料科学への応用）

この節では点群データの解析例として，物質科学・材料科学への応用を紹介する．ここで紹介する応用例では，原子配置のデータを点群データとみなして解析する．原子配置を点群とみなすのは自然で，このような原子スケールのデータの解析はパーシステントホモロジーの有望な応用先である．

5.2.1　シリカガラス

最初に，平岡らによるガラスの原子配置の解析[10], [128], [129] を紹介しよう．

これらの論文は，パーシステントホモロジーの材料科学への応用におけるほぼ最初期の成功例である．何種類かのガラスが取り扱われているが，特にシリカガラスの解析を中心に紹介する．

背　　景

　ガラスとはアモルファス・非晶質[♠5]と呼ばれ，繰り返し構造（結晶構造）を持たない固体である．一般的にガラスと呼ばれているのはシリカ（2 酸化ケイ素，SiO_2）に炭酸ナトリウムと炭酸カルシウムを混合・融解して作るソーダ石灰ガラスで，安価なためガラス瓶や窓ガラスによく使われている．一方，シリカの純度が高いシリカガラス（石英ガラス）は透明度が高く光ファイバーの材料などに使われている．ここで紹介する研究では純度 100% のシリカガラスを対象としている．まず，ガラスの原子レベルでの構造を，他の状態（結晶・液体）との類似性や違いに注目して説明しよう．

　結晶は繰り返し構造を持つため，ある小さな領域での原子配置がわかれば遠くの原子配置を正確に予測できる．これを結晶の長距離秩序（Long-Range Order，LRO）と呼ぶ．ガラスはそのような繰り返し構造を持たないため，長距離秩序を持たない（図 5.13）．

　一方で，ガラスと結晶の原子配置に共通して，ある 1 つの原子に注目するとその隣接原子の情報は予測可能である，という性質がある．結晶シリカの場合でもシリカガラスの場合でも，Si 原子に注目するとそこから 4 方向に O との化学結合が伸びており，その 4 つの O 原子は Si を中心とする正 4 面体の頂点に配置されている．O-Si 間の距離は化学結合で決まるため，原子種から普遍的に決まる．この 4 面体構造は結晶シリカとシリカガラスに共通して観察される構造である．このような隣接原子に関する空間パターンを短距離秩序（Short-Range Order，SRO）と呼ぶ．

　実は短距離秩序は液体でも観察される．たとえばシリカを高温で融解した液体シリカにおいても，Si 原子を中心とする 4 面体構造が維持される．液体の場合，結合距離や結合角はそれなりの大きさで変動するため，シリカガラスのような正 4 面体を保持できず，構造の安定性は固体の場合と比較すると低いが，それでもこの構造は保持される．したがって，液体シリカとシリカガラスは長

[♠5]厳密にいうとアモルファス＝非晶質でガラスはその一種である．

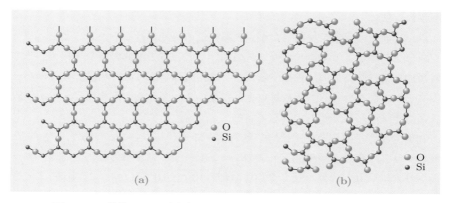

図 5.13　結晶シリカ (a) とシリカガラス (b) の原子配置の模式図.
平面的模式図であるため，1 つの Si 原子と結合している
O 原子は 4 つでなく 3 つとなっている．そのため 4 面体
構造ではなく Si を中心とする O 原子 3 個の 3 角形構造
が近距離秩序として表現されている.

距離秩序を持たず短距離秩序を持つという意味でよく似ていると言える．長距
離秩序を持たず短距離秩序を持つという性質はシリカに限らず様々なガラス，
液体でも共通している．ではガラスと液体の空間構造の特徴的な違いは何か，
区別可能なのか，が問題となる.

　これまでの様々なガラスの研究により，ガラスには液体にはない中距離秩序
（Medium-Range Order，MRO）と呼ばれる構造があると考えられている♠6.
たとえば回折/散乱実験（物質に照射した X 線や電子線が原子によって散乱さ
れることで生じる波の干渉を観測する実験で，この結果により原子レベルの構
造を推定することが可能となる）によって，隣接原子間の距離の数倍程度の距
離で何らかのパターンのようなものがあることが示唆されている．シリカガラ
スの場合，化学結合の距離は通常 1.5〜1.7 Å 程度であるが，3 Å 以上のスケー
ルの特徴的なパターンがあることが回折実験などから推測されている．この中
距離秩序の正体を明らかにすることは，ガラス研究の重要な課題である.

　♠6文献によっては Intermediate-Range Order（IRO）と呼んでいるものもある．また
MRO や IRO といった呼称を避けている文献も多い．ガラスの秩序が論争的な問題である
ことの反映のようである.

手　法

　以上で研究の背景を説明したが，実際にこの研究が行っていることは，パーシステンス図によってシリカガラスの状態ごとの原子配置の特徴を捉え，その特徴的な構造を具体的に抽出することである．液体シリカと結晶シリカのパーシステンス図も計算し，比較対象として用いる．これらの解析によって中距離秩序の正体の一端を明らかにしている．

　利用する原子配置データは分子動力学シミュレーションによって得ている．液体シリカは高温下（7000 K）でのシミュレーションを行って得ている．ガラスシリカは高温の液体シリカを高速冷却（$10^{15} \sim 10^{11}$ K/s）して 10 K まで冷やすシミュレーションで得ている[♠7]．結晶シリカは人工的に配置した完璧な対称性を持つ構造を初期条件として，10 K でしばらく時間発展させるシミュレーションで得ている．このようにすると，熱ゆらぎにより結晶は完全な繰り返し構造から少し変形した構造となる．原子数はどのデータも同じで，2700 個の Si 原子と 5400 個の O 原子が含まれている．

　こうして得られた原子配置に対してパーシステンス図を計算した．2 種類の原子（Si・O）の情報を反映させるために，それぞれに異なる初期半径を割り当ててパーシステンス図を計算した．2.2 節のノートで説明した重み付きアルファフィルトレーションを用い，各点 p の初期半径 r_p に対して $f_p(r) = \sqrt{r_p^2 + r}$ と半径を変化させフィルトレーションを構築した．初期半径の決め方は興味深い話題であるので，後の節で「combining rule」の話と関連させて説明する．

　シリカの解析では主に 1 次のパーシステンス図を利用している[♠8]．化学結合による複雑なネットワーク構造がシリカガラスの構造の本質なので，ネットワーク構造を反映した 1 次パーシステンス図がその特徴を捉えるのに有効であると考えられる．

結 果 と 考 察

　図 5.14 は論文 [10] より引用したガラスシリカの 1 次パーシステンス図であ

　[♠7]ガラスをシミュレーションで得るにはこのように高温の液体を高速冷却するのが定番の方法である．

　[♠8]論文 [128] では 1 次・2 次の両方とも計算されているが，2 次のほうにはあまり特徴が見つからなかったので 1 次のパーシステンス図のみ利用されている．

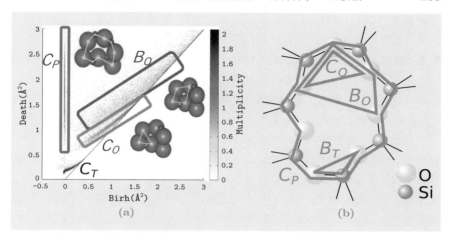

図 5.14　(a) シリカガラスのパーシステンス図（論文 [10] の Figure 6 を改変して引用（CC-BY 2.0, C_T を付け加えている））. (b) シリカガラスの模式図と C_P, C_T, C_O, B_O に対応する構造の例．黒い線は化学結合をあらわし，青いリングは生成消滅対に対応する構造をあらわす．外向きの化学結合は他の O につながる．

る．C_T, C_P, C_O のような 1 次元的なピークを持つ分布や B_O のようなバンド状の分布が特徴的であることが見てとれる[♠9]．特にこの 1 次元的分布はシリカガラスに特徴的なもので，液体シリカや結晶シリカの場合には見られない（液体の場合は 2 次元的広がりを持つ分布で，結晶の場合は 0 次元的な点状のピークを持つ分布となる）[128], [129]．そこで，この特徴的な 1 次元的分布が何らかの意味でガラスの中距離秩序に対応していると期待される．この点の分布を調べるために，この分布に含まれる各点に対応する構造を逆解析（4.2 節）で抽出する．抽出した構造の模式的な図をパーシステンス図に重ね書きしている．

　図の C_T は Si を中心とする 4 面体内部の O–Si–O の 3 原子がなす 3 角形のリングに対応している．つまり，これは短距離秩序に対応していると言える．液体シリカや結晶シリカのパーシステンス図でも原点付近の同様の位置に

[♠9]C は curve（曲線）の C で B は band（バンド）の B を意味する．

ピークを持ち，これは短距離秩序が液体・ガラス・結晶で共通しているという事実と整合的である．ただし分布の形状は結晶・液体・ガラスで異なっており，短距離秩序の詳細な差異が反映されている．

　次に C_P は $\cdots$–O–Si–O–Si–O–$\cdots$ という化学結合によって実現されているリング構造である．生成消滅対が垂直に分布しているが，この生成時刻は化学結合の距離に対応している♠[10]．

　C_O はもっと非直観的なパターンに対応している．逆解析によって具体的に対応する構造を確認すると，これは –O–Si–O–Si–O– という化学結合による原子の並びにおける 1 つおきの 3 つの O 原子が作る 3 角形に対応していることがわかる（図 5.14 の C_O のところに図示している）．ここで 1 次元的な分布が見えているのにはどのような意味があるのだろうか．これは 3 つの O 原子の配置に幾何的な制約があることを示唆している．そこで –O–Si–O–Si–O– の並びにおける Si 原子をはさんだ 2 つの O 原子の間の距離を L_1, L_2 とし（2 通りあるので短いほうを L_1，長いほうを L_2 とする），3 つの O 原子がなす角を θ としたときの (L_1, L_2, θ) の 3 次元データをプロットする（図 5.15 右上）．この図の下半分は 3 次元プロットの射影図である．3 角形の 2 辺の長さとその間の角度は何の拘束もなければ 3 次元的に自由に変動できるはずである．しかし実際にはこの 3 つの間には図で示されているような拘束があってとり得る値が制限されている．これをパーシステンス図にうつすと C_O のような曲線状の分布が見えるのである．この配置にはもっと自由度があってもよさそうなものだが，実際にはかなり強い幾何的拘束が存在するのである．

　B_O については逆解析を適用すると色々な構造が混ざって見える．たとえば –O–Si–O–Si–O– という並びにおける Si 原子をまたいだ 4 個以上の O 原子のなす多角形が代表的なパターンである．C_O などよりも幅の広い分布をしているので，C_O ほどの強い幾何的拘束はないと考えてよさそうである．

結　　論

　以上の解析から，液体が備えていないガラスに特徴的な中距離秩序は C_O, B_O, C_P に対応すると予想される．この予想は構造因子（structure factor, $S(q)$）というものを計算することで裏付けられる．構造因子は上で紹介した回

♠[10]実は初期半径を Si–O の結合距離から決めているので，その値はほぼ 0 になっている．

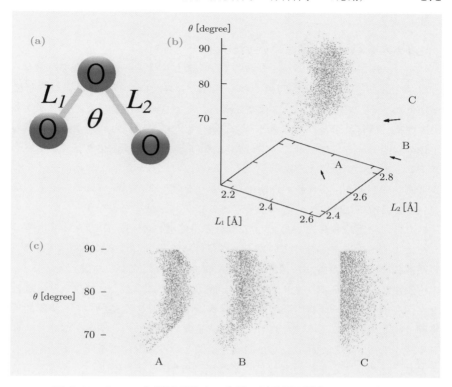

図 5.15 3つの O 原子が作る 3 角形の原子間距離とその間の角度
のプロット．(a) L_1, L_2, θ の定義．(b) L_1, L_2, θ の 3 次
元プロット．(c) (b) の図の射影図．（論文 [10] の Figure
7 を引用（CC-BY 4.0））．

折実験から実験的に計算できる関数である．一方で，構造因子は原子配置から
2 体分布関数（ある原子に注目したとき，その原子から r 離れた位置にある原
子の平均個数密度）を経由して理論的に計算することも可能である．構造因子
が First Sharp Diffraction Peak（FSDP）と呼ばれるピークを持つことが中
距離秩序の実験的証拠だと言われている．そして C_O, B_O, C_P に対応する局
所的構造の消滅時刻から計算した構造因子はこの FSDP をよく再現すること
が示されている．この構造因子の比較から，パーシステンス図が捉えた C_O,
B_O, C_P という特徴的構造が，ガラスの中距離秩序に対応しているということ

が強く示唆された.

シリカガラスの解析がうまくいった理由

　パーシステンス図を用いたガラスの原子配置に関する一連の研究では液体・ガラス・結晶と3つの代表的相でパーシステンス図にはっきりと異なる特徴が現れた. そして液体とガラスは空間構造としても違うはずだ, というガラスの専門家（材料科学者）の直感とうまく適合した結果が得られ, 中距離秩序の正体の解明という目標に対し一定の成果が得られた. ではなぜガラスはパーシステントホモロジーによる解析がうまくいったのだろうか. この理由をいくつか推測してみよう. これらの理由はどのようなデータがパーシステントホモロジーによる解析に向いているのかを考えるヒントとなるであろう.

　1つ目に中距離秩序というガラス特有の秩序概念がパーシステントホモロジーによる解析によく合っていたことが挙げられる. これを長距離・中距離・短距離秩序といった概念と相性の良い数学, という視点から議論していこう. まず長距離秩序, つまり繰り返し構造を捉えるためにはたとえばフーリエ解析などが有用である. 回折実験の数理的背景にはフーリエ変換があり, 実際回折実験は結晶の解析によく使われる. また結晶構造は繰り返し構造, つまり並進で不変な構造があるだけでなく, 回転や鏡像といった操作で不変な構造を持っており, このような構造は群論による特徴付け♠11と相性がよい. 一方で, 液体のような構造は確率論的な考え方と相性がよい. 液体のような物質はシンプルな確率的数理モデルから統計力学を経由することで, その性質を高精度に記述することができる. アモルファスに関しては, 上に挙げたような道具だけではその性質を調べるにはいまのところ十分でない. フーリエ変換は構造因子と深い関係があり, この構造因子の FSDP が中距離秩序の存在を示唆していたが, その正体は明らかではなかった. 統計力学という側面から見るとガラスは難間で, いまも最先端の研究課題である.

　材料科学における既存の手法に, ボロノイ解析やリング統計といったトポロジーや幾何学を使った手法があり, これらはガラスの構造の特徴を捉えるのに使われている. そこでパーシステントホモロジーのマルチスケールな構造を定量化する能力が中距離秩序の理解に有用だろうと予測される. これは現状では

♠11点群（point group）による作用.

憶測に過ぎないが，実際にパーシステントホモロジーがガラスの構造解析に役立っているので，あながち間違いでもないのだろう．

以上の議論を端的にまとめたのが表5.1である．

表 5.1　物質の相，特徴的秩序構造，そして対応する数学

物質の相	特徴的秩序	数学
結晶	長距離秩序	フーリエ解析・群論
液体	短距離秩序	確率論的モデル
ガラス・アモルファス	中距離秩序	幾何・トポロジー

シリカガラスの解析を成功させた2つ目の理由を，combining rule の観点から説明する．球が膨らんでいくモデルを考えるということは，原子がボールのようなものであると想定することを意味する．さらに原子の種類ごとに初期半径を変えることで，その空間構造をより適切に捉えられることも想定している．しかし，実は原子をボールとみなすのは現代の物理学では注意が必要なモデリングである．この問題について検討すると combining rule というものにたどりつく．

2つの原子の間には大抵の場合，固有の距離というものがある．これより近づくと反発し，離れると引き合うような距離である[♠12]．原子をボールとみなすのは，この固有距離から決まる半径があるということを意味している．この仮定を満たすためには，シリカの場合には次の等式が成り立つ必要がある：

$$\ell_{\text{Si-O}} = r_{\text{Si}} + r_{\text{O}},$$
$$\ell_{\text{O-O}} = r_{\text{O}} + r_{\text{O}}, \tag{5.2}$$
$$\ell_{\text{Si-Si}} = r_{\text{Si}} + r_{\text{Si}}.$$

ここで $\ell_{\text{Si-O}}, \ell_{\text{O-O}}, \ell_{\text{Si-Si}}$ は原子のペアでの固有の距離で，r_{O} と r_{Si} は固有半径を意味している．しかし，この問題は過剰決定系（$\ell_{\text{Si-O}}, \ell_{\text{O-O}}, \ell_{\text{Si-Si}}$ の値から r_{O} と r_{Si} を決める問題）で，数学的には一般にはこの等式を満たす r_{O} と r_{Si} は存在せず，物理的にもこの等式を満たす r_{O} と r_{Si} が存在するのは特殊な

[♠12]この仕組みは現代の物理学では量子力学によって説明される．また，本来は3原子以上ある場合にはより複雑な相互作用を考える必要があるが，2原子相互作用の総和としてモデルを近似することもよく行われる．

場合のみである．この等式系は Lorentz–Berthelot の combining rule と呼ばれる．

　それではシリカの場合に，この等式が満たされるかというと実は満たされない．しかし，シリカの場合は特別な理由があり combining rule を満たしているとみなしてもよい．その理由として，4 つの O 原子を頂点とする 4 面体の中心に Si 原子が配置されているため，2 つの Si 原子は隣接できないという事実が挙げられる．この結果として，主要な原子間相互作用は Si–O と O–O の 2 つだけとなり，式 (5.2) の 3 番目の等式は無視してよくなる．こうして結局以下のような等式を考えればよいこととなり，この場合には $\ell_{\text{Si-O}}$ と $\ell_{\text{O-O}}$ から $r_{\text{Si}}, r_{\text{O}}$ が簡単に決まる：

$$r_{\text{O}} = \frac{\ell_{\text{O-O}}}{2},$$
$$r_{\text{Si}} = \frac{\ell_{\text{Si-O}} - \ell_{\text{O-O}}}{2}.$$

先のシリカの解析においては，この値を初期半径として解析を行っている．

　実際のところ combining rule を無視してもそれなりに解析は可能であるが，幾何的描像と物理的性質をよりうまく連携させ，解析を正当化するためには combining rule を反映させたほうがよい．このシリカの例の他にも以下のような場合には combining rule が機能すると考えてよい：

- サイズの大きな粒子の場合．はっきりとした基準はないがおよそ µm オーダーより大きな半径を持つようになると，粒子が本当にボールのようにふるまうので，問題なく combining rule が成り立つ．
- 原子が単一種類の場合．この場合は固有の距離が 1 つしかないので問題が生じない．

前者は粉体の解析[6] などの場合に相当する（直径が 1 mm 程度）．後者はたとえばアモルファスシリコン（Si 原子のみ）などの場合[130] である．

5.2.2 　金 属 ガ ラ ス

　次に，平田らによる金属ガラスの原子配置の解析[131] を紹介する．金属ガラスとは金属元素を主成分とするガラス，つまり繰り返し構造を持たない固体である．この論文はパラジウム（Pd）80% とケイ素（Si）20% からなる金属ガラスについて解析している．解析には 4.1 節で説明したパーシステンスイメー

ジと機械学習を組み合わせて利用し，さらに 4.2 節で説明した逆解析を結果の
解釈に用いている．

背　景

　この研究の究極的な目標はシリカガラスと共通していて，ガラスの原子配置
の秩序/無秩序の解明，特に中距離秩序の理解である．金属ガラスも長距離秩
序を持たず短距離秩序を持っていることがよく知られている．さらに金属ガラ
スもシリカガラスのように中間的な秩序構造を持つと考えられている．しか
し，金属ガラスとシリカガラスは構造が大きく異なり，その秩序構造のあり
方も異なると考えられている．シリカガラスは Si と O の間の化学結合による
ネットワーク構造が本質的である一方で，金属ガラスの場合は大きさの違う
ボールをランダムに詰め込んだような構造をしている．シリカガラスでは構造
因子に現れる FSDP が中距離秩序を示唆していると考えられているが，金属
ガラスは構造因子に現れる second peak splitting と呼ばれる特徴が中距離秩
序の示唆であると考える研究者が多い．

　シリカガラスの場合に液体・ガラス・結晶と比較することによって秩序の変
化を見たように，金属ガラスの場合でも異なる条件で得られる構造を比較する
ことで秩序を捉える．金属ガラスもシリカガラスと同様に高温の液体を高速に
冷却することで形成される．そして，この冷却速度を低速にするほどガラスの
秩序が高まると専門家の間では信じられている．そこで，この論文では冷却速
度の違いによる構造の違いを比較することで，秩序を決定する構造を探す．シ
リカガラスのように液体・ガラス・結晶で比較するよりも詳細な違いを抽出で
き，ガラスの秩序に対してより深い理解が可能になると期待される．

手　法

　データは分子動力学シミュレーションで計算することで取得する．9600 個
の Pd 原子と 2400 個の Si 原子を 4:1 の割合でランダムにばらまいて，高温
（2500 K）から低温（300 K）まで急速に冷却することでガラス構造を作る．
1.7×10^{14} K/s から 1.7×10^{10} K/s まで異なる冷却速度でのシミュレーショ
ンをすることで比較用の構造を作る．

　得られた構造からパーシステンス図を計算して，それを 4.1.3 項で説明した
パーシステンスイメージによってベクトル化し，いくつかの機械学習手法の入

力に用いた．パーシステンス図としては，Pd 原子の位置だけを使って計算したパーシステンス図および Si 原子の位置だけを使って計算したパーシステンス図を用いた．機械学習の手法としては，線形回帰と主成分分析（PCA）を用いている．線形回帰ではパーシステンスイメージを特徴量，冷却速度の対数を目的変数として利用している．PCA ではパーシステンスイメージのみを入力として利用している．結果としては Pd 原子の 2 次パーシステンス図（$D_2(\mathrm{Pd})$ とあらわす）と Si 原子の 1 次パーシステンス図（$D_1(\mathrm{Si})$ とあらわす）が冷却速度と強く関連していることがわかり，これらのパーシステンス図を用いてさらなる解析をすることとした．

　上の方法で冷却速度の変化と関連している可能性のある生成消滅対を特定できるため，それらに対応する元データ（原子配置）の局所的構造を逆解析で抽出する．さらに抽出した構造を統計的に処理することで冷却速度による構造の変化をより具体的に記述する．

線形モデルによるパーシステンスイメージの解析について

　パーシステンスイメージはパーシステンス図のヒストグラムをもととしているため，線形回帰や PCA のような線形の手法を用いると解釈しやすい．ここは大事なところなので線形回帰を例に解説しよう（付録 B も参考にしてほしい）．回帰とはデータ $\{(x_1, y_1), \ldots, (x_m, y_m) \in \mathbb{R}^N \times \mathbb{R}\}$ から $x \in \mathbb{R}^N$ と $y \in \mathbb{R}$ の関係 $y = f(x)$ を推定することである．線形回帰の場合は f として以下の関係を仮定し，最適な a, μ をデータから決定する：

$$y = a \cdot x + \mu + \epsilon. \tag{5.3}$$

ここで $a \in \mathbb{R}^N$，$\mu \in \mathbb{R}$ は未知の定数で，$a \cdot x$ は内積，ϵ はノイズである．これをパーシステンスイメージのベクトルに適用することを考える．点群データを X，X の n 次パーシステンス図を $D_n(X)$，パーシステンスイメージによるベクトル化を $I(\rho(D_n(X)))$ であらわすと，式 (5.3) は

$$y = a \cdot I(\rho(D_n(X))) + \mu + \epsilon \tag{5.4}$$

とあらわされる．パーシステンスイメージによるベクトル化のルールから，式 (5.4) の内積 $\cdot$ は L^2 内積の離散化とみなせるので，この等式は近似的に

$$y = \int_R \sum_{u \in D_n(X)} a(z)w(u)\phi_u(z)dz + \mu + \epsilon$$

とあらわされる（R はパーシステンスイメージを考える $\mathbb{R}^2$ の部分領域）．$a(z)$ は式 (5.4) の a をパーシステンスイメージの離散化ルールを逆に適用して領域 R 上の関数とみなしたものである．このとき，各生成消滅対 $u \in D_n(X)$ に対して，

$$\int_R a(z)w(u)\phi_u(z)dz$$

という積分がそのペアの y に対する寄与をあらわしている．この値が正ならばその生成消滅対は y に正に寄与するし，負ならば y に負に寄与する．0 に近ければそのペアの寄与は正にも負にも小さいことを意味する．さらに関数 $a(z)$ の分布を可視化すれば，どの領域に分布しているペアが y に寄与するかがわかる．金属ガラスの解析ではこうして可視化した分布を利用する．

結　果

図 5.16 が線形回帰の結果（上の関数 $a(z)$）をパーシステンス図と同じ形式で可視化したものである．冷却速度が遅くなるほどこの図の青い領域にある生成消滅対が多くなり，黒い領域にある生成消滅対が少なくなる．PCA でもこの結果と整合的な結果が得られている．つまりこの青い領域・黒い領域にある

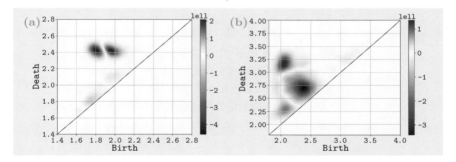

図 5.16　PdSi のパーシステンス図に対する線形回帰の係数（論文 [131] Fig. 3 (a) (b) より引用（CC-BY 4.0））．(a) が D_2(Pd) に関する結果で，(b) が D_1(Si) に関する結果である．

生成消滅対に注目すればよいことがわかる.

　そこで青い領域・黒い領域（適当に閾値を決めて切り出す）にあるペアに逆解析の手法を適用して冷却速度が速い場合に典型的に生じる形・遅い場合の典型的な形を取り出す. 図 5.17 の (a) (b) が Pd の 2 次パーシステンス図から取り出した構造である. (a) のほうが冷却速度が遅いほう, (b) が速いほうである. この 2 つは両方とも 20 面体的な構造をとっていて, 見た目ではあまり変わらないように見える. しかし, 冷却速度が速いほうが秩序が低いという前提

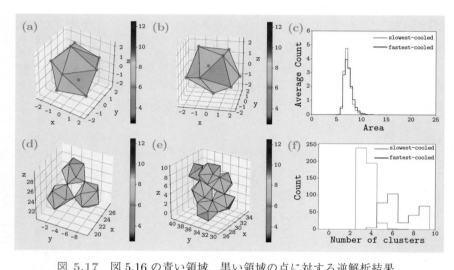

図 5.17　図 5.16 の青い領域, 黒い領域の点に対する逆解析結果.
(a) 図 5.16 (a)（D_2(Pd) の回帰係数）の青い領域に含まれる生成消滅対に対する逆解析結果. (b) 図 5.16 (a) の黒い領域に含まれる生成消滅対に対する逆解析結果. (c) D_2(Pd) の逆解析で得られた 20 面体的構造の 3 角形の面積のヒストグラム. (d) 図 5.16 (b)（D_1(Si) の回帰係数）の青い領域に含まれる生成消滅対に対する逆解析結果. (e) 図 5.16 (b) の黒い領域に含まれる生成消滅対に対する逆解析結果. (f) D_1(Si) の逆解析で得られたリングに含まれる Si 原子数.（論文 [131] Fig. 4 より引用（CC-BY 4.0).）

知識のもと，予断を持ってこの構造を眺めると (b) のほうが 20 面体的構造が歪んでいるようにも見える．この論文では 20 面体的構造に現れる 3 角形の面積の分布を 20 面体的構造の歪みの指標として使っている．正 20 面体であればすべての 3 角形は同じ面積であるので，面積のばらつきが歪みの定量化として使えるというアイデアである．抽出した構造の 3 角形の面積のヒストグラムをとったものが図 5.17 (c) である．青・黒はそれぞれ最も低速に冷却したデータ・最も高速に冷却したデータからそれぞれ計算したヒストグラムである．見ての通り青（最も低速）のほうがばらつきが小さいことがわかる．

　この 20 面体的構造の存在そのものは既存の研究でも既にプリズム状クラスタとして知られており，その正体は Si 原子を中心としてその周りを Pd が取り囲む構造となっている．Pd 原子だけの 2 次パーシステンス図を見ているので Si 原子を囲む 20 面体的構造が強調されて見えているのである．パーシステンス図は既存研究で知られている構造を半自動的に取り出せているわけである．それにとどまらず，冷却速度による構造の変化まで線形回帰との組合せで半自動的に取り出せているのは，パーシステンス図の威力であると言ってよいだろう．

　次は Si の 1 次パーシステンス図に注目しよう．図 5.17 の (d) (e) は図 5.16 (b) の青い領域，黒い領域に含まれる生成消滅対から取り出した構造である．この図では可視化するにあたって Si 原子そのものでなく，抽出した Si 原子を囲うプリズム状クラスタを可視化に使っている．パーシステンス図が抽出しているのは Si 原子がなすリング構造の情報であるので，こうすることでプリズム状クラスタが連結したリング構造が観察される．この論文では，この構造をクラスタのクラスタということでハイパークラスタと呼んでいる．この場合には冷却速度による差異はわかりやすい．連結しているプリズム状クラスタの個数（つまり内側の Si 原子の個数）が異なることが見てとれる．実際，青い領域と黒い領域から Si リングを取り出して，そのリングに含まれる原子数のヒストグラムを計算したものが図 5.17 (f) である．青のほうが冷却速度が遅いほうに特徴的な形で，対応するリングの頂点数（つまりプリズム状クラスタの個数）が 3 または 4 が典型的である一方で，冷却速度が速いほうはリングの頂点数が 5 から 9 の間で幅広く分布している．

　この個数の違いが冷却速度による秩序の違いと深く関連している．ガラス研

究の文脈では似たパターンの形状が多く現れることを高秩序の特徴付けの 1 つ
として考える．頂点が 3 つのリングと頂点が 6 つのリングを比べると，頂点が
6 つのリングのほうがとりうる形のパターンが多くなるというのは直感にも合
うであろう．リングの頂点数が多いほど多くのパターンが現れて秩序の低さに
つながるというのは納得のいく議論である♠13．

　この論文では最後に，以上で得られたハイパークラスタと構造因子の関係を
調べている．その結果，金属ガラスに特徴的な second peak splitting は，3 個
または 4 個のクラスタからなるハイパークラスタからは再現でき，より大きな
ハイパークラスタでは再現できなかった．second peak splitting は金属ガラ
スに特徴的な秩序の証拠の 1 つと考えられているので，これはハイパークラス
タが金属ガラスの秩序に対応した特徴的な構造であることを示唆している．

考察や補足など

　金属ガラスの解析ではシリカガラスの場合と異なり，パーシステンス図の計
算には 1 種類の原子だけを使った．そのため初期半径を選ぶ必要がなくなる．
また，1 種類の原子だけを計算に使ったことによりパーシステンス図の意味合
いが 2 種類の場合と変わり，結果として興味深い材料科学的知見の抽出に成功
している．全原子によるパーシステンス図では，2 次パーシステンス図は原子
の隙間の情報を抽出していることになるが，一方 Pd 原子だけを使って 2 次の
パーシステンス図を計算すると，Si 原子の周囲の形の情報に注目しているこ
とになる．結果で考察した Pd の 20 面体的構造は，こうした工夫で得られた
のである．Si 原子だけの 1 次パーシステンス図も，単に Si 原子が作るネット
ワーク構造を見ているだけでなく，クラスタが作るネットワーク構造を同時に
見ていることになる．これらが上記の解析がうまくいった理由であると考えら
れる．

ノ　ー　ト

　パーシステントホモロジーによる点群データの解析例として，タンパク質構
造[3], [4], [5]，粉体[6], [7]，ポリマー[8], [9] などがある．

♠13 もちろん何らかの物理的制約で頂点数が多くともとりうるパターンが少なくなる可能性
はあるが，そういった特殊な状況が起きている証拠はなくガラスの理論とも整合的なので，
このような制約は重要な役割を果たさないと期待してよいだろう．

5.3 画像データの解析（医用画像への応用）

この節では，2次元の画像や3次元のボリュームデータに対して，パーシステントホモロジーを用いた特徴量を構成して解析を行う話題を扱う．画像からは複数のセル複体とフィルトレーションが構成でき，目的とする解析が着目する性質に応じて構成を選択する．パーシステントホモロジーの入力であるフィルトレーションの抽象性は，様々なデータに適用可能であるという汎用性の源泉であるが，同時に解析ごとに適切な構成を選ばねばならないという難しさがある．パーシステントホモロジーをデータ解析に利用する上で，セル複体・フィルトレーションの構成方法はハイパーパラメータ♠14であると認識しておくとよい．

ここでは画素（ピクセル）ごとに1つの信号値を持つ，いわゆるモノクロ階調画像のみを対象とし，複数の信号値を持つカラー画像や一般の多チャンネル画像は扱わない．信号値がベクトル値になる画像に対しては，本節で説明する方法はたとえばモノクロ化などで値域を1次元化してから適用することになる．まず，まぎれがないようにここで扱う画像を定義しておこう．

定義 5.3.1（画像） 自然数 $d, W_1, W_2, \ldots, W_d \in \mathbb{N}_{>0}$ に対して，画素数 $W_1 \times W_2 \times \cdots \times W_d$ の d 次元画像とは，関数

$$I: \{0, 1, \ldots, W_1 - 1\} \times \{0, 1, \ldots, W_2 - 1\} \times \cdots \times \{0, 1, \ldots, W_d - 1\} \to \overline{\mathbb{R}}$$

のことである．ここで，$\overline{\mathbb{R}} = \mathbb{R} \cup \{\pm\infty\}$ である．

たとえば，画素数 $W_1 \times W_2$ の2次元画像はデータとしては通常2次元配列の形で与えられるが，それを座標 (x, y)（$x \in \{0, 1, \ldots, W_1 - 1\}$，$y \in \{0, 1, \ldots, W_2 - 1\}$）に対してその画素値（信号値）$f(x, y) \in \overline{\mathbb{R}}$ を対応させる関数とみなす．また必要に応じて，定義域は $\mathbb{R}^2$ の部分距離空間であるとみなす．

♠14解析者が選定して解析手法に与えるパラメータのこと．

5.3.1　画像から得られるセル複体

　与えられた画像に対してセル複体とその上のフィルトレーションを構成する
方法として，以下では代表的なものをいくつか紹介する．表記の煩雑さを避け
るために $d = 2$ の場合を中心に記述する．

　画像から単体的複体（2.1.1 項）を構成する方法としては，各画素を頂点（0
単体）として上下左右と斜めも加えた 8 近傍に対して辺（1 単体）を張り，そ
の旗複体（定義 2.2.4）を考えるものがある．この旗複体に対しては，頂点上の
関数 I に関する劣位集合フィルトレーション（例 2.2.26）を与えることができ
る．すなわち，頂点（0 単体）のフィルトレーションの値を I の値で定め，高
次の単体に対しては，それが含む頂点の値の最大値を付与する．

　画像から立方体的複体（2.1.2 項）を構成する方法としては，次に挙げる 2
つが一般的である．単体的複体よりもセルの数が少なくて済むという利点を持
つため，実用上は立方体的複体が用いられることが多い．2 つの方法の関係に
ついては，本節のノートで定理 5.3.5 として述べる．大抵の場合にはこれら 2
つの間に大きな実用上の差はないと考えてよい．

　T 構成（T-construction）[♠15]では，画素を正方形のマスと捉えて，$W_1 \times W_2$
個のマスからなる正方格子をセル複体とみなしたものを考える．フィルトレー
ションの値は，2 セル（正方形）では I の値，1 セル（辺）と 0 セル（頂点）
では，それを含む正方形のフィルトレーション値の最小値を対応させることで
定める．ピクセルの連結性を見ると，いわゆる 8 近傍を考えていることにな
る．一般に d 次元の場合は，画素を d 次元の立方体セル $[0,1]^d$ とする d 次元
グリッドを考える．この T 構成は，極大セルに対して定まった関数値からフィ
ルトレーションを構成する例（例 2.2.26 の後半）になっている．

　一方，**V 構成**（V-construction）では，画素を格子点と捉えて，$W_1 \times W_2$
個の頂点と $(W_1 - 1) \times (W_2 - 1)$ 個のマスからなる正方格子をセル複体とみな
したものを考える．フィルトレーションの値は，0 セル（頂点）では I の値，1
セル（辺）と 2 セル（正方形）では，それが含む頂点のフィルトレーション値
の最大値を対応させることで定める．ピクセルの連結性を見ると，いわゆる 4
近傍を考えていることになる．一般に d 次元の場合は，画素を格子点（0 次元

[♠15]T 構成の T は top-dimensional，次の V 構成の V は vertex をあらわす[132]．

セル）とする d 次元グリッドを考える．この V 構成は，0 次元セルに対して定まった関数値からフィルトレーションを構成する劣位集合フィルトレーションの例（例 2.2.26 の前半）になっている．

注意 5.3.2　画像を入力としてパーシステントホモロジーを計算する場合，使用するソフトウェアによっては，どの複体とフィルトレーションを考えているか，明示的な断りなく決まっているので注意が必要である．たとえば，2023 年時点では 5.5 節で紹介するソフトウェアのうち，Ripser は上で説明した旗複体に，GUDHI は T 構成に，DIPHA は V 構成に，CubicalRipser は T 構成と V 構成の双方に対応している．

　ここまでは，フィルトレーションの値は元の画像の画素値をそのまま利用することを考えていた．この場合，パーシステントホモロジーの生成時刻・消滅時刻・寿命などは元の画素値を反映したものになり，対象としている解析において信号値に着目したい場合に適した方法である．たとえば，CT 画像では 0HU は水，−1000HU は空気と画素値の意味が定まっており，物体中の異なる組織がなすパターンを見たい場合には直接 CT 値を使うのが適していると言える．

　一方で，解析対象によっては，必ずしも元の画素値の単位を持つ生成時刻・消滅時刻・寿命に興味があるわけではない．極端な例では，画素値として $0, 1$ しかとらない 2 値画像であれば，通常のホモロジーと同じ情報しか得られず，パーシステントホモロジーを考える意味がなくなってしまう．そこで，画像 I をもとにして，別の画像 $\tilde{I}$ を作り出すことを考える．画像に対して何らかの操作により新しい画像を得る方法としては，画像処理においてフィルタや変換として知られる手法が典型的である．たとえば，エッジフィルタでは画像中に存在する輪郭を抽出した画像を，フーリエ変換では周波数表現に変換した画像を得ることができる．直接 I のパーシステントホモロジーを計算するのではなく，変換された画像 $\tilde{I}$ を考えることで，パーシステントホモロジーにより様々な特徴を記述することが可能となる．既存の選択肢から選ぶだけでなく，必要に応じて $\tilde{I}$ を設計することで，パーシステントホモロジーによる画像解析をより強力なものにできる．

　変換 $\tilde{I}$ の一例として，長さや大きさといった距離の情報をパーシステントホモロジーでエンコードするためによく用いられる方法を紹介しよう．たとえば

医用画像を用いた脳血管ネットワークの解析などでは，信号値の連続的な変化よりも，画像があらわす物体や領域（つまり部分集合）のトポロジーやスケールに興味がある．画像から着目したい物体や領域を抽出することは，セグメンテーション（領域分割）と呼ばれるが，まずこれを前処理として行う．手作業や深層学習を用いる他に，簡単で汎用的な手法として，閾値処理により前景と背景の 2 値に分離する大津法[52] や Sauvola の方法[133] がある．これらの 2 値化は Fiji[134] などのオープンソースソフトウェアや各種 Python ライブラリにも実装されており手軽に利用できる．セグメンテーションにより画素の集合 X の部分集合として着目領域 A が得られたとしよう．この領域 A の形状をスケール情報込みでフィルトレーションに反映させるために，数理形態学でよく用いられる**距離変換**（distance transform）を用いることができる．

定義 5.3.3（符号付き距離関数（signed distance function），例 2.2.28 も参照のこと）　距離空間 (X, d) とその部分空間 A について，その符号付き距離関数を各点 x に対して，

$$d_A(x) = \begin{cases} -d(x, A) & (x \notin A) \\ d(x, X \setminus A) & (x \in A) \end{cases}$$

を対応させるものとして定義する．ここで点と部分集合の距離は $d(x, A) = \inf_{y \in A} d(x, y)$ で定める．

　画像の定義域をユークリッド距離により距離空間とみなし，変換された画像 $\widetilde{I} = d_A$（あるいは負号をとって $\widetilde{I} = -d_A$）に対してパーシステントホモロジーを計算すると，たとえば 1 次元パーシステンス図の点の消滅時刻は，「輪の大きさ」の指標となる．同様の変換に，特定の点からの距離や，ある方向への射影に関する高さ関数など，A 上の関数 g に対して，

$$\widetilde{I}_g(x) = \begin{cases} g(x) & (x \in A) \\ \infty & (x \notin A) \end{cases}$$

として定義する方法もある．

　パーシステントホモロジーを利用して画像の特徴量を構成するには，セル複体とその上のフィルトレーション，さらにパーシステントホモロジーのベクト

ル化法（4.1 節）を選択することになるが，これらの一連の流れと選択の組合せの比較は文献 [135] にまとまっている．そこでは MNIST という手書き数字画像の分類を題材に性能評価を行い，選択に一定の示唆を与えるが，性能・解釈性の両面から見てどの方法がよいかは対象とする問題に依存することには注意が必要である．また，理論保証された安定性（2.5 節）を持つパーシステントホモロジーではあるが，測定や撮像によって実際に発生するノイズは必ずしも理論の前提を満たさない．実用上はどれくらいノイズに対して頑健な画像特徴が得られるのかを，様々なフィルトレーションとベクトル化について調べた研究[136] もある．

注意 5.3.4　実用的には，画素値もスケール情報も両方重要である，というケースが多いであろう．この場合は，カラー画像のように複数チャンネルを持つ画像を扱うのと同様に，ベクトル値関数からフィルトレーションを構成することになる．2 次元のベクトル値関数によるフィルトレーションを扱えるソフトウェアとしては，5.5 節で紹介する RIVET が存在する．しかし一般には多次元パーシステントホモロジーの理論（3.2 節）が確立されておらず，簡便な利用法がない現状では，実用上はベクトル値をスカラー値に縮約してパーシステントホモロジーを適用するのが現在の主流である．

5.3.2　1 次 元 画 像

　フィルトレーションの構成による違いを見るために，$d = 1$ の場合を考えてみよう．1 次元画像とはつまり 1 変数関数 $f\colon \{0, 1, \ldots, W_1 - 1\} \to \overline{\mathbb{R}}$ であるが，たとえばスカラー値の時系列データは 1 次元画像とみなすことができる[♠16]．図 5.18 では，1 次元画像に対して符号付き距離関数により得られる画像を考える模式的な例を示している．図 5.18 (a) のように直接信号値をフィルトレーションに用いると，極小値が生成時刻に，極大値が消滅時刻に対応する．幅が狭く鋭い山と緩やかな山はパーシステントホモロジーでは区別できない．他方，図 5.18 (b) では，点線を閾値として 2 値化した後に符号付き距離関数を計算しており，こちらでは時間の情報（山の幅）がパーシステントホモロジーから読み取れる．このようにフィルトレーションの選択に付随して，パーシス

[♠16]時系列データに対する位相的データ解析の手法としては，Takens 埋め込み（時間遅延埋め込み）によってユークリッド空間内の点群に変換してからパーシステントホモロジーを計算してその特徴量を得るという方法[24] がある．この方法では多値の時系列データを扱うことができる．1.2 節の「時系列データ」の項目も参照のこと．

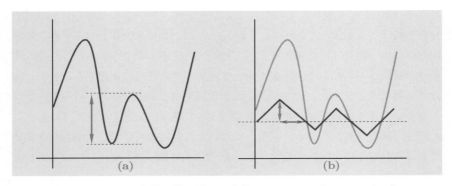

図 5.18　(a) 一変数関数に対して直接パーシステントホモロジーを
計算すると，矢印のように値域のスケール（距離）が寿命
に反映される．(b) 破線で示された閾値で 2 値化したもの
の符号付き距離関数．この場合，パーシステントホモロ
ジーは定義域のスケールを寿命として捉える．

テントホモロジーにより捉えられる情報が変わることを理解しておくとよい．
ただし，図 5.18 (b) では閾値の選択にも結果が依存することに注意する．パー
システントホモロジーの利点は，フィルトレーションとする変量やパラメータ
について閾値の選択が不要になるところにあったが，（マルチパラメータでな
いパーシステントホモロジーでは）それは 1 次元のものに限られる．どの変量
についてその値を同時に全部考えたいのか，1 つ選択してよいのかを意識する
と，フィルトレーションの構成を選択するための指針が得られる．

5.3.3　2 次元画像

　パーシステントホモロジーが 2 次元画像データのどういった特徴を定量化す
るかについては，5.1 節の「画像データ」の項目にて単純な具体例を紹介して
いる．そこでは画素値を直接フィルトレーションに用いた V 構成を用いて計
算している（T 構成でも同じ結果となる）．パーシステントホモロジーによる
画像特徴量は，必要であればベクトル化を通じて，一般的な特徴量と同じく分
類や物体検出などの画像解析タスクに用いることができる．先にも述べた文献
[135] では，画像データを入力として，セル複体とその上のフィルトレーショ
ンの構成，パーシステンス図のベクトル化，それを用いた分類器の学習までの

流れを様々な手法について比較しており，パーシステントホモロジーと機械学習による画像分類の標準的なパイプラインや手法を知る上で参考になる．機械学習一般の概要と用語については付録 B を参照されたい．以下の例では付録 B の内容程度を把握しておくと理解しやすい．

　ここでは一風変わったパーシステントホモロジーの利用法として，転移学習の事前学習のための自己教師あり学習への応用を紹介する[137]．深層学習による画像解析では，画像と，分類なら単語，物体検出なら出現位置を囲む枠の座標と単語など，ラベルと呼ばれる画像に対応する正解の組を教師例として大量に用意し，画像を入力としてラベルを出力するという対応を畳み込みニューラルネットワークにより学習するという方法論が大きな成功を収めた．

　しかし，この方法には以下に挙げる問題点が指摘されている：

1.　質の高い大量の教師例の取得コストが高い．特にラベルを人間が手入力するのは大変である．また，医療や土木などデータ取得に関わる患者負担や経済負担が大きい分野では，そもそも多くの画像を用意することが困難である．

2.　人間が与えたラベルの間違いを学習してしまう．特に，入力者の主観やバイアスが反映されてしまい，深層学習の推論がブラックボックス的で説明しにくいことも併せて，倫理的な問題を生んでいる．

3.　畳み込みニューラルネットワークの基本構成要素である畳み込みは局所的な操作であるため，テクスチャなど画像の局所的な特徴はうまく捉えられるのに対して，大域的な構造を学習しづらい[14]．

　1. と 2. を部分的に解決するものとして，学習に利用する「問題」（pretextタスクと呼ばれる）を自動生成する自己教師あり学習が盛んに研究されている[138]．これは圧縮と伸張という互いに逆写像にある 2 つの写像を近似する問題や，回転など内容を変えない変換を施した画像を同一と判定するような問題を解かせることで，そのタスクに必要な特徴を学習させるというものである．人間の子供が特に教えられることなく，もののどこに着目すれば見分けることができるのかを学ぶのに似た学習過程である．しかし，顔写真やレントゲン写真など最終的なターゲットごとにそのドメインの画像を相当数必要とするという点は解消されない．また，ラベルだけではなく，そもそも「ある構図の写真が存在する」というだけでバイアスがかかっており，ラベルを使わずに自己教

師あり学習で得られたモデルも人間と同様のバイアスの傾向を見せることが指摘されている[139].

　3. については，畳み込み以外の基本要素として，アテンション機構というものが提案され，画像内で離れた画素間の関係性も捉えられるようになっている．その代償として，一般にはより多くの学習データを必要とする.

　これらを同時に解決するアプローチとして，人工画像によるトポロジー学習がある．人工画像を利用すれば，1. と 2. の問題はそもそも存在しない．また，画像のトポロジーに着目する pretext タスクを解かせることで，そのままではテクスチャにとらわれがちなニューラルネットワークを，大域特徴を学習するように誘導できる．具体的に Web ページ [137] では，乱数を用いて生成された入力画像に対して，ベクトル化したパーシステントホモロジーを出力する回帰問題を学習させることを提案している．従来の pretext タスクは画像の意味の同一性など人間の知覚に沿ったものが主であったが，トポロジー学習の背景にあるのは，数学的な計算問題を学ばせることで，その計算に必要な画像特徴に着目させるというアイデアである．パーシステントホモロジーの計算問題を解かせることで，近視的な局所パターンだけでなく画像全体から特徴量を学習することをニューラルネットワークに強制する．人工画像としてはたとえば，様々な空間スケールのパターンを含むように，周波数領域で生成したノイズをフーリエ変換して作成する（図 5.19 (a) 上）．空間的なパターンの学習に力点を置くため，パーシステントホモロジーは大津法で 2 値化して距離変換したフィルトレーションに対して計算する.

　自己教師ありで学習されたニューラルネットワークは，少数の学習データを用いて追加の学習（転移学習）することで，本来解かせたい問題に利用することが可能となる（図 5.19 (a)）．異なる方法で事前学習された ResNet50 と呼ばれる標準的な畳み込みニューラルネットワークを，CIFAR100 という 100 クラスの自然画像分類問題に転移学習した結果を図 5.19 (b) のグラフに示す♠17.

♠17（確率）勾配法による学習では，全学習データを 1 回走査するステップを 1 エポックと呼び，それを繰り返すことで学習が進む．ここではグラフの横軸は学習に必要な計算時間とほぼ同義で，グラフは計算時間に関する精度の推移をあらわしていると解釈してよい．また，30 エポックと 60 エポックで学習率を 10 分 1 に下げているため，そこで精度が特異的な動き方をする.

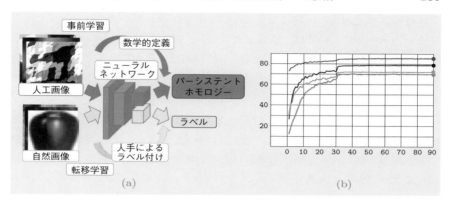

図 5.19 (a) 人工画像とパーシステントホモロジーを用いた自己教
師あり学習のスキーム．(b) CIFAR100 に対する転移学
習 90 エポックにおけるテスト精度（学習に使用したのと
は別の画像に対する分類精度）の推移．上から，ImageNet
教師あり事前学習，人工画像とパーシステントホモロジー
による事前学習，人工画像と MoCo-v2 による事前学習，
事前学習なし．どの事前学習手法も，事前学習なしよりも
少ない学習時間（エポック数）で高い精度を実現するが，
その程度は事前学習方法によって異なる．

大規模ラベル付き自然画像データセット ImageNet で教師あり学習されたもの
が最も高精度であるが，人工画像のみを用いてパーシステントホモロジーによ
り事前学習されたものは，事前学習を行わないものや，代表的な自己教師あり
学習法の１つである MoCo-v2[140] を人工画像に適用して事前学習したものよ
りも高い精度を達成する．自己教師あり学習は一般に，人間の獲得する知覚表
現や学習過程との類似性が指摘されており，自然画像やラベルを用いずに，数
学問題を解くだけで学習するこの方法は，認知科学的な観点からも興味深い．

5.3.4 3 次元 CT 画像（ボリュームデータ）への応用

X 線を用いる CT（Computed Tomography，コンピュータ断層撮影）や磁
気共鳴を用いる MRI（Magnetic Resonance Imaging，磁気共鳴画像），電波
を用いるレーダーといったイメージング技術では，空間や物体の 3 次元的な
測定を行うことで，3 次元画像としてデータを取得する．3 次元の画像のこと

を，特に 2 次元画像と区別したいときにはボリュームデータと呼ぶ．また，ボリュームデータにおいては，画素（ピクセル）のことをボクセルと呼ぶこともある．数学的には 2 次元でも 3 次元でもほぼ同様に扱うことができ，上述の構成によりセル複体とその上のフィルトレーションを得て，パーシステントホモロジーを計算することができる．

　ここではパーシステントホモロジーを用いた 3 次元画像解析の具体例として，論文 [141] で扱われている，医用 CT 画像を対象とした解析の概略を紹介する．医用画像に特化した点はそれほどないので，汎用的な画像解析の流れを追うことができるであろう．

　この解析では，肺の CT 画像が与えられたときに，

1. 健常者（Control）と特定の疾患を持つ患者（特発性肺線維症（IPF）と慢性閉塞性肺疾患（COPD））の 3 クラスの弁別をする．
2. CT 画像から，上記疾患それぞれに特有な線維症（fibrosis）と肺気腫（emphysema）と呼ばれる異常部位を同定することで弁別根拠を説明する．
3. CT 画像と予後や肺機能などの臨床情報の相関を探る．

という 3 つを目的とする．ドメイン知識（分野での先見的な知見）として，これらの疾患では CT 値の変化が見られることが知られているため，直接ボクセル値をフィルトレーションに用いた V 構成を利用する．

　まず，そもそも上述の目的にパーシステントホモロジーが関係するのかを，事前調査することから始める．いかなる画像特徴量も万能ではなく，それが捉えうる現象は限られているため，深層学習であれパーシステントホモロジーであれ，利用する手法が目的に適したものであるのかを確認することが初手として肝心である．ここでは簡便な方法として，パーシステンス図をパーシステンスイメージ（4.1.3 項）によりベクトル化したのち，主成分分析（PCA）によって 2 次元平面にプロットして可視化する．1 つの CT 画像が PCA の可視化上では 1 点に対応するが，これらの点が疾患と関係する傾向を見せるかを確認する．図 5.20 (a) では医師の診断を点の色として付加しているが，色がよく分離していることが観察され，パーシステントホモロジーがこの疾患の特徴をよく捉えることが示唆される．ここで，PCA の計算には医師の診断は使われておらず，画像のパーシステントホモロジーの情報のみで 3 つのクラスが分離して

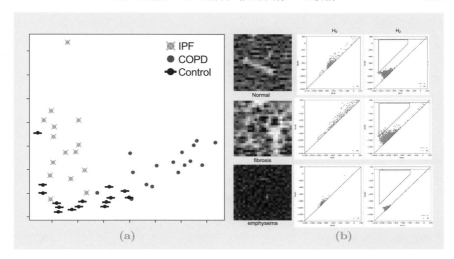

図 5.20　(a) CT 画像のパーシステンスイメージの PCA による可視化．医師の診断（3 分類のラベル）とも整合的であることが確認できる．(b) 切り出した病変領域（実際は 3 次元領域）とそのパーシステンス図．枠は病変を区別する上で特徴的なパーシステンス図における範囲を示す．（画像は論文 [141]（CC-BY 4.0）より．）

いる点に注意する．さらに論文 [141] では事前調査として，CT 以外の検査によって測定される肺機能の値と，この PCA の結果が強い相関を示すことも確かめている．医用画像解析に限らず，画像に加えてラベルデータが利用可能な場合は，パーシステンス図のベクトル化，あるいはその PCA などによる次元削減の結果を説明変数として，ラベルに対する分類・回帰問題を解くのは，典型的な解析の流れである．

　事前調査によりこの目的に対するパーシステントホモロジーの有用性が確認されたので，次にパーシステントホモロジーと疾患の詳細な関係を調べる．そのために，特徴的な病変である線維症と肺気腫と判断される 3 次元領域（Region Of Interest，ROI）と，比較のための正常領域（Normal）を医師に切り出してもらう．これは，医師の知見（ドメイン知識）を解析のフレームワークに導入する方策と言える．各々の領域の多様性にもよるが，いまの場合

はそれぞれ数十例程度を抽出すれば十分である．それぞれの領域について 1 例ずつ，0 次と 2 次のパーシステンス図を計算したものが図 5.20 (b) であるが，パーシステンス図上で枠で囲った範囲にある生成消滅対（線維症は H_2，肺気腫は H_0）が病変領域に特徴的であることが見てとれる．この範囲を客観的に同定するために，2 種類の病変領域と正常領域の計 3 分類の分類問題を機械学習により解く．具体的には，範囲を 1 つ決めたときにその中に入る生成消滅対の数を説明変数として決定木などの分類器[18]による分類精度を評価し，この範囲を様々に動かす試行を繰り返して最も高い分類精度を達成する範囲を同定する．この範囲に入る生成消滅対は，その病変を弁別する特徴的な生成消滅対ということになるので，特徴生成消滅対と呼ぶ．実際に図中の枠はこの手順により求まった範囲である[19]．以上の手順では，ROI の選択という形で提示された医師の知見を，データ駆動的な方法で特徴生成消滅対という形に定式化することで，解析に取り込んだことになる．

　事前調査では全肺 CT 画像，その次の ROI 分類では切り出した小さな画像に対してと，それぞれパーシステントホモロジーによって 1 つの画像の全体から特徴量を得たが，病変部位の特定などにおいては，より局所化された情報も重要となる．大域特徴量を用いて局所特徴量を構成する一般的な手法として，スライディングウィンドウ（sliding window）と呼ばれる方法がある．これは単純に，画像から一定サイズの小さな部分画像を多数切り出してそれぞれに対して特徴量を計算し，切り出し位置と部分画像特徴量のペアを画像の特徴量として用いるというものである．切り出し範囲（ウィンドウ）はちょうど画像の畳み込み演算と同じ要領で，正方形あるいは立方体の領域を画像の上をなめるようにスライドさせてゆく．この方法の難点は，計算コストが高いことと，切り出しサイズ以上のスケールを持つ特徴を捉えられないことである．以下では，パーシステントホモロジーを用いて局所的な画像特徴を取り出すより良い方法を紹介する．

　パーシステンス図の生成消滅対に対しては，それを代表するサイクルを与え

---

[18]分類器の選択は任意でよいが，解釈性が高く頑健な単純なものを利用すると結果の説明などがしやすくなる．

[19]このように網羅的にパラメータを取り換えて，精度などの評価基準を最適化することをグリッドサーチというが，ここではグリッドサーチによる変数選択を行ったと言える．

ることが可能である（4.2 節）．その位置を生成消滅対の座標とすることで，ト
ポロジー的特徴の局所化，つまり，どこにどのような特徴がどれくらいあるの
か，を定量化できる．サイクルは一般に複数のセルからなるので，その位置は
一意的には決まらないが，実用上はたとえば最小のフィルトレーション値を持
つピクセルのうち原点に最も近いものの座標などと適当な順序により選択すれ
ばよい．こうして生成消滅対に座標の情報を持たせることで，特徴生成消滅対
の CT 画像上での密度が定義される．この特徴生成消滅対の密度を用いて，図
5.21 では病変部位を特定している．線維症と肺気腫のそれぞれについて，特徴
生成消滅対の密度が閾値を超える領域を濃青と薄青で塗っている．こうして得
られる塗分けは，代表的な深層学習手法や複数の医師間の塗分けのばらつきと
比較して有意な差がない精度を達成していることが確かめられている．深層学
習と比較して，パラメータや学習データが圧倒的に少なく，解釈性が高く頑健
な手法であることは特筆すべき点である．さらに，特定された病変領域の肺全
体の体積に対する割合は，平均余命や肺機能にも強い相関を示すことが論文中
で確かめられている．

　人間は 3 次元的な情報の把握が不得手であるが，パーシステントホモロジー
は医用画像解析にとどまらず，3 次元画像の効果的な特徴量抽出法として期待
される．3 次元畳み込みニューラルネットワークなど，深層学習の手法も有望
であるが，先に述べた通り，畳み込みニューラルネットワークは，テクスチャ
など局所情報に偏りやすいということも知られている．画像特徴量を提供する
手段として，パーシステントホモロジーは深層学習と相補的な位置付けにある
と言える．

　本節では，画像データに対してパーシステントホモロジーを用いて特徴量を
構成して解析に利用する方法を解説した．どのようなデータ解析においても，
手法を理解し対象と解析の目的に合わせて適切な選択を行うことが重要である
が，古典的な特徴量とは様々な面で異なるパーシステントホモロジーは特に，
ブラックボックス的に利用すると本来の性能が発揮できなかったり，バイアス
を含むなど誤った結論に陥ったりする危険性をはらんでいる．データから複体
とフィルトレーションを構成するときや，パーシステンス図を問題のドメイン
に立ち返って解釈するときに，データと数学を相互翻訳しながら進める必要が
ある．本節では 2 つの例を通して，パーシステントホモロジーの画像解析へ

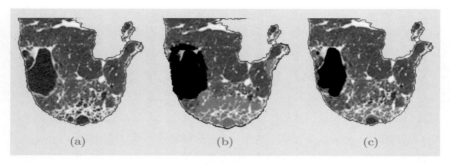

$$(a) \qquad\qquad (b) \qquad\qquad (c)$$

図 5.21　(a) 肺の CT 画像のある 2 次元体軸断面．(b) 特徴生成消
　　　　　滅対の密度により，線維症領域を濃青，肺気腫領域を薄青
　　　　　で着色．(c) セグメンテーションのための代表的な畳み込
　　　　　みニューラルネットワークである U-Net を用いた同様の
　　　　　塗分け．（図は論文 [141]（CC-BY 4.0）より引用．）

の応用の流れを具体的に追った．畳み込みニューラルネットワークの事前学習
への応用では，パーシステントホモロジーを画像タスクを解くための特徴量抽
出手段としてのみ利用するのではなく，それ自体をデータ駆動的に近似すると
いう学習を行うことで，パーシステントホモロジーの計算に必要な画像の大域
情報に着目させるという一風変わった活用を紹介した．3 次元 CT への応用で
は，事前調査から解析結果の解釈までの一連の流れを紹介すると同時に，パー
システントホモロジーが大域的な特徴だけではなく局所的な情報を捉えるのに
も利用できることを示し，それを実際に分類（診断）根拠の説明に用いる方法
を示した．

ノ　ー　ト

　T 構成と V 構成は互いに双対の関係にあり，一方のパーシステントホモロ
ジーから他方を計算することができる．

定理 5.3.5（アレキサンダー双対性[72], [132]）　d 次元画像 I に対して，定義
域をひと回り大きくした拡張

$$-I^{\infty}: \{-1, 0, 1, \ldots, W_1\} \times \{-1, 0, 1, \ldots, W_2\} \times \cdots \times \{-1, 0, 1, \ldots, W_d\} \to \overline{\mathbb{R}}$$

を，I の定義域では I の値の -1 倍，その外では $-\infty$ をとるものとして定義す

る．このとき，I の V 構成（T 構成）の k 次生成消滅対 (b, d) に，$-I^\infty$ の T 構成（V 構成）の $d-k-1$ 次生成消滅対 $(-d, -b)$ を対応させることができ，$(-\infty, \infty)$ の形の生成消滅対（これは付け足した「縁」が代表元になっている）を除いてこの対応は全単射である．

　$-I^\infty$ は「縁」が 1 点につぶれていると思うと，1 点コンパクト化により画像 I の定義域を球面に拡張して，さらに「値の上下をひっくり返した」ものとみなせる．

　立方体的複体を考える際には，ピクセルの 4 近傍連結性（V 構成に対応）と 8 近傍連結性（T 構成に対応）という選択，また劣位集合フィルトレーションと優位集合フィルトレーション（前景と背景，ポジとネガにどう着目するかに対応）という選択の合わせて 4 通りが考えられるが，アレキサンダー双対性から，本質的には 2 通りであることがわかる．また，0 次のパーシステントホモロジーは，Union-Find 木を利用したアルゴリズムにより高速に計算可能である（6.2 節も参照）が，これとアレキサンダー双対性を組み合わせることで $d-1$ 次のパーシステントホモロジーも高速に計算することができる．

問題 5.3.6　5.1 節の「画像データ」で紹介している 2 次元画像について，$-I^\infty$ のパーシステンス図を計算し，もとのパーシステンス図と比較せよ．

▋ 5.4　ネットワークデータの解析（グラフ・ウイルス解析への応用）

　この節では位相的データ解析を用いてグラフデータを解析する研究を紹介する．5.4.1 項ではパーシステントホモロジーと機械学習とを合わせたグラフ分類について，5.4.2 項では Vietoris–Rips フィルトレーションを用いたウイルス遺伝的進化の解析について説明する．本節では有限無向単純グラフを単にグラフと記す（定義 2.2.1 とその周辺を参照のこと）．

5.4.1　グ ラ フ 分 類

　この項ではパーシステンス図を用いたグラフ分類について紹介する．ここでのグラフ分類とは，グラフ一つ一つにラベルが付いていて，グラフの情報だけからそれらを推測することを意味する．グラフの特性を取り出す際には，頂点の次数など局所的な特徴量を用いることが従来では多かったが，このやり方で

は大域的な構造を用いることができないという問題があった．そこで近年では
パーシステントホモロジーを用いてグラフの大域構造を取り出し，それも特徴
量として用いるというアプローチがよくとられる．

　グラフの大域的構造をパーシステンス図として取り出すにはフィルトレー
ションを与える必要がある．この項ではグラフの頂点に実数値関数を与えるこ
とで得られる劣位集合フィルトレーション（例 2.2.26）を用いることにしよう．
すなわち，$G = (V, E)$ をグラフ，$f \colon V \to \mathbb{R}$ を頂点集合上の実数値関数とし
たとき，$r \in \mathbb{R}$ に対して

$$V_r := \{v \in V \mid f(v) \leq r\},$$
$$E_r := \{\{v, w\} \in E \mid v, w \in V_r\}$$

により定まる G のフィルトレーション $(G_r)_{r \in \mathbb{R}}$ を考える．このフィルトレー
ションから 0 次および 1 次のパーシステンス図を計算することにより，f に付
随した G の大域的構造を取り出すことができる[20]．このアプローチで有効に
情報を取り出すには，頂点集合上の関数を適切に設定する必要がある．以下で
熱核的な関数を用いる方法とデータから頂点集合上の関数を学習する方法を説
明する．

HKS と PersLay によるグラフ分類

　トポロジー的情報を用いてグラフ分類を行う研究の中で，4.1 節で見た
PersLay を使う研究[107] をここでは紹介しよう．この研究では Heat Kernel
Signature と呼ばれる熱核の考え方に端を発する関数族を用いてフィルトレー
ションを構成している．説明のために，まずグラフラプラシアンについて簡潔
に述べよう．$G = (V, E)$ をグラフとして，頂点集合を $V = \{v_1, \ldots, v_N\}$ と
ラベル付けしておく．このとき，G の**隣接行列**（adjacency matrix）A は，その
要素 $A_{i,j}$ が $\{v_i, v_j\} \in E$ のとき 1，それ以外のとき 0 である行列として定義
される．すなわち，A は

$$A := (\mathbf{1}_{\{v_i, v_j\} \in E})_{i,j}$$

---

[20]応用上は通常のパーシステンス図ではなく拡張パーシステンス図（extended persistence diagram）を用いてより多くの情報を取り出すことが多いが，本書では詳細を省略する．

で定まる $N \times N$ 行列である．また，G の次数行列 D を，頂点 v_i を端点に持つ辺の数を $D_{i,i}$ とした $N \times N$ 対角行列として定める．D は対角成分が非負の対角行列であるから，各成分の平方根をとることで $D^{\frac{1}{2}}$ が定義できることに注意しよう．このとき，**正規化グラフラプラシアン**（normalized graph Laplacian）Δ を

$$\Delta := I_N - D^{-\frac{1}{2}} A D^{-\frac{1}{2}}$$

と定める．ここで I_N は $N \times N$ の単位行列である．正規化グラフラプラシアンの固有値は $0 \leq \lambda_1 \leq \cdots \leq \lambda_N \leq 2$ を満たし，対応する固有関数 $\psi_1, \ldots, \psi_N : V \to \mathbb{R}$ であって正規直交基底となるものが存在することが知られている．固有関数による正規直交基底は一意には定まらないが，次のようにして基底のとり方によらない頂点集合上の関数を構成することができる[142], [143]．

定義 5.4.1 $G = (V, E)$ をグラフ，$0 \leq \lambda_1 \leq \cdots \leq \lambda_N \leq 2$ を正規化グラフラプラシアン Δ の固有値，$\psi_1, \ldots, \psi_N$ を対応する固有関数からなる正規直交基底とする．このとき，非負実数 $t \in \mathbb{R}_{\geq 0}$ に対して分散パラメータ t の Heat Kernel Signature（HKS）は以下で定まる G の頂点集合 V 上の関数である：

$$\mathrm{hks}_{G,t} : v \mapsto \sum_{k=1}^{N} \exp(-t\lambda_k)\psi_k(v)^2.$$

この頂点集合上の関数 HKS に対して劣位集合フィルトレーションを考え，そのパーシステンス図 $D(G, \mathrm{hks}_{G,t})$ を構成する．そしてパーシステンス図 $D(G, \mathrm{hks}_{G,t})$ を PersLay に入力し，その出力を 1 層の全結合層に送り最終出力により分類するネットワークを考える．この分類器の全体のネットワーク構造は図 5.22 に示されている[21]．一部の実験では複数の分散パラメータ t に関する HKS $\mathrm{hks}_{G,t}$ のパーシステンス図を並列に使って，様々な解像度でのグラフの大域構造情報を用いることで，良い分類精度が得られている．

　グラフ分類の実験結果について述べよう．評価にはグラフ分類問題でベースラインとしてよく用いられるデータセットたちを使った．ここで，REDDIT5K, REDDIT12K, COLLAB, IMDB-B, IMDB-M はソーシャルグラフから構成されてお

---

[21]拡張パーシステンス図を用いているため 4 つのパーシステンス図が示されている．

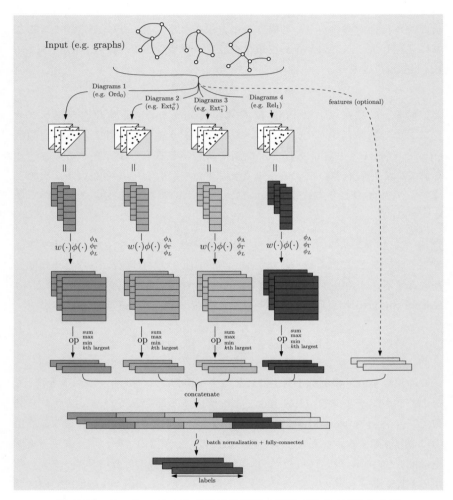

図 5.22　PersLay によるグラフ分類器の構造（論文 [107] から引
用）．HKS によるフィルトレーションでパーシステンス
図を出力したのちに PersLay を用いてベクトル化を行い，
最後に 1 層の全結合層に送り最終出力を分類に用いる．

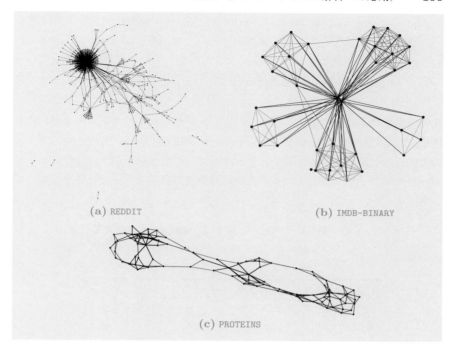

図 5.23 実験に用いたグラフデータセットに含まれるグラフの例
（論文 [144] から引用）

り，COX2, DHFR, MUTAG, PROTEINS, NCI1, NCI109 は医療あるいは生物分野
由来のグラフからなるデータセットである．いくつかのデータセットに含まれ
るグラフの例が，次のパートで用いるデータセットのものも合わせて図 5.23
に示されている．論文 [107] では，比較対象として（当時最先端の）次の 4 つ
のグラフ分類手法を用いている：

(i) Scale-variant topological information [145] （SV）：グラフをエンコー
     ドする点群を構成し，そのパーシステンス図にカーネル法（4.1 節を参
     照）を適用する．

(ii) Family of Graph Spectral Distances [146] （FGSD）：グラフラプラシ
     アンのスペクトルを用いて有限次元へグラフを埋め込み，その特徴量を
     用いて SVM で分類する．

(iii)　Capsule Graph Neural Network [147] (CapsGNN)：グラフ分類の
精度が高いグラフニューラルネットワーク（Graph Neural Network,
GNN）♠22手法の 1 つ.

(iv)　Graph Isomorphism Network [148] (GIN)：表現力が高い GNN 手法
の 1 つ.

比較の実験結果は表 5.2 に示されている．上記のパーシステンス図を用いた手
法は，非常に単純なニューラルネットワークを使っているにもかかわらず，他
の手法と同程度の精度であることがわかる．この結果は，グラフ分類において
パーシステントホモロジーによる大域的特徴量が有効である可能性を示唆して
いる．

表 5.2　様々なグラフデータに関する PersLay と他の 4 手法との
グラフ分類における正解率（Accuracy）の比較結果（論文
[107] の表の一部分）．10 分割交差検証で評価している．

Dataset	SV	FGSD	CapsGNN	GIN	PersLay
REDDIT5K	—	47.8	52.9	57.0	56.5
REDDIT12K	—	—	46.6	—	49.1
COLLAB	—	80.0	79.6	80.1	78.0
IMDB-B	72.9	73.6	73.1	74.3	72.6
IMDB-M	50.3	52.4	50.3	52.1	52.2
COX2	78.4	—	—	—	81.6
DHFR	78.4	—	—	—	80.9
MUTAG	88.3	92.1	86.7	89.0	91.5
PROTEINS	72.6	73.4	76.3	75.9	75.9
NCI1	71.6	79.8	78.4	82.7	74.0
NCI109	70.5	78.8	—	—	70.1

データ駆動的に関数を学習する方法（フィルトレーション学習）

次に，グラフの頂点集合上の関数をデータから学習する手法[127], [144] につ
いて説明しよう．$G = (V, E)$ をグラフとして，グラフの各頂点 $v \in V$ に d
次元の頂点属性ベクトル $x(v) \in \mathbb{R}^d$ が与えられているとする．これは，写像

♠22GNN については次の項も参照せよ.

$x\colon V \to \mathbb{R}^d$ が与えられているとみなすことができる．このとき，頂点ごとに頂点属性ベクトルから実数を対応させる関数 $\Phi_G\colon V \times \mathbb{R}^d \to \mathbb{R}$ が与えられると，$v \mapsto \Phi_G(v, x(v))$ という関数による劣位集合フィルトレーション（例 2.2.26）を考えることができる．ここから得られるパーシステンス図を $D(G, \Phi_G)$ と書くことにする．ここでは k 個の関数 $\boldsymbol{\Phi}_G = (\Phi_G^{(1)}, \ldots, \Phi_G^{(k)})\colon V \times \mathbb{R}^d \to \mathbb{R}^k$ を与えることで k 個のパーシステンス図 $D(G, \Phi_G^{(1)}), \ldots, D(G, \Phi_G^{(k)}) \in \mathcal{D}$ を同時に計算するという設定を考えよう（$\mathcal{D}$ は 4.1 節で導入したパーシステンス図の空間である）．これにベクトル化 $\Psi\colon \mathcal{D}^k \to \mathbb{R}^M$ を適用することでグラフから M 次元ベクトルが得られ，機械学習の入力として用いることができる．この構造は図 5.24 に示されている．

ここで，$\boldsymbol{\Phi}_G$ としてパラメータを含む学習可能な構造を用いることを考えよう．こうすることでよりデータに適合したフィルトレーション構築法を学習できることが期待される．各 $\Phi_G^{(i)}$ がグラフ G や頂点自体に依存せず頂点の属性ベクトルだけから決まる，つまり $\Phi_G^{(i)}(v, x) = \Phi^{(i)}(x)$ となる設定とすると話は簡単になるが，頂点の接続情報を使わないので性能の劣化につながる．一方，各 $\Phi_G^{(i)}$ にグラフの接続情報を考慮させたい場合は問題が難しくなる．単純に考えるとグラフ G ごとに関数を学習することになるためである．そこで，グラフの局所構造を利用してこのような関数を多様なグラフから効率的に学習させる枠組みとして，反復メッセージパッシングによる GNN が利用できる．反復メッセージパッシングでは，グラフの頂点上のベクトルを頂点近傍の情報を用いて変換する層を積み上げたネットワークが用いられる．これらのニューラルネットワークの学習パラメータは機械学習の損失関数に渡され，頂点集合上の関数およびベクトル化をタスクに応じてデータから学習させることが可能である（4.3 節も参照）．これはグラフのフィルトレーションを学習させているので，**フィルトレーション学習**（filtration learning）とも呼ばれる．

また，ベクトル化 Ψ にも PersLay や DeepSets（4.1 節を参照）といった学習可能な構造を用いることができる．その他にも，論文 [127] では有理構造（rational structure）と呼ばれる学習可能なベクトル化手法[149] を用いることを提案している．フィルトレーション学習と組み合わせることでフィルトレーション構築とベクトル化の両方を学習させることが可能となる．

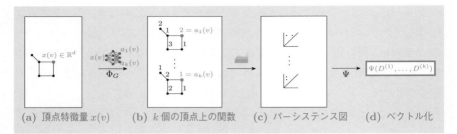

(a) 頂点特徴量 $x(v)$　　(b) k 個の頂点上の関数　　(c) パーシステンス図　　(d) ベクトル化

図 5.24　(a) 入力となるグラフの頂点特徴ベクトル $x(v) \in \mathbb{R}^d$. (b) 写像 Φ_G により各 $x(v)$ が k 個の頂点の値 $(a_1(v), \ldots, a_k(v))$ に変換される. (c) 劣位集合フィルトレーションにより得られた k 個のパーシステンス図. (d)Ψ によりパーシステンス図がベクトル化される.（論文 [144] より改変）

表 5.3　グラフ分類の結果（論文 [127] の表の一部分）. PH-only のみは常に頂点の次数を用いている. 数値は 10 分割交差検証で評価した正解率の平均と標準偏差であるが, 5-GIN (SUM) だけは実験値ではなく文献から引用した値で平均値のみが書かれている.

手法	REDDIT-BINARY	REDDIT-MULTI-5K	IMDB-BINARY	IMDB-MULTI
	頂点属性：無情報		頂点属性：$\deg(v)$	
PH-only	90.3±2.6	55.7±2.1	68.9±3.5	46.1±4.2
1-GIN (GFL)	90.2±2.8	55.7±2.9	74.5±4.6	49.7±2.9
1-GIN (SUM) [148]	81.2±5.4	51.0±2.2	73.5±3.8	50.3±2.6
1-GIN (SP) [150]	76.8±3.6	48.5±1.8	73.0±4.0	50.5±2.1
Baseline [108]	77.5±4.2	45.7±1.4	72.7±4.6	49.9±4.0
5-GIN (SUM) [148]	88.9	54.0	74.0	48.8

　論文 [127] で示されている, 頂点上の関数およびベクトル化を学習する構造を用いたグラフ分類の実験結果について述べよう. まず, 上の設定で $d = 64$ として $\Phi_G^{(1)} : \mathbb{R}^{64} \to [0, 1]$ を 1 層の GIN と 2 層のマルチレイヤーパーセプトロンの組合せで実装する. $\Phi_G^{(2)}$ を $-\Phi_G^{(1)}$ とすることで劣位集合フィルトレーションと優位集合フィルトレーションのパーシステンス図を同時に利用

する．ベクトル化には有理構造を用いている♠23．この構造を `1-GIN (GFL)` と書く♠24．頂点属性ベクトルは，成分すべてが 1 である無情報のベクトル（`REDDIT`）か，または頂点次数 $\deg(v)$ を埋め込み層を使って 64 次元にしたもの（`IMDB`）を用いる．比較手法は以下である：

(i) `PH-only`：頂点次数を使ったパーシステントホモロジーに関するパーシステンス図を，有理構造を用いてベクトル化学習するもの．

(ii) `1-GIN (SUM)`：1 層の GIN を使い，出力頂点属性ベクトルの集約に総和を用いるもの．

(iii) `1-GIN (SP)`：1 層の GIN を使い，出力頂点属性ベクトルの集約にソートプーリングを用いるもの．

(iv) `Baseline`：入力頂点属性ベクトルを単なる多重集合とみなして，DeepSets を用いるもの．すなわちグラフの構造は使わずに属性ベクトルのみの情報だけを用いる．

(v) `5-GIN (SUM)`：5 層の GIN であって出力頂点属性ベクトルの集約に総和を用いるもの．

比較実験の結果が表 5.3 に示されている．`IMDB` データセットについては，頂点集合上の関数を学習する手法 `1-GIN (GFL)` は学習しないパーシステントホモロジーを用いた `PH-only` よりも良い精度を達成している．しかしながら，このデータセットでは `Baseline` が他の手法同様に十分良い精度を示していることも見てとれる．これは，グラフが非常に密であり（図 5.23 (b) を参照）頂点次数に多くの情報がエンコードされていることが理由だと，論文 [127] では説明されている．そのため，頂点次数を初期頂点特徴量とすれば，頂点集合上の関数を学習してパーシステントホモロジーを使う手法は大幅な精度の向上にはつながらない．一方で，`REDDIT` データセットの各グラフは完全グラフからはほど遠いものであり（図 5.23 (a) を参照），大域構造がより分類に有用である．結果として，パーシステントホモロジーで捉えられる情報でグラフが判別可能になりやすく，`GFL` が `SUM` や `SP` よりも良い精度を達成している．この

♠23論文 [127] では，0 次のパーシステンス図の点で寿命無限のものを集めた多重集合，1 次パーシステンス図の点で寿命無限のものを集めた多重集合，0 次のパーシステンス図の点で寿命有限のものを集めた多重集合の 3 つを用いている．

♠24`GFL` は Graph Filtration Learning の略である．

データセットでは，頂点次数を用いたパーシステントホモロジーを用いた手法 **PH-only** でも同様の良い精度が得られている．これは，劣位集合フィルトレーションを作るための頂点集合上の関数として，**REDDIT** データセットに対しては頂点次数の関数が既に最適であるからと考えられる♠25．**1-GIN (GFL)** は，頂点属性ベクトルとして無情報なすべての成分が 1 であるものを入力としているにも関わらず，頂点次数と同レベルに情報を持つ頂点集合上の関数を学習できている．これらの結果は，データ駆動的に頂点集合上の関数（フィルトレーション）を学習することの有用性を示していると言えるだろう．

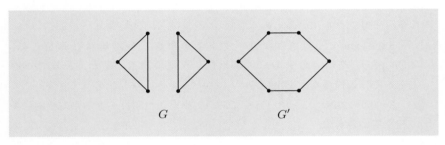

図 5.25　WL[1] では分類できないがパーシステントホモロジーでは分類できる 2 つのグラフの例

　上記のようなトポロジー的特徴量を学習する構造は，GNN と組み合わせて有用に働くと期待される．実際，GNN の反復メッセージパッシング構造は，各頂点において隣接頂点の情報を集約するだけなので，グラフのトポロジー的特徴量を捉えることはできない．実際，GNN の表現力は 2 つのグラフの同型を判定する Weisfeiler–Lehman グラフ同型テストの枠組みを使って詳しく調べられている[148]．ここで，1 次元の Weisfeiler–Lehman テスト WL[1] は

1. 与えられたグラフの頂点上のラベルを近傍に渡って集める，
2. 集めたラベルたちに応じて一意的な新たなラベルを与える

という反復で行われ，ある時点で 2 つのグラフの頂点上のラベル集合が異なれば同型でないと判定できるというものである．GNN の反復メッセージパッシング構造は WL[1] に近く，実際にメッセージパッシングに基づく通常の GNN の能力は WL[1] 以下であることが示されている．一方で，あるグラフの

♠25 IMDB データセットの実験結果から，頂点次数の関数は常に最適とは限らない．

組 G, G' であって，WL[1] では分類できないが適当なフィルトレーション関数に関するパーシステントホモロジーでは分類できるものが存在する．たとえば，図 5.25 の 2 つのグラフ G と G' は WL[1] では分類できない♠26が，これらの 0 次・1 次のベッチ数はいずれも異なるので $f \equiv 0$ という定数関数に関するパーシステントホモロジーで分類が可能である．このように，トポロジー的な情報を GNN の構造に加えることで，メッセージパッシング構造だけでは分類できないグラフを分類可能にすることができ，これらを組み合わせる研究も現れてきている[144].

5.4.2 ウイルスの遺伝的系統ネットワークの解析

この項では，Chan–Carlsson–Rabadan のウイルスの遺伝的進化をパーシステントホモロジーで解析した結果[151] を紹介する．この結果は Vietoris–Rips フィルトレーションを利用して遺伝系統のネットワークを解析したもので，Vietoris–Rips フィルトレーションの活用例としても著名なものである．この論文はオープンアクセスなので，手元に論文を準備して本項を読むとよいだろう♠27.

Vietoris–Rips 複体はデータ点の間の距離さえ計算できれば利用できるため，その応用範囲は広いものと期待される．一方で，Vietoris–Rips 複体はアルファ複体のようなトポロジー的な対応が直接はつかないため，解釈が難しいという問題がある．また，k 次元単体の数が頂点数 n に対して n^{k+1} のオーダーで増えるのであまり多くの点を取り扱うことができない（1 次パーシステンス図なら 10000 点，2 次パーシステンス図まで計算するなら 1000 点程度）．また，パーシステントホモロジーで得られるホモロジー生成元の意味を理解することも難しい．

ここで紹介する研究は 1 次パーシステントホモロジーの情報を遺伝の水平伝播に，2 次のパーシステントホモロジーの情報をもっと複雑な網状伝播と対応させることで，パーシステンス図から遺伝的進化の情報を抽出することに成功した．まず，研究の課題とその背景について解説する．遺伝系統学では系統樹

♠26どちらのグラフもすべての頂点の近傍数が 2 である．
♠27この論文ではパーシステンス図の代わりにバーコードを使っているが，バーコードもパーシステンス図もまったく同じ情報を持っており，違いは可視化の方法だけである．

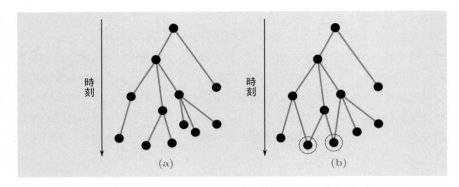

図 5.26　遺伝系統樹の模式図．縦軸は時間による遺伝子プールの
　　　　多様性の増大をあらわしている．黒丸が各遺伝子でそれ
　　　　をつなぐ辺は親子関係をあらわしている．親子が 1 対 1
　　　　につながっている辺は垂直伝播による変化を，2 対 1 につ
　　　　ながっている（丸で囲んだ）部分は水平伝播によるものを
　　　　あらわしている．(a) 遺伝系統樹，(b) 遺伝系統「ネット
　　　　ワーク」．

と呼ばれる木構造を用いて遺伝情報の変化，つまり進化について記述する．ウ
イルスの場合，自分自身の遺伝情報（DNA や RNA）を複製して増幅するが，
それだけではまったく同じ遺伝子を持つ個体が増えるだけである．実際には突
然変異によって遺伝子が変化するため，遺伝子の多様性が増していく（これを
垂直伝播と呼ぶ）．突然変異は多くを偶然に支配されるため，異なる変異の経
過をたどった 2 つの遺伝子がよく似ている確率は非常に低い．そのため遺伝
子プール（ある遺伝的な類似性を持つ集団，たとえばインフルエンザウイルス
全体の遺伝子の総体）の各遺伝子をその類似度でつないだグラフは木構造とな
ると考えられる（図 5.26 (a)）．この図の木構造では辺の両端が変異前（上），
変異後（下）の遺伝子に対応しており，遺伝子の類似度はグラフの最短経路で
決まる距離と対応している．このような木構造モデルは遺伝系統学の基本であ
り，よく使われてきた．
　しかし，水平伝播と呼ばれる現象があるため，実際の遺伝子プールは完全な
木構造にはなっていない．ここで遺伝子の水平伝播とは，異なる遺伝子を持つ

ウイルスが同じ宿主に感染した場合に2種類の遺伝子が混ざった中間的な遺伝子を持つウイルスが生まれることである．水平伝播によって図 5.26 (b) のような遺伝子間の近接関係が生じ，木構造ではない関係が生まれる．丸で囲んでいるところが遺伝子の水平伝播が生じているところである．水平伝播を理解するためには図 (a) のような木構造（系統樹）でなく図 (b) のようなネットワーク構造を遺伝子データベースから構築する手法が必要となる．そのため様々な手法が提案されてきたが，計算量が大きかったり出力の一意性が保証されなかったりと色々難があった．

　ここで Chan らが提案したのが Vietoris–Rips 複体を利用したパーシステントホモロジーによる遺伝系統ネットワーク解析である．提案手法においては遺伝子間の距離（これは遺伝学的に根拠のある距離である）を利用したVietoris–Rips フィルトレーションのパーシステントホモロジーを考える．パーシステントホモロジー解析の一番の勘所は図 5.26 (a) (b) にあらわされている．0 次のホモロジーは連結成分に対応するため，垂直伝播の情報が含まれる．一方，図 (a) の木構造のホモロジーを考えると，1 次のベッチ数は 0 であり，図 (b) のグラフのホモロジーを考えると，1 次のベッチ数は 2 である．このように，水平伝播の情報は 1 次のホモロジーに含まれていると考えられる．そこで 0 次のパーシステンス図を垂直伝播の情報を解析するために，1 次のパーシステンス図を水平伝播の情報を解析するために，それぞれ利用する．では 2 次以上はどうか，となるが，これは図 5.26 (b) のような単純な水平伝播では説明できないようなもっと複雑な水平伝播（親が 3 株以上，複数の水平伝播の連続発生，など）に対応しているのではないかと考えられる．これは言い換えると 1 次以上のパーシステントホモロジーは木構造からの逸脱を表現しているということである．実際，この論文の付録では距離空間が木構造的な構造を持つとき，Vietoris–Rips 複体のホモロジーは 1 次以上では 0 であることを証明している．パーシステンス図の一意性定理や安定性定理も既存手法に対する優位性となる．先行研究の手法でこのような良い性質を満たしているものは少なく，これはパーシステントホモロジー解析の信頼性の高さを数学的に保証していると言える．対角線のそばの生成消滅対はノイズ的な情報であるという事実を利用して，この論文では持続時間が適当な閾値以下の生成消滅対を取り除くことでノイズ除去を実現している．

　この研究では主にインフルエンザウイルスの遺伝情報データベースを解析し
ている．そこで，水平伝播の 2 つの代表的現象である遺伝子再集合と組み換
えについてインフルエンザウイルスを用いて説明しよう．A 型インフルエン
ザ♠28は RNA ウイルスと呼ばれるウイルスで，遺伝情報は RNA という物質
によって保持される．A 型インフルエンザの RNA は 1 本鎖の形をしており，
8 つの分節（セグメント）に分かれている．ウイルスは宿主に感染すると，その
細胞内でセグメントごとにばらばらになってそれぞれのセグメントが複製され
る．そうして増大したセグメントが 8 つ再び集合してひとまとまりのウイルス
として細胞外に出る．ここで 2 種類のウイルスが同一の宿主に感染した場合を
考えよう．すると複製後の再集合の際に両方の遺伝情報が図 5.27 (a) のように
混ざり合うのが遺伝子再集合である．一方，2 つのセグメントから図 5.27 (b)
のように新しいセグメントが生じるのが組み換えである．通常組み換えは同じ
種類のセグメントの間で生じる．

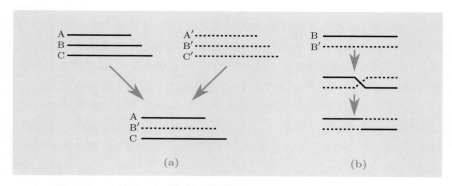

　図 5.27　2 種類の水平伝播の模式図．(a) 遺伝子再集合．この図で
　　　　　はウイルスの RNA は 3 つのセグメントに分かれている．
　　　　　2 種類のウイルスの遺伝子 ABC, A′B′C′ が同一宿主で混
　　　　　ざり合い，AB′C という新しい遺伝子を持つ個体が発生
　　　　　する．(b) 組み換え．通常は類似性のあるところで生じる
　　　　　（相同組み換えと呼ぶ）．2 種類のウイルスの B, B′ という
　　　　　セグメントの間で遺伝配列が交換される．

♠28他に B 型，C 型がある．

　まずは 1 次以上のパーシステンス図が水平伝播の情報を持っているということを確かめるため，この研究では遺伝的進化の数値シミュレーションを行い，それで得られた遺伝子データセットに Vietoris–Rips フィルトレーションによるパーシステントホモロジー解析を適用した．すると水平伝播の頻度をあらわすパラメータを大きくすると 1 次のパーシステンス図上の点が増えるという現象が見られた．このことから 1 次のパーシステンス図には水平伝播の情報を保持している仮説の妥当性が確認された．シミュレーションの結果をより詳しく見ると，(1 次のパーシステンス図の点の個数)/(期間の長さ) という比が水平伝播の時間あたりの頻度の下からの評価を与えていることが示唆された．さらに，2 次のパーシステンス図の生成消滅点は複数の水平伝播の複合イベントに対応することもこのシミュレーションからわかった♠29．

　次に，この論文では遺伝子データベースからある特定のセグメントだけ取り出してパーシステントホモロジー解析を実施している．これは複製・突然変異・遺伝子再集合・組み換えの 4 つの要素から遺伝子再集合を無視した解析をしていることを意味する．すると，その結果 1 次以上のパーシステンス図は空であった．これはインフルエンザウイルスにおいては組み換えは滅多に生じないことを意味する．さらに，階層的クラスタリング（5.1 節も参照）をデータに適用することで，先行研究で知られている遺伝子のクラスタ情報を得ることができた♠30．

　さらに，この論文では遺伝子データベースからセグメントを連結したデータを構築し，そのパーシステントホモロジー解析を行っている．これは複製・突然変異・遺伝子再集合・組み換えのすべての要素を考慮に入れた解析を行っていることに相当する．このとき，1 次のパーシステンス図は多くの点を持っていた．組み換えは滅多に生じないということを勘案すると，この事実からインフルエンザウイルスは頻繁に遺伝子再集合をしていることがわかる．特に鳥インフルエンザ A 型は時間あたりの頻度（単位時間あたりの 1 次パーシステン

♠29この Chan–Carlsson–Rabadan の研究で解析に利用されているのは 0 次から 2 次までのパーシステントホモロジーである．3 次以上を使わなかった理由は説明されていないが，計算コストや結果の解釈の困難さが理由ではないかと考えられる．
♠305.1 節で見たように Vietoris–Rips フィルトレーションの 0 次のパーシステンス図は階層的クラスタリングと同じ情報を持っている．

ス図の点の個数）が高いということも，この論文は示している．この事実は，先行研究で示されている鳥インフルエンザ A 型は同一個体への重複感染が頻繁であり多様性が大きいという事実と整合的である．

　ここまでは主に 1 次のパーシステンス図を解析することで遺伝子の水平伝播について調べた．2 次のパーシステンス図について，ここまでは「複雑な水平伝播」「複数の水平伝播の複合イベント」と言っているだけで具体的に持っている情報はよくわからない．実際のところ様々な複雑な遺伝子の伝播現象の情報が 2 次のパーシステンス図に含まれているようで，それを完全に理解することはできていない．この論文では 3 重の遺伝子再集合（triple reassortment）の情報が 2 次のパーシステンス図に埋め込まれていることを明らかにしている．これは同一個体に 3 種類のインフルエンザウイルスが感染することによってその 3 つが同時に混ざる現象である．先行研究では遺伝系統樹を目で見て解析することで H7N9 鳥インフルエンザウイルスが 3 重の遺伝子再集合で生じたことを明らかにしているが，この論文では 2 次パーシステンス図の点に対応する空洞構造を抽出することでこの結果を再現することに成功した．論文の Fig. 3E で示されている多面体にこの 3 重の遺伝子再集合の様子が記述されている．

　この論文ではインフルエンザウイルス以外にも HIV などへも同じパーシステントホモロジー解析を適用している．HIV はインフルエンザウイルスと異なり組み換えが頻繁に生じていることが知られている．すると，特定のセグメントだけを使ったパーシステントホモロジー解析であっても，1 次のパーシステンス図が多くの点を持つことが予想され，実際にこの論文で確認されている．さらに 2 次パーシステンス図も多くの点を持っていることもわかり，図 5.26 (b) で示されるものよりも複雑な現象が生じていることが示唆される．

　このようにパーシステントホモロジーを使った遺伝子ネットワークの解析は水平伝播を含むような遺伝的進化の記述に成功していると言える．1 次以上のパーシステンス図の点を数えることで水平伝播の頻度も評価することができる．さらに，3 重の遺伝子再集合のような具体的イベントをパーシステントホモロジーを経由して抽出することもできた．このようにパーシステントホモロジーによる解析は，これまで様々な手法を併用して行われてきた解析を統一的に 1 つの手法で解析することができる点が有利であると言える．

ノ ー ト

この節で紹介しなかったパーシステントホモロジーを用いたネットワーク
データ解析としては，タンパク質ネットワークの変化から癌の情報を捉える研
究[152]・共起ネットワークの解析[153]・脳神経ネットワーク解析[154], [155] など
がある．これらを含む様々なネットワーク解析への応用については，レビュー
論文[156] を参照されたい．また，学習済みのニューラルネットワークとインス
タンスに対して，そのインスタンスによりネットワークがどのように活性化さ
れているかを示す重み付きグラフをパーシステントホモロジーにより調べる研
究も現れてきている[19], [20], [21], [22].

5.5 位相的データ解析 OSS

2023 年現在で位相的データ解析に使えるオープンソースソフトウェア（OSS）
について紹介する．位相的データ解析のソフトウェアは日進月歩であるため，
最新の情報はインターネットで確認されたい．ここで紹介するソフトウェアや
チュートリアルを通じて，実データで様々な解析を試してみることにより，本
書で紹介した理論と実践をつなげてみてほしい．

総合的ソフトウェア

GUDHI ♠31 　本書の著者の一人（池）も開発に関わっているソフトウェア
で，様々なタイプの複体やデータ構造に対応している．本書で紹介した
Čech 複体・Vietoris–Rips 複体・アルファ複体および立方体的複体を扱
うことができ，そこからパーシステンス図やそれらの間のボトルネック距
離を計算することが可能である．またパーシステンスランドスケープや
パーシステンスイメージといったベクトル化も提供している．基本的には
C++ のライブラリとして提供されているが，Python のモジュールも提
供されている．

Giotto-tda ♠32 　Python における標準的な機械学習のライブラリである
Scikit-learn に準拠し，問題解決のパイプライン構築に注力している．
パーシステントホモロジーだけではなく，Mapper アルゴリズム（1.4 節

♠31https://gudhi.inria.fr
♠32https://giotto-ai.github.io/gtda-docs

を参照）に対応している統合型ソフトウェアは珍しい．giotto.ai プロジェクトという大きな位相的データ解析・機械学習ソフトウェア群の一部であり，他のパッケージとの相互連携も意識されている．

Eirene ♠33　　Julia によるライブラリ．点群や画像の入力に対応し，パーシステントホモロジーの計算・ベクトル化・可視化・サイクル代表元の計算などの機能を網羅している．マトロイドを用いた高速アルゴリズム[157] により，データの種類によっては計算時間・メモリ使用量の双方で最も効率が良い．

HomCloud ♠34　　本書の著者の一人（大林）が開発に携わっているソフトウェア．Python によるインターフェースとコマンドラインインターフェースが利用可能である．国産ということで日本語のチュートリアルが充実している．特筆すべきはパーシステンス図の逆解析の機能で，他のソフトウェアと比べても先進的である．アルファ複体や Vietoris–Rips 複体，立方体的複体を扱うことができ，パーシステンス図の計算や可視化，パーシステンスイメージによるパーシステンス図のベクトル化やボトルネック距離の計算といった基本的機能は一通り揃っている．パーシステンス図の計算に関しては，Phat や以下に紹介している Ripser といった性能に定評があるソフトウェアを内部で利用している．

特化型ソフトウェア

Ripser ♠35　　点群の Vietoris–Rips フィルトレーションのパーシステントホモロジーを高速に計算するソフトウェア[158]．元祖 Ripser に対して，開発言語の違いや GPU による高速化などにより，複数の派生版が存在する（Ripser-live，Ripser++，Ripserer.jl♠36 など）．

Cubical Ripser ♠37　　Cubical Ripser[159] は本書の著者の一人（鍛治）も開発者となっているソフトウェアで，1 次元の時系列・2 次元の画像・3 次元のボリュームデータ（5.3 節）に特化して，そのパーシステントホモロ

♠33https://github.com/Eetion/Eirene.jl

♠34https://homcloud.dev

♠35https://ripser.scikit-tda.org

♠36https://mtsch.github.io/Ripserer.jl

♠37https://github.com/shizuo-kaji/CubicalRipser_3dim

ジーを高速に計算することができる．本体は C++ で記述されているが，Python のモジュールとしても提供されており，比較的容易に利用することができる．

RIVET ♠38 　　RIVET[160] は，2023 年現在では数少ない 2 パラメータパーシステンス加群のためのソフトウェアの 1 つである．具体的には，データから 2 パラメータパーシステンス加群 M を構成し，

- 次元関数：$(i, j) \mapsto \dim V((i, j))$，$(i, j)$ は 2 次元可換格子の各頂点
- ファイバー化バーコード（3.2.2 項を参照）
- 2 重次数付きベッチ数（bigraded Betti number）[83], [160]：M の極小射影分解または極小自由分解を使って定義する概念

といったいくつかの不変量を計算して可視化できる．

FZZ ♠39 　　ジグザグパーシステンス加群のパーシステンス図を高速に計算するソフトウェア．そのような計算ができる既存のソフトウェア（GUDHI, Dionysus2 など）と比べて 2〜10 倍程度の高速化を実現している[161]．

Torch Topological ♠40 　　微分可能なトポロジー的損失関数が実装されており，深層学習フレームワーク PyTorch と組み合わせて最適化や機械学習モデルの設計が行える．

オンラインチュートリアル

位相的データ解析の勘所をつかみ，何ができて何ができないのかを把握するためには，やはり様々なソフトウェアを実際のデータに対して用いてみるのが一番の早道である．インターネット上には，Jupyter Notebook と呼ばれるインタラクティブなノート形式での位相的データ解析の適用例が公開されており，実際に追実験を試してみることができる．情報が古くなることもあるが，以下にいくつかの参考となる情報を列挙しておく．

Tutorials for Topological Data Analysis with the Gudhi Library ♠41
　　上述の GUDHI パッケージの実践利用例．一通りの基本に加えて，PersLay のチュートリアルを含む．

♠38https://rivet.readthedocs.io/
♠39https://github.com/taohou01/fzz
♠40https://pytorch-topological.readthedocs.io/
♠41https://github.com/GUDHI/TDA-tutorial

Giotto-tda Tutorials and examples ♠42　　上述の Giotto-tda のチュートリアル．Mapper の使用例や時系列解析，3 次元点群解析や手書き文字の分類など様々な例が紹介されている．

Tutorial on Topological Data Analysis ♠43　　無料のクラウドサービス Google Colab 上で環境設定などの手間をかけずに実行できるチュートリアル．具体的な toy example を通して位相的データ解析に関する代表的な Python ライブラリを試してみることができる．特徴抽出から簡単な学習までの流れを様々な入力データ形式に対して扱うという基本に加えて，少し捻った応用例も紹介している．本書の著者の一人（鍛冶）が作成している．

HomCloud Tutorial ♠44　　上述の HomCloud パッケージのチュートリアル．ポイントクラウドや 2D/3D 画像の解析例が Jupyter Notebook や Colab の Notebook で公開されている．パーシステンス図を特徴量とした機械学習のチュートリアルも含まれている．機械学習のチュートリアルでは逆解析との組合せについても解説されている．日本語と英語の両方が準備されている．

♠42https://giotto-ai.github.io/gtda-docs/latest/notebooks/
♠43https://colab.research.google.com/github/shizuo-kaji/
TutorialTopologicalDataAnalysis
♠44https://homcloud.dev/tutorials.html

本書のまとめと展望 6

　本章では，本書で扱ったパーシステントホモロジーの理論と実際のデータ解析への応用について総括し，本書の出版時点における今後の研究展望と関連テーマに関する様々な文献のガイドを提示する．

6.1　本書のまとめ

パーシステントホモロジー（第 2 章）

- データのトポロジーを計算機で扱える組合せ的な情報として記述するための道具の 1 つとして，セル複体が挙げられる．そしてそのトポロジーを定量化するホモロジー群という位相不変量が計算可能である．2.1 節では，単体的複体および立方体的複体（これらを総合してセル複体と呼ぶ）を定義し，これらに対してホモロジーを定義した．

- 与えられたデータからセル複体を構成することで，そのトポロジーを計算機で扱えるようになる．2.2 節では，様々なデータに対してセル複体の構成を考えた．同時に，そこからセル複体の増大族であるフィルトレーションが自然に現れることを見た．

- パーシステントホモロジーは，連続的なパラメータを導入したホモロジーの拡張であり，セル複体のフィルトレーションに対して定義できる．このパラメータは，信号強度やスケールの情報を捉えるのに利用できる．2.3 節では，パーシステントホモロジーの視覚的な表示法として，各ホモロジー類がいつ生まれていつ消滅するかの情報を集約するパーシステンス図を定義した．また，2.4 節では，行列の掃き出し法によるパーシステンス図の計算アルゴリズムを紹介した．

- 2 つのパーシステントホモロジーの間には擬距離が定義され，データ間の相似性を定量的に議論可能である．2.5 節では，パーシステンス図間のボ

トルネック距離を導入してパーシステンス図がデータの摂動に関して頑健であることを主張する安定性定理を説明した.

パーシステントホモロジーの代数的構造（第 3 章）

- パーシステントホモロジーの代数的構造を抽象化したものがパーシステンス加群である. 3.1 節では, パーシステンス加群とその間のインターリービング距離を定義し, ボトルネック距離とインターリービング距離が等しいという等長定理を説明した. この定理から 2.5 節で説明した安定性定理が導かれる.

- 3.2 節では, パーシステンス加群をクイバー表現として見る考え方について説明し, これを用いてジグザグパーシステンス加群や多次元パーシステンス加群を調べられることを解説した.

応用に有用な 3 つの理論（第 4 章）

- パーシステンス図のベクトル化手法によって, 2 次元平面内の多重集合であるパーシステンス図を要約して, 様々な解析手法が適用しやすい形にできる. 4.1 節では, 代表的なベクトル化手法であるベッチ曲線・パーシステンスランドスケープ・パーシステンスイメージを説明した. また, 近年発展してきているデータ駆動的なベクトル化手法についても解説した.

- パーシステンス図の逆解析は, パーシステンス図の点がもとのデータのどのトポロジー的特徴量に対応するかを明らかにする手法である. 4.2 節では, パーシステンス図の点に対して何らかの観点で「代表的な」サイクルを出力する問題を数理最適化として定式化して, 最適サイクル・体積最小サイクルを計算する手法を説明した.

- パーシステントホモロジーに基づく損失関数を構成しデータや学習器のパラメータをトポロジー的にコントロールするためには, パーシステンス図の微分可能性が重要になる. 4.3 節では, パラメータ付けられたパーシステンス図の微分可能性について議論し, 連続変形法によってパーシステンス図の変形に付随して点群を変形する方法, およびパーシステンス図に関する関数の勾配法による最適化を解説した.

パーシステントホモロジーの応用（第 5 章）

- 5.1 節では, 単純なデータ（点群・重み付きグラフ・画像）を用いて, パーシステントホモロジーによってどのようなことがわかるかについて説明し

た．また，クラスタリング手法との関連やマルチパラメータ解析の応用例についても解説した．

- 5.2節では，点群データ解析，特に物質科学・材料科学への応用について説明した．シリカガラスや金属ガラスの原子配置を点群とみなしてパーシステントホモロジーおよび逆解析を適用することで，パーシステンス図として物質の特徴的秩序を抽出できることを見た．

- 5.3節では，画像データ解析，特に医用画像への応用について説明した．2次元および3次元の画像データに適したセル複体・フィルトレーションの構成法を複数解説し，データや解析目的に応じて選択が必要であることを述べた．また，パーシステントホモロジーがデータ全体の大域的なトポロジーだけでなく，局所的な特性の解析にも有用であることを例示した．

- 5.4節では，ネットワークデータ解析，特にグラフ分類とウイルス解析への応用について説明した．パーシステンス図のベクトル化を学習することに加えて，グラフのフィルトレーションの与え方を工夫したりデータから学習したりすることで，グラフの大域的情報を使って分類精度を向上させられる場合があることを見た．また，ウイルスの遺伝的進化のネットワークをパーシステントホモロジーを使って解析することで，水平伝播と呼ばれる現象が1次元以上のパーシステンス図から読みとれることを見た．

- 5.5節では，位相的データ解析，特にパーシステントホモロジーの計算に使えるソフトウェアについて，それぞれの特徴を交えて紹介した．

パーシステントホモロジーによる解析に向いているデータ

ここで，どのようなデータがパーシステントホモロジーによる解析に向いているかについて述べる．これは多分に筆者らの経験と主観に依存するものではあるが，読者が目的とする解析にパーシステントホモロジーを適用すべきか検討する際の参考にされたい．

パーシステントホモロジーは形の定量化のためのツールであるから，具体的な形あるいは抽象的な形が鍵となると予想されるデータの解析に適している．ウイルスの遺伝系統ネットワークのパーシステントホモロジーによる解析（5.4.2項）では，遺伝の水平伝播と輪の対応付けがその成功の第1の理由であった．これはデータに内在する構造とトポロジー的構造の間の対応がうまくついた例と言える．このような対応として他にも，シリカガラスの解析

（5.2.1 項）における化学結合ネットワークにおけるリング構造があった．

　立体構造（3 次元）データもまた，パーシステントホモロジーによる解析の成功例が多い．2 次元データに対しては，人間が目で見て特徴を探しやすいことも手伝って，強力な手法が多く開発されているが，そのような直感の及びにくい 3 次元データに対しては既存手法はより限定的である．パーシステントホモロジーによる 3 次元データの解析は，そのホモロジー特徴の可視化や直観的理解がしやすく効果的である．一方で，4 次元以上の高次元データになると，ホモロジー特徴の直観的な解釈が難しくなり，逆解析ような手法を使ったとしても可視化が簡単ではない．これらの事情から，現状では 3 次元データがパーシステントホモロジーの得意とする対象となっている．材料科学での原子配置の例（5.2.1 項，5.2.2 項）や医用 CT 画像の例（5.3.4 項）は 3 次元データに対して，逆解析の手法が効果的に活用されていた．

　一方で，パーシステントホモロジーは目に見えないデータの形の定量化にも有用であることは特筆すべきである．ウイルスの遺伝系統解析では，データ点がベクトルとして表現されていない，距離情報しか利用できないデータが対象となった．また上述のように，高次元データに対しては可視化の困難があるが，高次のホモロジーの解釈をデータの特徴にうまく対応付けることができれば，無限次元を含む高次元データに対しても強力な解析手段を提供する．

　以上の特性は，裏返せばパーシステントホモロジーを利用した解析で注意すべき点を示唆する．データのどのような特徴が各次元のホモロジーで記述できるのかを理解しなくても，パーシステントホモロジーをブラックボックス的な特徴抽出器として用いることは可能であるが，パーシステントホモロジーは比較的「リッチな」特徴量であることに注意せねばならない．たとえば 4.1 節で述べたベクトル化を用いれば，数十次元から数百次元の特徴量ベクトルを得る．また，フィルトレーションの構成法からベクトル化手法まで様々なハイパーパラメータの選択があり，これらを探索していけば，いずれは目的の解析に相関する説明変数が得られるであろう．多重検定の問題と同じく，解析対象とパーシステントホモロジーの擬似相関は常に厳しい目で検証し，データのみに依存しない合理的な解釈を与えることが重要である．分類や回帰精度といった解析結果の評価指標が高く，解析がうまくいっているように思える場合でも，デー

タに対してホモロジーの意味付けが難しいときは注意が必要である．他の既存手法も試すなどして，交絡の結果としてパーシステントホモロジーに説明能力が生じていないか確認すべきである．

 ## 6.2　今後の展望・参考文献ガイド

6.2.1　今後の展望

2023 年現在で，パーシステントホモロジーに関して特に応用の観点から今後重要と思われる研究テーマをいくつか取り上げて展望を述べる．

マルチパラメータのパーシステンス加群の情報抽出

3.2 節で紹介したマルチパラメータパーシステンス加群からどのように情報を得るかという課題については，様々な指標を構築する試みがある．中でも，マルチパラメータ加群に対するパーシステンス図のような概念を定義するために，区間 $[b, d]$（生成消滅対）をマルチパラメータの設定に拡張して，その「区間表現」を用いて不変量を構築するといったアプローチ[91], [92], [93], [94], [95], [96]が主流である．

ここでは，論文 [92] の考え方を紹介する．まず，通常のパーシステンス図において生成消滅対 (b, d) の個数は，(b, d) に対応する区間表現 I が直和因子として現れる重複度と等しいことを思い出そう．マルチパラメータパーシステンス加群においては，区間表現ではないものも存在しうることに注意が必要であるが，区間表現の重複度は有益な情報を持っていると期待できる．しかし，その計算は簡単ではないため，表現を小さく「圧縮」する操作を導入し，圧縮された後での重複度（圧縮重複度）が不変量（特徴量）として提案されている♠1．また，2.4.4 項でパーシステントホモロジーのランク不変量とパーシステンス図の関係が包除原理で説明できることを見たが，その拡張としてメビウス反転を圧縮重複度に適用することによって，パーシステンス図の代替物である「区間近似」[92] が提案されている．

一方で，相対ホモロジー代数（relative homological algebra）による区間分

♠1論文 [92] では，3 つの圧縮操作が提案されており，圧縮重複度はその圧縮のとり方に依存する．そのうちの 1 つに関して，圧縮重複度は一般化ランク不変量（generalized rank invariant）[91] と等しいことも知られているので，圧縮重複度は一般化ランク不変量の拡張である．

解も研究されている[94], [96]．上の組合せ論的な不変量と，この代数的な不変量の関係は明らかになっておらず，その解明も今後の課題の1つである．

また，層理論からマルチパラメータパーシステンス加群を調べるアプローチもあり[162], [163]，1次元パーシステンス加群に対する様々な概念を層理論で解釈して高次元に拡張したり[164], [165]，新たな指標を構成したり[166] されている．

パーシステントホモロジーと機械学習

第5章で見たように，パーシステントホモロジーによる解析は機械学習と結びついて発展してきており，今後もこの方向での研究が発展していくものと期待される．特に，学習時にパーシステンス図に対する損失関数を目的関数に加えて最適化することで，学習器をトポロジー的にコントロールする手法（4.3節も参照）は大きく着目されている．このような関数の最適化においては，パラメータの変化に応じて，生成および消滅単体の組やパーシステンス図間の距離を計算する際の部分マッチングが変わってしまい，目的関数の形が領域によって変化してしまうという難しさがある．この問題に対しては，たとえば勾配サンプリングアルゴリズムによるアプローチ[167] や，フィルトレーション値を変化させる際の生成および消滅単体の組の変化の可能性を詳しく追跡するといったアプローチ[168] が提案され始めている．

また，データではなく学習器，特にニューラルネットワークをパーシステントホモロジーによって解析する研究が現れてきている．たとえば，点群解析に基づく畳み込みニューラルネットワークの解析[48]・ニューラルネットワークによる表現の比較[13] や，活性化グラフというネットワークの活性化をあらわす重み付きグラフ[19], [20] に基づく研究[21], [22] などがある．

パーシステンス図の計算の高速化

パーシステントホモロジーのアルゴリズムの高速化についてはアルゴリズムやデータ構造，並列化などの観点から研究が進められている．データ構造の工夫としてはまず疎行列の利用がある．実データでは境界準同型の行列表示は0が要素の大半を占め，その事実を利用したデータ構造の工夫により高速化が可能である．どのような行列表現をするかで実行性能とメモリ効率の両方を改善することが可能である．論文 [169] では行列のデータ構造を変えた場合の性能

を比較している．できるだけ 0 の個数を増やし計算効率を上げるためのヒューリスティックスについて調べている論文もある[170]．

Chen と Kerber による論文[171] で提案されている twist algorithm もパーシステンス図の計算の高速化に利用できる．2.4.2 項のアルゴリズムの説明で導入された 3 つの集合 F, F', E が共通部分を持たないことを利用して余計な計算を避けることで高速化をしている．

0 次元のホモロジーは連結成分と対応していることを利用した高速化も可能である．グラフの連結性の計算には素集合データ構造（Union-Find tree）を利用すると高速であることが知られており，0 次元パーシステンス図の計算に利用できる．

ホモロジーの代わりにコホモロジーを使うという工夫も提案されている．コホモロジーのほうが性能が良い傾向はあるようだが，どちらが良いとは一概には言えない[169], [172]．コホモロジーの利用は 0 次元パーシステンス図の計算の高速化と twist algorithm を組み合わせるためにも利用できる．Ripser などいくつかのソフトウェアではこの工夫が使われている．

パーシステンス図の並列/分散アルゴリズムについても Phat や Dipha の作者らによって議論されている[169], [173]．GPU（Graphics Processing Unit）を利用するアルゴリズムの研究も最近盛んである[174], [175], [176], [177], [178]．

5.5 節で紹介したソフトウェアのいくつかについては，実装上の工夫を論文としてまとめているものもあり，そういった文献も有用である．

パーシステンス図の逆解析

逆解析は実践的にも重要で，数学と計算機科学の両面から理論や手法の研究が盛んに行われている．発展の方向性としては，たとえば以下の 2 つが考えられるであろう．

- 最適化する目的関数や制約条件を変えることで，異なる代表サイクルを提案する．
- 何らかの制約などを導入したり，問題を近似したりすることによって計算の高速化を行う．

これらについて 2023 年現在の最先端の研究を紹介する．

前者についてはまずは 4.2 節のノートで紹介した重み付き ℓ^1 ノルムの利用が考えられる．それ以外に 4.2.3 項で紹介した体積最小サイクルのノイズに対

する鋭敏性を改良する方法として stable volume というものが提案されている[179]．後者の方法としては，4.2 節のノートで紹介した整数計画問題を線形計画問題で解く方法が挙げられる．これは「単体的複体上で包含関係にある部分複体がなす整数係数相対ホモロジーがすべて捩れなし」という幾何的条件が計算の高速化可能性を決めている．他にも，$\mathbb{R}^n$ に埋め込まれた単体的複体の $n-1$ 次の体積最小サイクルを高速に計算する方法が提案されている[115], [180]．これはデータの次元やパーシステントホモロジーの次数を制限することで計算を高速化しているわけである．内部的には 5.3 節のノートで紹介したアレキサンダー双対性を利用している．また，1 次のホモロジーについてはグラフ上の閉路と対応付けることでホモロジーの最適化問題をグラフの最短経路問題や類似の手法で高速に解く方法もある．1 次のホモロジーと限定することで高速化を実現しているわけである（Ripserer.jl に含まれる Reconstructed Shortest Cycles など）．制限を加えることで高速化を実現するというのは様々な方法が考えられる方向性であるが，どのような制限が実用的かというのが難しい問題で，この部分が今後の研究の鍵になると思われる．

数学の他分野への応用

　パーシステンス加群の理論は，数学の他の分野にも様々に応用されるようになってきている．近年では特に，シンプレクティック幾何への応用が盛んである[181], [182], [183]．パーシステンス加群と層理論との関係を使って，シンプレクティック幾何にアプローチする研究もある[184], [185]．

6.2.2　参考文献ガイド

　パーシステントホモロジーを含む位相的データ解析については，特色のある文献が次々と出版されている．以下，筆者らの好みによる偏りがあるが，主だったものを紹介する．

位相幾何学と表現論

- [60], [62], [63], [64]: 代数的トポロジーの標準的な教科書．
- [84]: クイバーの表現論の教科書．

パーシステントホモロジー・位相的データ解析一般

- [186], [187]: 位相的データ解析とパーシステントホモロジーに関する基本的な文献．少々古いが創始者たちのモチベーションがよくわかる．

- [4]: 日本語によるパーシステントホモロジーの教科書. 2.3節のノートで触れた次数付き加群としてパーシステントホモロジーを扱っている. タンパク質解析への応用について説明されている.
- [188]: パーシステントホモロジーの様々な側面（フィルトレーションのホモロジー群の族・パーシステンス加群・クイバー表現・次数付き加群など）の関係についてまとめられている.
- [77]: パーシステントホモロジー・パーシステンス加群の比較的新しい教科書. クイバー表現の観点からまとめられている.
- [189]: データサイエンスに興味を持つ数学者やデータサイエンティスト向けの位相的データ解析のテキスト.
- [190]: 本書執筆時点では最新の網羅的な教科書. 応用に動機を置きながらも, 理論的側面を中心に詳しく解説されている.

位相的データ解析の応用

- TDA-Applications, Zotero database ♠2: 文献データベース. 位相的データ解析の応用面での最新論文が集められている.
- [191]: 応用を網羅する比較的新しいサーベイ.
- [156]: ネットワークデータ解析に関するサーベイ論文.
- [10], [103], [128], [129]: シリカガラスの解析.
- [192], [193]: 材料科学への応用.
- [3]: タンパク質構造の解析.
- [194]: 生物学への応用.
- [24], [26], [27], [28]: 時系列解析への応用.
- [13], [21], [22], [48] ,[120]: ニューラルネットワークへの応用.
- [66]: センサーネットワークへの応用.
- [195], [196], [197]: フラクタル図形への応用.
- [198], [199]: 天文学への応用.
- [200]: 弦理論への応用.

♠2https://www.zotero.org/groups/2425412/tda-applications

ホモロジーに関する補足

　この付録ではホモロジーに関わる補足として，A.1 節では商ベクトル空間について，A.2 節では一般の体係数の単体的ホモロジー群の定義について説明する.

A.1　商ベクトル空間

　ホモロジー群は商ベクトル空間として定義されるが，この概念になじみのない読者のために，体 $\mathbb{F}$ 上のベクトル空間の商空間について必要な事項を説明する.

　$\mathbb{F}$ 上のベクトル空間 V とその部分ベクトル空間 W が与えられたとき，W の差を無視した V のグループ全体を考えたい場合がある. そこで，2 つの $v, v' \in V$ が $v - v' \in W$ のときに同じグループであるとみなして，そのグループ全体のなす集合を考えたものを V/W と書く. たとえば，本文第 2 章では境界準同型の核 $\mathrm{Ker}\,\partial_k$ において像 $\mathrm{Im}\,\partial_{k+1}$ の差を無視した $\mathrm{Ker}\,\partial_k / \mathrm{Im}\,\partial_{k+1}$ をホモロジーとしたのであった. ここで，$v \in V$ が属しているグループを $[v] \in V/W$ と書いて剰余類と呼ぶ. つまり，$[v]$ は集合 $v + W := \{v' \in V \mid v' - v \in W\}$ である. 同値関係を知っていれば，$v - v' \in W$ のとき[♠1]に $v \sim v'$ であると定めると，$\sim$ が V 上の同値関係となるので，$V/W := V/\sim$ と定めたと考えればよい. 剰余類 $[v]$ はこの同値関係による v の同値類である. V/W は集合であるだけでなく，$\mathbb{F}$ 上のベクトル空間の構造を持つ. 実際，$v, w \in V$ と $c \in \mathbb{F}$ に対して

$$[v] + [w] := [v + w], \quad c[v] := [cv] \tag{A.1}$$

と定めればよい. これは一見明らかに見えるが，v が属するグループ $[v]$ は別の v' を用いて $[v']$ とも書けるかもしれないので，上の定義が矛盾なく定まっているかを確かめる必要がある.

補題 A.1.1　$v, v', w, w' \in V$，$c \in \mathbb{F}$ とする. $[v] = [v']$ かつ $[w] = [w']$ ならば

[♠1]W はベクトル空間なので，この条件 $v - v' \in W$ は $v' - v \in W$ と同値である.

$[v + w] = [v' + w']$ かつ $[cv] = [cv']$ である.

証明 $[v] = [v']$ は $v - v' \in W$ を意味し, $[w] = [w']$ は $w - w' \in W$ を意味する. 部分ベクトル空間 W は和とスカラー倍で閉じているから

$$v + w - (v' + w') = (v - v') + (w - w') \in W,$$
$$cv - cv' = c(v - v') \in W$$

となることがわかる. これらは $[v + w] = [v' + w']$ かつ $[cv] = [cv']$ であることを意味している. □

上の補題により式 (A.1) が矛盾なく定まっていることが確認できた. これを V/W における和とスカラー倍が式 (A.1) によって well-defined であるともいう. このようにして定まった和とスカラー倍はベクトル空間の公理を満たすことが確認できる.

定義 A.1.2（商ベクトル空間） V を $\mathbb{F}$ 上のベクトル空間として W をその部分ベクトル空間とする. このとき, 式 (A.1) によって和とスカラー倍を定めた $\mathbb{F}$ 上のベクトル空間 V/W を, V の W による**商ベクトル空間**（quotient vector space）と呼ぶ. 線形写像 $V \to V/W$, $v \mapsto [v]$ を π と書き, 商写像と呼ぶ.

和の定義から $0 \in V$ の剰余類 $[0] = \pi(0)$ が V/W の零元となる. V/W の零元も単に 0 とあらわす. $v \in W$ ならば $\pi(v) = 0$ であることに注意しよう.

次に, 商ベクトル空間からの線形写像について調べよう. $f \colon V \to V'$ を線形写像として, 線形写像 $\widetilde{f} \colon V/W \to V'$ であって $f = \widetilde{f} \circ \pi$ となるものがいつ存在するかを考える. もしこのような $\widetilde{f}$ が存在すれば $w \in W$ について $\pi(w) = 0$ であったので, 任意の $w \in W$ に対して $f(w) = 0$ でなければならない. 逆に任意の $w \in W$ に対して $f(w) = 0$ であれば, 上のような線形写像 $\widetilde{f}$ が一意的に存在するというのが次の補題である.

補題 A.1.3 V を $\mathbb{F}$ 上のベクトル空間, W をその部分ベクトル空間として, V/W で商ベクトル空間, $\pi \colon V \to V/W$ で商写像をあらわす. $f \colon V \to V'$ を線形写像として, 任意の $w \in W$ に対して $f(w) = 0$ であると仮定する. このとき, 線形写像 $\widetilde{f} \colon V/W \to V'$ であって $f = \widetilde{f} \circ \pi$ を満たすものがただ 1 つ存在する.

証明 そのような $\widetilde{f}$ が存在したとすると, $[v] = \pi(v)$ に対して $\widetilde{f}([v]) = \widetilde{f}(\pi(v)) = f(v)$ と定めるしかない. これが矛盾なく定義できることを確認しよう. $v, v' \in V$ が $[v] = [v']$ であるとする. これは $v - v' \in W$ ということだったので, 任意の $w \in W$ に対して $f(w) = 0$ であることと f が線形写像であることから

$$f(v) - f(v') = f(v - v') = 0$$

が得られる．すなわち，$f(v) = f(v')$ である．これで $\widetilde{f}$ が well-defined であること
が示された．$\widetilde{f}$ が線形写像であることは，V/W の和とスカラー倍の定め方と $\widetilde{f}$ の定
義からチェックできる．　　　　　　　　　　　　　　　　　　　　　　　　　　□

　上の補題の主張は商写像の普遍性と呼ばれる．線形写像 $\widetilde{f}\colon V/W \to V'$ を f に
よって誘導された写像といい，f は $\widetilde{f}$ を誘導するという．

系 A.1.4　V, V' をベクトル空間として，W, W' をそれぞれ V, V' の部分ベクトル空
間とする．$\pi\colon V \to V/W$，$\pi'\colon V' \to V'/W'$ でそれぞれ商ベクトル空間への商写像
をあらわす．$f\colon V \to V'$ を $\mathbb{F}$ 線形写像として，任意の $w \in W$ に対して $f(w) \in W'$
であると仮定する．このとき，線形写像 $\widehat{f}\colon V/W \to V'/W'$ であって $\widehat{f}\circ\pi = \pi'\circ f$
を満たすものがただ 1 つ存在する．この $\widehat{f}$ も f によって誘導された写像という．

■ A.2　一般の体係数の単体的ホモロジー

　ここでは一般の体 $\mathbb{F}$ を係数とする単体的ホモロジーの定義を与える．そのために，
30 ページで述べた考え方 (II) を用いる．

　以下では，単体的複体 K の頂点集合 $V(K)$ に 1 つ全順序を固定する．単体は
頂点の集合 $\sigma = \{v_0, v_1, \ldots, v_k\}$ として定義されていたが，$V(K)$ に全順序を入れ
ておくと，単体 σ に対して，頂点が $v_0 < \cdots < v_k$ となるように並べることで列
$(v_0, v_1, \ldots, v_k)$ を対応させることができる．頂点の列は，図 A.1 のように単体に「向
き」が付いていると幾何的に解釈することができる．

$$(0, 1) \qquad\qquad (0, 1, 2)$$

図 A.1　単体の頂点の並べ方の幾何的解釈

　さて，定義 2.1.12 では，単体 σ に対して代数的なシンボル σ を考えて，チェイン
の空間 $C_k(K; \mathbb{F}_2)$ を構成したが，ここでは上で指定した順序になるように単体 σ の
頂点を並べた列 $(v_0, v_1, \ldots, v_k)$ に代数的なシンボル $\overline{\sigma}$ が対応するとして，それらで
自由生成された $\mathbb{F}$ 上のベクトル空間

$$C_k(K; \mathbb{F}) := \bigoplus_{\sigma \in K, \dim \sigma = k} \mathbb{F}\overline{\sigma}$$

としてチェインの空間を定義する. $C_k(K; \mathbb{F})$ においては $-\sigma$ を考えることができるが, これは幾何的には「向き」が逆になっていると解釈する. 低い次元の場合は図 A.2 のように視覚化される.

$$0 \xleftarrow{\hspace{2cm}} 1 \qquad\qquad 0 \ /\!\!\triangle\!\!\backslash \ 2$$

$$-(0,1) \qquad\qquad\qquad -(0,1,2)$$

図 A.2 $-\overline{\sigma}$ の幾何学的解釈

定義 A.2.1 K を頂点集合に全順序が入った単体的複体とする. k 単体 σ に関する $\overline{\sigma} = (v_0, v_1, \ldots, v_k)$ に対して,

$$\partial_k \overline{\sigma} := \sum_{i=0}^{k} (-1)^i (v_0, \ldots, \widehat{v_i}, \ldots, v_k) \in C_{k-1}(K; \mathbb{F})$$

と定めて線形に拡張することで, 線形写像

$$\partial_k : C_k(K; \mathbb{F}) \to C_{k-1}(K; \mathbb{F})$$

を定め, **境界準同型**と呼ぶ.

$\mathbb{F}_2$ においては $-1 = 1$ なので境界準同型は 2.1 節の定義と両立していることに注意する.

例 A.2.2 $K = \{\{0\}, \{1\}, \{2\}, \{0,1\}, \{0,2\}, \{1,2\}, \{0,1,2\}\}$ として, 頂点集合 $\{0,1,2\}$ には通常の数の大小で順序が入っているとする. このとき,

$$\partial_1((0,1)) = (1) - (0),$$

$$\partial_2((0,1,2)) = (1,2) - (0,2) + (0,1),$$

$$\partial_1((0,1) - (0,2) + (1,2)) = ((1) - (0)) - ((2) - (0)) + ((2) - (1)) = 0$$

である. これらの幾何的な解釈を図 A.3 に示す.

定義 A.2.1 のように境界準同型を定義すると, 28〜30 ページで見た問題が解決されることを確認しておこう. 28 ページの K'' に対して, 頂点集合 $\{0,1,2,3\}$ には通常の数の大小で順序が入っているとして, 符号付きの境界の和を考えると

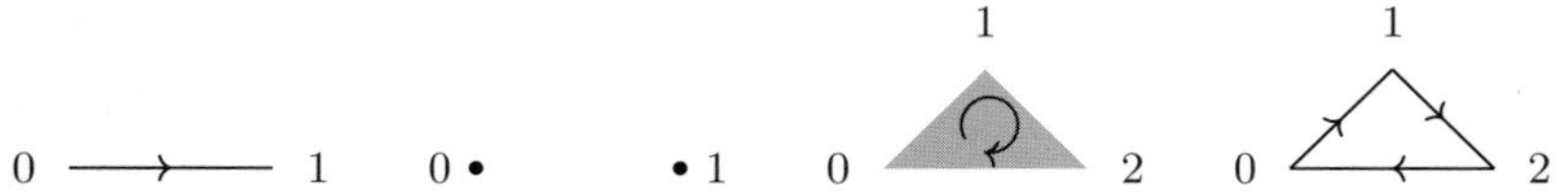

$$0 \longrightarrow 1 \qquad 0 \bullet \qquad \bullet 1 \qquad 0 \qquad 2 \qquad 0 \qquad 2$$

$$(0,1) \quad \overset{\partial}{\longmapsto} \quad (1)-(0) \qquad\qquad (0,1,2) \overset{\partial}{\longmapsto} (1,2)-(0,2)+(0,1)$$

図 A.3　頂点に順序を付けた単体的複体の境界準同型

$$\partial_2(0,1,3) - \partial_2(0,2,3) + \partial_2(1,2,3)$$
$$= ((1,3)-(0,3)+(0,1)) - ((2,3)-(0,3)+(0,2)) + ((2,3)-(1,3)+(1,2))$$
$$= (1,2)-(0,2)+(0,1)$$

と，所望の性質を満たしていることがわかる．

定義 A.2.1 の境界準同型も 2 回合成したものは 0 になる，すなわち，$C_{k+1}(K;\mathbb{F})$ から $C_{k-1}(K;\mathbb{F})$ への写像として $\partial_k \circ \partial_{k+1} = 0$ が成り立つことが示せる．よって，$\mathbb{F}$ 係数のホモロジー群を $\mathbb{F}_2$ 係数の場合と同様に以下のように商ベクトル空間を用いて定義できる．

定義 A.2.3　K を頂点集合に全順序が入った単体的複体とする．$n \in \mathbb{N}$ に対して，

$$Z_n(K;\mathbb{F}) := \operatorname{Ker} \partial_n \subset C_n(K;\mathbb{F}),$$
$$B_n(K;\mathbb{F}) := \operatorname{Im} \partial_{n+1} \subset Z_n(K;\mathbb{F}),$$
$$H_n(K;\mathbb{F}) := Z_n(K;\mathbb{F})/B_n(K;\mathbb{F})$$

と定めて，$H_n(K;\mathbb{F})$ を K の n 次 $\mathbb{F}$ 係数**ホモロジー群**と呼ぶ．

定義 A.2.3 のホモロジー群は，単体的複体だけでなくその頂点集合上の全順序にも依存しているが，全順序のとり方を変えても互いに同型となることが証明できる（たとえば Kozlov[201] を参照）．よって，単体的複体 K が与えられたとき，頂点集合上に 1 つ勝手に全順序を選ぶことにより，n 次 $\mathbb{F}$ 係数ホモロジー群 $H_n(K;\mathbb{F})$ が線形同型の不定性を除いて一意的に定まる．

注意 A.2.4　上の議論を詳しく見れば，単体的複体の頂点集合に全順序を入れなくても，各単体の頂点の並べ方が定まっていれば十分である．このような各単体の頂点の並べ方[♠2]を指定することを，単体的複体の向きという．多くの教科書では，単体的複体に向きを与えてホモロジー群を定義する．たとえば枡田[62] などを参照せよ．

　♠2 正確には添字が偶置換で移り合うときに同じであるとみなした際の並べ方のグループの一方．

機械学習の速習

この付録では，機械学習についてなじみのない読者に向けて教師あり機械学習の問題設定と定式化について簡潔に説明する．

ここでは機械学習の中でも教師あり機械学習と呼ばれるものについて，本書で必要な基本事項を述べる．より詳しくは，金森[202] および本ライブラリの分冊「深層学習からマルチモーダル情報処理へ」[203] を参照されたい．

データ

ここでは，入力 x と出力 y の組 (x, y) としてあらわされるデータを考える．入力 x がとりうる値の入力集合を $\mathcal{X}$ であらわし，出力値の集合は $\mathcal{Y}$ であらわす．多くの機械学習の設定では，入力集合 $\mathcal{X}$ はベクトル空間で，$\mathcal{Y}$ としてはベクトル空間の他にも有限集合などがとられる．出入力データは（$\mathcal{X} \times \mathcal{Y}$ 上の確率分布から独立にサンプリングされた有限のサンプルとして）$D = \{(x_i, y_i) \in \mathcal{X} \times \mathcal{Y} \mid 1 \leq i \leq N\}$ と記述する．

例 B.1 （複数あるいは単一の）試料についての測定を異なる温度と圧力の条件下で N 回繰り返したデータを考える：

1. 1 回の測定について，温度と圧力の組を x，試料の密度を y とする．このとき，$\mathcal{X} = \mathbb{R}^2$，$\mathcal{Y} = \mathbb{R}$ とみなせる．
2. 1 回の測定について，温度と圧力の組を x，試料の相を y とする．このとき，$\mathcal{X} = \mathbb{R}^2$，$\mathcal{Y} = \{$気体，液体，固体$\}$ とみなせる．

モデル

教師あり機械学習では，入力集合から出力集合への写像 $f \colon \mathcal{X} \to \mathcal{Y}$ であって，何らかの意味でデータ $\{(x_i, y_i)\}_{i=1}^{N}$ に適合するものを構成することを目的とする．この $y = f(x)$ という関係において，x を特徴量・素性・説明変数・独立変数などと呼び，y を目的変数・従属変数などと呼ぶ．適合の基準は後に述べる損失関数により定式化される．

写像 f を構成するために，集合 Θ でパラメータ付けされた関数族 $\mathcal{M} = \{f_\theta \mid \theta \in$

Θ} を設定する．この関数族を**モデル**（model）と呼ぶ．たとえば，$f_{W,b}(x) = Wx + b$ という線形関数の族は，行列 W とベクトル b の組をパラメータに持つモデルの例である．ニューラルネットワークは，あるパラメータを持つ関数族の合成としてあらわされる関数族を意味する広い言葉で，やはりモデルの例となっている．

例 B.2　例 B.1 のデータを考える：

1. $\mathcal{X} = \mathbb{R}^2$，$\mathcal{Y} = \mathbb{R}$ であるから，モデルとしてたとえば $\{f_{a,b} = a^T x + b \mid a \in \mathbb{R}^2, b \in \mathbb{R}\}$ が考えられる．

2.1. $\mathcal{X} = \mathbb{R}^2$，$\mathcal{Y}$ は 3 元集合であるからこれを $\{1, 2, 3\}$ と同一視することで，モデルとしてたとえば $\{f_{W,b} = \mathrm{argmax}(Wx + b) \mid W \in \mathbb{R}^{3 \times 2}, b \in \mathbb{R}^3\}$ が考えられる．ここで $\mathrm{argmax}\colon \mathbb{R}^3 \to \{1, 2, 3\}$ は，ベクトル $[v_1, v_2, v_3]$ に対して $\max(v_i) = v_k$ となるような最小の k を返す関数とした．

2.2. 上のモデルでは $\{1, 2, 3\}$ を出力するようにしたが，代わりにそれぞれの確率を出力させるモデルもよく使われる．こうすることによって，結果の確信度を表現することができる．このときは $\mathcal{Y} = \mathbb{R}^3$ として $\{f_{W,b} = \mathrm{softmax}(Wx + b) \mid W \in \mathbb{R}^{3 \times 2}, b \in \mathbb{R}^3\}$ とすることが考えられる．ここで $\mathrm{softmax}\colon \mathbb{R}^3 \to \mathbb{R}^3$ は，ベクトル $[v_1, v_2, v_3]$ に対して $\left(\frac{e^{v_i}}{\sum_{j=1}^{3} e^{v_j}}\right)_{i=1}^{3}$ を返す写像である．softmax は変数間の大小関係を保ち，特に $\mathrm{argmax} \circ \mathrm{softmax} = \mathrm{argmax}$ が成り立つ．このとき，学習データの出力側は確率 1 でその値であるとみなすワンホット（one-hot）表現がよく用いられる．具体的には，気体: $[1, 0, 0]$，液体: $[0, 1, 0]$，固体: $[0, 0, 1]$ と対応させる．

損 失 関 数

データ D とモデル $\mathcal{M}$ が与えられたとき，パラメータ θ を選択して f_θ を得ることを**あてはめ**（model fitting）という．パラメータ選択の基準としてタスクに合わせて $f_\theta(x)$ の y への「あてはまりの悪さ」を評価する**損失関数**（loss function）$l\colon \Theta \times \mathcal{X} \times \mathcal{Y} \to \mathbb{R}$ を設計し，教師あり機械学習を次の最小化問題（最適化問題）として定式化する：

$$\underset{\theta \in \Theta}{\text{minimize}} \quad \mathcal{L}(\theta, D), \qquad \mathcal{L}(\theta, D) = \frac{1}{\#D} \sum_{(x,y) \in D} l(\theta, x, y).$$

たとえば例 B.2 の 1. のように $\mathcal{Y}$ がベクトル空間であるときは 2 乗誤差

$$l(\theta, x, y) = \|f_\theta(x) - y\|^2, \quad \mathcal{L}(\theta, D) = \frac{1}{\#D} \sum_{(x,y) \in D} \|f_\theta(x) - y\|^2$$

を損失関数とすると，これを最小化することは古典的な最小 2 乗法に対応する．例

B.2 の 2.2. のように確率を出力するモデルの場合は，多クラス交差エントロピー誤差

$$l(\theta, x, y) = -y \cdot \overline{\log} f_\theta(x)$$

がよく用いられる．このときには学習データ y にはワンホット表現を用い，$\overline{\log}([p_1, \ldots, p_k])$ は $[\log p_1, \ldots, \log p_k]$ と定義する．$\mathcal{L}(\theta, D)$ が最小となるパラメータ θ を解析的に求めることが難しい場合には，以下で紹介する勾配法などの反復的な方法が用いられる．

　$l(\theta, x, y)$ が θ に関して微分可能であるとする．**学習率**（learning rate）と呼ばれる適当な $\eta_k > 0$ に対して，

$$\theta_{k+1} = \theta_k - \eta_k \nabla_\theta \mathcal{L}(\theta, D)|_{\theta=\theta_k}$$

と，勾配の逆向きに進んでパラメータを更新していく最適化法を**勾配降下法**（gradient descent）という．勾配降下法は多くの場合，学習率を適切に設定すれば極小値を与える θ に収束することが知られている．データ数 $N = \#D$ が膨大で勾配 $\nabla_\theta \mathcal{L}(\theta, D) = \frac{1}{\#D} \sum_{(x,y) \in D} \nabla_\theta l(\theta, x, y)$ の計算量が大きい場合には，各ステップ k でデータの部分集合 $D_k \subset D$ をランダムに選ぶ**確率的勾配降下法**（stochastic gradient descent）などが用いられる．

　$\mathcal{L}(\theta, D)$ を最小化する関数 f_θ を求めるという上述の方法は，$\mathcal{L}(\theta, D)$ がデータ D に依存するという欠点を持つ．つまり，あてはめに用いた D にはよくあてはまるが，それとは異なるデータに対するあてはまりが悪い関数が選択されてしまう**過学習**（overfitting）のおそれがある．過学習を低減する方法として，データとは独立して関数 f_θ の「望ましさ」を定量化する**正則化項**（regularizer）$\mathcal{R}: \Theta \to \mathbb{R}$ を設計し，次の最適化問題により θ を決定することがよく行われる：

$$\operatorname*{minimize}_{\theta \in \Theta}\quad \mathcal{L}(\theta, D) + \mathcal{R}(\theta).$$

位相的データ解析に基づく正則化項とみなせる例として，論文 [120], [121] などがある．

等長定理の証明の概略

　この付録では等長定理（定理 3.1.20）の証明に興味がある数学分野の読者向けに，その概略を説明する．証明は $d_\mathrm{B} \leq d_\mathrm{I}$ 側の代数的安定性定理（C.1 節）と逆の不等式 $d_\mathrm{I} \leq d_\mathrm{B}$ を主張する逆代数的安定性定理（C.2 節）からなる．

　ここでは体 $\mathbb{F}$ を固定して，$\mathbb{R}$ 上のパーシステンス加群を考える．等長定理は q 従順なパーシステンス加群（定義 3.1.21）にも拡張されているが[77], [78], [80]，ここでは各点で有限次元なパーシステンス加群（定義 3.1.7）に話を限って説明する．

C.1　代数的安定性定理：$d_\mathrm{B} \leq d_\mathrm{I}$

定理 C.1.1　各点で有限次元な 2 つのパーシステンス加群 $\mathbf{V}, \mathbf{W}$ に対して，

$$d_\mathrm{B}(D(\mathbf{V}), D(\mathbf{W})) \leq d_\mathrm{I}(\mathbf{V}, \mathbf{W}).$$

　最初に Chazal–Cohen-Steiner–Glisse–Guibas–Oudot [78] による定理 C.1.1 の証明を説明する（文献 [80] も参照）．証明のアイデアをつかむためにも有用なので，原論文[78] や Oudot [77] に従って，粗い評価である $d_\mathrm{B} \leq 3d_\mathrm{I}$ の証明をまずは説明しよう．これは，パーシステンス加群の離散化を導入することで示せる．

定義 C.1.2　$\mathbf{V}$ を $\mathbb{R}$ 上のパーシステンス加群とする．$\delta > 0$ と $\alpha \in \mathbb{R}$ に対して，$\mathbb{R}$ の離散部分集合 $\delta\mathbb{Z} + \alpha \subset \mathbb{R}$ を考える．このとき，$\mathbf{V}$ の**離散化**（discretization）$\mathbf{V}_{\delta\mathbb{Z}+\alpha}$ とは $\mathbf{V}$ の $\delta\mathbb{Z} + \alpha$ への制限のことである．またこのとき，任意の $n \in \mathbb{Z}$ に対して区間 $[\delta n + \alpha, \delta(n+1) + \alpha)$ 上で定数になるように拡張して $\mathbf{V}_{\delta\mathbb{Z}+\alpha}$ を再び $\mathbb{R}$ 上のパーシステンス加群ともみなす．

　各点で有限次元なパーシステンス加群 $\mathbf{V}$ を $\delta\mathbb{Z} + \alpha$ へと離散化すると，区間加群へと分解したときに端点は $\delta\mathbb{Z} + \alpha$ 上にしか現れない．この離散化でパーシステンス図 $D(\mathbf{V})$ の点は，格子 $(\delta\mathbb{Z} + \alpha) \times (\delta\mathbb{Z} + \alpha)$ 上の点かまたは対角線上の $D(\mathbf{V}_{\delta\mathbb{Z}+\alpha})$ の点にうつると考える．たとえば，$(n-1)\delta + \alpha < b < n\delta + \alpha$ かつ $(m-1)\delta + \alpha < d < m\delta + \alpha$ のとき，端点が b と d である区間 I の区間加

群 $\mathbb{F}_I$ は $\delta\mathbb{Z} + \alpha$ への離散化で $\mathbb{F}_{[n\delta+\alpha, m\delta+\alpha)}$ にうつるので，$D(\mathbf{V})$ の点 (b,d) は $(n\delta + \alpha, m\delta + \alpha)$ にうつる．また，$(n-1)\delta + \alpha < b \leq d < n\delta + \alpha$ のとき，端点が b と d である区間 I の区間加群 $\mathbb{F}_I$ は $\delta\mathbb{Z} + \alpha$ への離散化で 0 にうつるので，$D(\mathbf{V})$ の点 (b,d) は対角線への射影 $(\frac{b+d}{2}, \frac{b+d}{2})$ にうつるとみなす[♠1]．こうして，格子で作られる正方形領域たちの内部の点はその領域が対角線と交わるか否かに応じて正方形領域右上の点または対角線への射影にうつることがわかる．点の移動の例は図 C.1 に示されている．格子上の $D(\mathbf{V})$ の点のうつり方はもう少し複雑で，対応する区間の左右が開であるか閉であるかに対応して，動かないかあるいは上・右・右上の格子点にうつる[♠2]．以上より，パーシステンス図間のボトルネック距離に関して，$d_{\mathrm{B}}(D(\mathbf{V}), D(\mathbf{V}_{\delta\mathbb{Z}+\alpha})) \leq \delta$ が得られる．

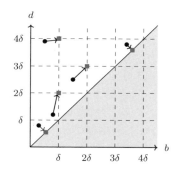

図 C.1 $\delta\mathbb{Z}$ への離散化での点の移動の例．丸で示された $D(\mathbf{V})$ の点は四角で示された離散化のパーシステンス図 $D(\mathbf{V}_{\delta\mathbb{Z}})$ の点に矢印の移動でうつる．

さて，各点で有限次元な 2 つのパーシステンス加群 $\mathbf{V}$ と $\mathbf{W}$ が ε インターリーブであるとする．このとき，あるパーシステンス加群間の射 $\Phi: \mathbf{V} \to \mathbf{W}[\varepsilon]$ と $\Psi: \mathbf{W} \to \mathbf{V}[\varepsilon]$ が存在して，(Φ, Ψ) が $\mathbf{V}$ と $\mathbf{W}$ の間の ε インターリービングとなる．これにより次の図式が可換となる：

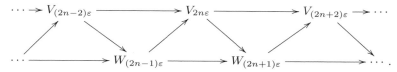

ここで，$\mathbf{V}$ の $2\varepsilon\mathbb{Z}$ への離散化 $\mathbf{V}_{2\varepsilon\mathbb{Z}}$，$\mathbf{W}$ の $2\varepsilon\mathbb{Z} + \varepsilon$ への離散化 $\mathbf{W}_{2\varepsilon\mathbb{Z}+\varepsilon}$，および次

[♠1]対角線上のパーシステンス図の点は無視されたことを思い出そう．

[♠2]たとえば，区間加群 $\mathbb{F}_{[0,1)}$ を $\mathbb{Z}$ 上離散化しても変わらないので点 $(0,1)$ は動かないが，区間加群 $\mathbb{F}_{(0,1]}$ を $\mathbb{Z}$ 上離散化すると $\mathbb{F}_{[1,2]}$ になるので点 $(0,1)$ が $(1,2)$ にうつる．この動きを正確に記述するには装飾付きパーシステンス図の概念が役立つ．詳しくは文献 [77] を参照．

で定まる **U** を考える：

$$\mathbf{U}: \cdots \to V_{(2n-2)\varepsilon} \to W_{(2n-1)\varepsilon} \to V_{2n\varepsilon} \to W_{(2n+1)\varepsilon} \to \cdots.$$

このとき，**U** の $2\varepsilon\mathbb{Z}$ への離散化が $\mathbf{V}_{2\varepsilon\mathbb{Z}}$ であり，**U** の $2\varepsilon\mathbb{Z}+\varepsilon$ への離散化が $\mathbf{W}_{2\varepsilon\mathbb{Z}+\varepsilon}$ であるから，上の注意により

$$d_{\mathrm{B}}(D(\mathbf{U}), D(\mathbf{V}_{2\varepsilon\mathbb{Z}})) \le 2\varepsilon, \quad d_{\mathrm{B}}(D(\mathbf{U}), D(\mathbf{W}_{2\varepsilon\mathbb{Z}+\varepsilon})) \le 2\varepsilon$$

が得られる．ゆえに，ボトルネック距離の3角不等式から

$$
\begin{aligned}
d_{\mathrm{B}}(D(\mathbf{V}), D(\mathbf{W})) \le\ & d_{\mathrm{B}}(D(\mathbf{V}), D(\mathbf{V}_{2\varepsilon\mathbb{Z}})) + d_{\mathrm{B}}(D(\mathbf{V}_{2\varepsilon\mathbb{Z}}), D(\mathbf{U})) \\
& + d_{\mathrm{B}}(D(\mathbf{U}), D(\mathbf{W}_{2\varepsilon\mathbb{Z}+\varepsilon})) + d_{\mathrm{B}}(D(\mathbf{W}_{2\varepsilon\mathbb{Z}+\varepsilon}), D(\mathbf{W})) \\
\le\ & 8\varepsilon
\end{aligned}
$$

となる．実は，パーシステンス図 $D(\mathbf{V})$ の点が $\mathbf{V}_{2\varepsilon\mathbb{Z}}, \mathbf{U}, \mathbf{W}_{2\varepsilon\mathbb{Z}+\varepsilon}, \mathbf{W}$ のパーシステンス図と順にマッチングされていく際に，どのようにうつるかを調べることで評価を 3ε にすることができる．たとえば図 C.2 の状況を考えてみよう．このとき，点 $q \in D(\mathbf{V})$ はまず $q' \in D(\mathbf{V}_{2\varepsilon\mathbb{Z}})$ にマッチングされ，それらはバツで示された $D(\mathbf{U})$ の4つのうちの1点とマッチングされる．さらに，このバツの点は四角で示された $D(\mathbf{W}_{2\varepsilon\mathbb{Z}+\varepsilon})$ の点のいずれかとマッチングされ，最後にこの点はグレーで示されている領域にある $D(\mathbf{W})$ の点とマッチングする．したがって，q はマッチングにより ℓ^∞ 距離で高々 3ε しか動かない．この評価は任意の $D(\mathbf{V})$ の点と任意の $\varepsilon > d_{\mathrm{I}}(\mathbf{V}, \mathbf{W})$ に対して成立するので，$d_{\mathrm{B}}(D(\mathbf{V}), D(\mathbf{W})) \le 3d_{\mathrm{I}}(\mathbf{V}, \mathbf{W})$ が証明された．

次に，最良の評価 $d_{\mathrm{B}} \le d_{\mathrm{I}}$ を得るための原論文[78] の方針を概略だけ説明しよう．上の議論では，ε インターリービングは **U** を定義するためだけに使われ，その情報

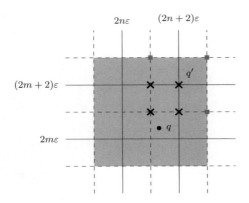

図 C.2　離散化によるパーシステンス図の点の対応

は完全には使われていない．論文 [78] では，ε インターリービングの情報をさらに精密に使うことで，補間補題（interpolation lemma）という次の補題が示されている．

補題 C.1.3（補間補題） $\mathbf{V}$ と $\mathbf{W}$ を各点で有限次元なパーシステンス加群として，$\mathbf{V}$ と $\mathbf{W}$ は ε インターリーブであるとする．このとき，各点で有限次元なパーシステンス加群の 1 パラメータ族 $(\mathbf{U}_x)_{x \in [0, \varepsilon]}$ であって次の 3 条件を満たすものが存在する：

(1) $\mathbf{U}_0 \cong \mathbf{V}$,

(2) $\mathbf{U}_\varepsilon \cong \mathbf{W}$,

(3) 任意の $x, y \in [0, \varepsilon]$ に対して $\mathbf{U}_x$ と $\mathbf{U}_y$ は $|x - y|$ インターリーブ．

この補間補題にさらに箱補題（box lemma）と呼ばれる補題を用いることで，任意の $x \in [0, \varepsilon]$ に対して $\delta_x > 0$ が存在して，$|x - y| < \delta_x$ ならば

$$d_{\mathrm{B}}(D(\mathbf{U}_x), D(\mathbf{U}_y)) \leq |x - y|$$

となることが示せる．$\{(x - \delta_x, x + \delta_x)\}_{x \in [0, \varepsilon]}$ はコンパクト集合 $[0, \varepsilon]$ の開被覆なので，有限部分被覆 $\{(x_i - \delta_{x_i}, x_i + \delta_{x_i})\}_{i=1}^{m}$ $(x_i < x_{i+1})$ がとれる．$x_0 = 0$, $x_{m+1} = \varepsilon$ とする．このとき，任意の $i = 0, \ldots, m$ に対して $d_{\mathrm{B}}(D(\mathbf{U}_{x_i}), D(\mathbf{U}_{x_{i+1}})) \leq |x_i - x_{i+1}|$ が成り立つので，ボトルネック距離の 3 角不等式から

$$d_{\mathrm{B}}(D(\mathbf{V}), D(\mathbf{W})) \leq \sum_{i=0}^{m} d_{\mathrm{B}}(D(\mathbf{U}_{x_i}), D(\mathbf{U}_{x_{i+1}})) \leq \sum_{i=0}^{m} |x_i - x_{i+1}| = \varepsilon$$

が得られる．これで代数的安定性定理（定理 C.1.1）が証明された．

次に，Bauer–Lesnick[204] による誘導マッチング定理を用いた証明の概略を与える．アイデアとしては，各点で有限次元なパーシステンス加群間の射 $\Phi\colon \mathbf{V} \to \mathbf{W}$ に対して部分マッチング $M_\Phi\colon D(\mathbf{V}) \leftrightarrow D(\mathbf{W})$ を対応させ，この部分マッチング M_Φ のコストは Φ の性質によってコントロールされることを示す．まず，次の構造定理が成り立つ．

命題 C.1.4 $\mathbf{V}$ と $\mathbf{W}$ を各点で有限次元なパーシステンス加群とする：

1. もしパーシステンス加群間の単射 $I\colon \mathbf{V} \hookrightarrow \mathbf{W}$ が存在すれば，$D(\mathbf{V})$ の点 (b, d) を $b' \leq b$ なる $D(\mathbf{W})$ の点 (b', d) に送る単射 $D(\mathbf{V}) \hookrightarrow D(\mathbf{W})$ が存在する．これは部分マッチング $M_I\colon D(\mathbf{V}) \leftrightarrow D(\mathbf{W})$ を与える．

2. もしパーシステンス加群間の全射 $Q\colon \mathbf{V} \twoheadrightarrow \mathbf{W}$ が存在すれば，$D(\mathbf{W})$ の点 (b', d') を $d' \leq d$ なる $D(\mathbf{V})$ の点 (b', d) に送る単射 $D(\mathbf{W}) \hookrightarrow D(\mathbf{V})$ が存在する．これは部分マッチング $M_Q\colon D(\mathbf{V}) \leftrightarrow D(\mathbf{W})$ を与える．

　一般のパーシステンス加群の射 Φ に対しては，単射と全射に分解して部分マッチング M_Φ を定める．そのためにパーシステンス加群の射に対して核・余核・像で定まるパーシステンス加群を導入しておこう．

定義 C.1.5　パーシステンス加群間の射 $\Phi = (\phi_r)_r \colon \mathbf{V} \to \mathbf{W}$ に対して，パーシステンス加群 $\mathrm{Ker}\,\Phi$ を $(\mathrm{Ker}\,\Phi)_r := \mathrm{Ker}\,\phi_r$ として自然に定まる線形写像 $(\mathrm{Ker}\,\Phi)_{r,s}$ を与えることで定める．$\mathrm{Coker}\Phi$ および $\mathrm{Im}\Phi$ も同様に定める．

　パーシステンス加群の射 $\Phi \colon \mathbf{V} \to \mathbf{W}$ に対しては，標準的な単射・全射分解

$$\mathbf{V} \xrightarrow{\;Q_\Phi\;} \mathrm{Im}\,\Phi \xrightarrow{\;I_\Phi\;} \mathbf{W}$$

を考えて，$M_\Phi := M_{I_\Phi} \circ M_{Q_\Phi}$ により部分マッチング $M_\Phi \colon D(\mathbf{V}) \leftrightarrow D(\mathbf{W})$ を定める．ここで，2 つの部分マッチング $M_1 \colon D \leftrightarrow D'$，$M_2 \colon D' \leftrightarrow D''$ の合成 $M_2 \circ M_1 \colon D \leftrightarrow D''$ は

$$M_2 \circ M_1 := \left\{ (q, q'') \;\middle|\; \begin{array}{l} \text{ある } q' \in D' \text{ が存在して，} \\ (q, q') \in M_1 \text{ かつ } (q', q'') \in M_2 \end{array} \right\} \subset D \times D''$$

により定める．以下でこの部分マッチングの性質について調べていこう．

定義 C.1.6　$\varepsilon \in \mathbb{R}_{\geq 0}$ とする．パーシステンス加群 $\mathbf{V}$ が **ε 自明**（ε-trivial）であるとは，$\tau_{\mathbf{V}}^{\varepsilon} = 0$ となることをいう．

　パーシステンス加群 $\mathbf{V}$ が 0 と ε インターリーブであることと $\mathbf{V}$ が 2ε 自明であることは同値である．さらに，次も成り立つ．

補題 C.1.7　$\varepsilon \in \mathbb{R}_{\geq 0}$ として，パーシステンス加群の射 $\Phi = (\phi_r)_r \colon \mathbf{V} \to \mathbf{W}[\varepsilon]$ と $\Psi = (\psi_r)_r \colon \mathbf{W} \to \mathbf{V}[\varepsilon]$ が $\mathbf{V}$ と $\mathbf{W}$ の間の ε インターリービング (Φ, Ψ) を与えるとする．このとき，$\mathrm{Ker}\,\Phi$ と $\mathrm{Coker}\,\Phi$ はともに 2ε 自明である．

証明　次の可換図式を考える：

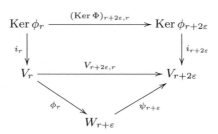

核の定義から $\phi_r \circ i_r = 0$ であり，図式の可換性により $i_{r+2\varepsilon} \circ (\mathrm{Ker}\,\Phi)_{r+2\varepsilon,r} = V_{r+2\varepsilon,r} \circ i_r = \psi_{r+\varepsilon} \circ \phi_r \circ i_r = 0$ となる．$i_{r+2\varepsilon}$ は単射より $(\mathrm{Ker}\,\Phi)_{r+2\varepsilon,r} = 0$ となり $\mathrm{Ker}\,\Phi$ は 2ε 自明である．$\mathrm{Coker}\Phi$ についても同様である．　□

ε 自明の概念を用いて，部分マッチング M_Φ について次が言える．

定理 C.1.8（誘導マッチング定理）　$\Phi\colon \mathbf{V} \to \mathbf{W}$ を各点で有限次元なパーシステンス加群間の射として，$(b,d) \in D(\mathbf{V})$，$(b',d') \in D(\mathbf{W})$ について $M_\Phi(b,d) = (b',d')$ であるとする．このとき，$\delta \in \mathbb{R}_{\geq 0}$ に対して以下が成立する：

1. $b' \leq b \leq d' \leq d$.
2. $\mathrm{Coker}\Phi$ が δ 自明ならば $b' \leq b \leq b' + \delta$ かつ $D(\mathbf{W})$ 内の任意のマッチングされない点は対角線までの ℓ^∞ 距離が $\frac{\delta}{2}$ 以下である．
3. $\mathrm{Ker}\Phi$ が δ 自明ならば $d - \delta \leq d' \leq d$ かつ $D(\mathbf{V})$ 内の任意のマッチングされない点は対角線までの ℓ^∞ 距離が $\frac{\delta}{2}$ 以下である．

誘導マッチング定理を用いた代数的安定性定理（定理 C.1.1）の証明は以下である．$\varepsilon > d_{\mathrm{I}}(\mathbf{V},\mathbf{W})$ として，$\Phi\colon \mathbf{V} \to \mathbf{W}[\varepsilon]$ を ε インターリービングを与えるパーシステンス加群の射とする．このとき，補題 C.1.7 より $\mathrm{Ker}\,\Phi, \mathrm{Coker}\Phi$ は 2ε 自明である．すると，定理 C.1.8 より部分マッチング $M_\Phi\colon D(\mathbf{V}) \to D(\mathbf{W}[\varepsilon])$ に関して，マッチングされない点はすべて対角線までの ℓ^∞ 距離が ε 以下であり，$(b,d) \in D(\mathbf{V})$，$(b',d') \in D(\mathbf{W})$ に対して $M_\Phi(b,d) = (b',d')$ ならば

$$b' \leq b \leq b' + 2\varepsilon, \quad d - 2\varepsilon \leq d' \leq d$$

である．よって，全単射 $s_\varepsilon\colon D(\mathbf{W}[\varepsilon]) \to D(\mathbf{W})$，$(b',d') \mapsto (b'+\varepsilon, d'+\varepsilon)$ との合成で定まる部分マッチング $M = s_\varepsilon \circ M_\Phi\colon D(\mathbf{V}) \leftrightarrow D(\mathbf{W})$ はコストについて $c(M) \leq \varepsilon$ を満たす．したがって，$d_{\mathrm{B}}(D(\mathbf{V}), D(\mathbf{W})) \leq \varepsilon$ である．

C.2　逆代数的安定性定理：$d_{\mathrm{I}} \leq d_{\mathrm{B}}$

定理 C.2.1　各点で有限次元な 2 つのパーシステンス加群 $\mathbf{V}, \mathbf{W}$ に対して，

$$d_{\mathrm{I}}(\mathbf{V},\mathbf{W}) \leq d_{\mathrm{B}}(D(\mathbf{V}), D(\mathbf{W})).$$

定理 C.2.1 は代数的安定性定理の最初の証明の後，Lesnick[79] によって示された．まず，次の補題はすぐにチェックできる．区間 $I \subset \mathbb{R}$ と $\varepsilon \in \mathbb{R}_{\geq 0}$ に対して

$$I_\varepsilon := \{x \in \mathbb{R} \mid y \in I \text{ が存在して } |x-y| \leq \varepsilon \text{ を満たす}\}$$

と定める.

補題 C.2.2　$I, J \subset \mathbb{R}$ を 2 つの区間, $\varepsilon \in \mathbb{R}_{\geq 0}$ とする:

　　1.　$I \subset J_\varepsilon$ かつ $J \subset I_\varepsilon$ ならば $\mathbb{F}_I$ と $\mathbb{F}_J$ は ε インターリーブである.

　　2.　I の長さが 2ε 未満ならば $\mathbb{F}_I$ は 0 と ε インターリーブである.

　定理 C.2.1 の証明は以下のようにできる. $\varepsilon > d_{\mathrm{B}}(D(\mathbf{V}), D(\mathbf{W}))$ として, $\mathbf{V}$ と $\mathbf{W}$ が ε インターリーブであることを示す. ボトルネック距離の定義より, ある部分マッチング $M: D(\mathbf{V}) \leftrightarrow D(\mathbf{W})$ であって $c(M) < \varepsilon$ となるものが存在する. 分解定理 (定理 3.1.8) を用いて

$$\mathbf{V} \cong \bigoplus_{I \in B(\mathbf{V})} \mathbb{F}_I, \quad \mathbf{W} \cong \bigoplus_{J \in B(\mathbf{W})} \mathbb{F}_J$$

と区間加群に分解しよう. ここで $B(\mathbf{V})$ は分解に現れる区間の族であり, パーシステンス図 $D(\mathbf{V})$ と (区間の端の情報を除いて) 対応する. この対応を通して M を部分マッチング $B(\mathbf{V}) \leftrightarrow B(\mathbf{W})$ ともみなして,

$$\mathbf{V}_0 := \bigoplus_{\substack{I \in B(\mathbf{V}), \\ \text{マッチングされていない}}} \mathbb{F}_I, \quad \mathbf{V}_1 := \bigoplus_{\substack{I \in B(\mathbf{V}), \\ \text{マッチングされている}}} \mathbb{F}_I,$$

$$\mathbf{W}_0 := \bigoplus_{\substack{J \in B(\mathbf{W}), \\ \text{マッチングされていない}}} \mathbb{F}_J, \quad \mathbf{W}_1 := \bigoplus_{\substack{J \in B(\mathbf{W}), \\ \text{マッチングされている}}} \mathbb{F}_J$$

と定める. $c(M) < \varepsilon$ より, $M(I) = J$ ならば $I \subset J_\varepsilon$ かつ $J \subset I_\varepsilon$ であるから, 補題 C.2.2 より $M(I) = J$ ならば $\mathbb{F}_I$ と $\mathbb{F}_J$ は ε インターリーブである. すなわち, ε インターリービング $\Phi_I: \mathbb{F}_I \to \mathbb{F}_J[\varepsilon]$, $\Psi_J: \mathbb{F}_J \to \mathbb{F}_I[\varepsilon]$ が存在する. これらの射の直和として

$$\Phi_1: \mathbf{V}_1 \to \mathbf{W}_1[\varepsilon], \quad \Psi_1: \mathbf{W}_1 \to \mathbf{V}_1[\varepsilon]$$

が定まり, これらは ε インターリービングを与える. 一方で, $c(M) < \varepsilon$ より, マッチングされていない区間の長さは 2ε より小であるから, 再び補題 C.2.2 より $\mathbf{V}_0$ と $\mathbf{W}_0$ はそれぞれ 0 と ε インターリーブである. $\Phi: \mathbf{V} \to \mathbf{W}[\varepsilon]$ を $\mathbf{V}_1$ 上で Φ_1, $\mathbf{V}_0$ 上で 0 として定める. 同様に, $\Psi: \mathbf{W} \to \mathbf{V}[\varepsilon]$ を $\mathbf{W}_1$ 上で Ψ_1, $\mathbf{W}_0$ 上で 0 として定める. すると, 上で見たことから Φ と Ψ は $\mathbf{V}$ と $\mathbf{W}$ の間の ε インターリービングを与える.

参　考　文　献

第 1 章　位相的データ解析の概観

[1] Chihiro Koyama, Shuta Tahara, Shinji Kohara, Yohei Onodera, Didrik R. Småbråten, Sverre M. Selbach, Jaakko Akola, Takehiko Ishikawa, Atsunobu Masuno, Akitoshi Mizuno, Junpei T. Okada, Yuki Watanabe, Yui Nakata, Koji Ohara, Haruka Tamaru, Hirohisa Oda, Ippei Obayashi, Yasuaki Hiraoka, and Osami Sakata. Very sharp diffraction peak in nonglass-forming liquid with the formation of distorted tetraclusters. *NPG Asia Materials*, 12(1):43, 2020.

[2] Sungyeon Hong and Donghun Kim. Medium-range order in amorphous ices revealed by persistent homology. *Journal of Physics: Condensed Matter*, 31(45):455403, 2019.

[3] Marcio Gameiro, Yasuaki Hiraoka, Shunsuke Izumi, Miroslav Kramar, Konstantin Mischaikow, and Vidit Nanda. A topological measurement of protein compressibility. *Japan Journal of Industrial and Applied Mathematics*, 32(1):1–17, 2015.

[4] 平岡裕章. タンパク質構造とトポロジー——パーシステントホモロジー群入門——. シリーズ・現象を解明する数学. 共立出版, 2013.

[5] Takashi Ichinomiya, Ippei Obayashi, and Yasuaki Hiraoka. Protein-folding analysis using features obtained by persistent homology. *Biophysical Journal*, 118(12):2926–2937, 2020.

[6] Mohammad Saadatfar, Hiroshi Takeuchi, Vanessa Robins, Nicolas Francois, and Yasuaki Hiraoka. Pore configuration landscape of granular crystallization. *Nature Communications*, 8(1):15082, 2017.

[7] Melody X. Lim and Robert P. Behringer. Topology of force networks in granular media under impact. *Europhysics Letters*, 120(4):44003, 2018.

[8] Takashi Ichinomiya, Ippei Obayashi, and Yasuaki Hiraoka. Persistent homology analysis of craze formation. *Physical Review E*, 95:012504, 2017.

[9] Yohei Shimizu, Takanori Kurokawa, Hirokazu Arai, and Hitoshi Washizu. Higher-order structure of polymer melt described by persistent homology. *Scientific Reports*, 11(1):2274, 2021.

[10] Ippei Obayashi, Takenobu Nakamura, and Yasuaki Hiraoka. Persistent Homology Analysis for Materials Research and Persistent Homology Software: HomCloud. *Journal of the Physical Society of Japan*, 91(9):091013, 2022.

[11] Gregory Naitzat, Andrey Zhitnikov, and Lek-Heng Lim. Topology of Deep Neural Networks. *Journal of Machine Learning Research*, 21(184):7503–7542, 2020.

[12] Matthew Wheeler, Jose Bouza, and Peter Bubenik. Activation landscapes as a topological summary of neural network performance. In *2021 IEEE Inter-*

national Conference on Big Data, pages 3865–3870, 2021.

[13] Serguei Barannikov, Ilya Trofimov, Nikita Balabin, and Evgeny Burnaev. Representation Topology Divergence: A Method for Comparing Neural Network Representations. In *Proceedings of the 39th International Conference on Machine Learning*, pages 1607–1626, 2022.

[14] Robert Geirhos, Patricia Rubisch, Claudio Michaelis, Matthias Bethge, Felix A. Wichmann, and Wieland Brendel. ImageNet-trained CNNs are biased towards texture; increasing shape bias improves accuracy and robustness. In *The 7th International Conference on Learning Representations*, 2019.

[15] Tamal Dey, Sayan Mandal, and William Varcho. Improved Image Classification using Topological Persistence. In *Vision, Modeling & Visualization*, page 161–168. The Eurographics Association, 2017.

[16] Xiaoling Hu, Fuxin Li, Dimitris Samaras, and Chao Chen. Topology-Preserving Deep Image Segmentation. In *Advances in Neural Information Processing Systems 32*, pages 5657–5668, 2019.

[17] Bastian Rieck, Tristan Yates, Christian Bock, Karsten Borgwardt, Guy Wolf, Nicholas Turk-Browne, and Smita Krishnaswamy. Uncovering the Topology of Time-Varying fMRI Data Using Cubical Persistence. In *Advances in Neural Information Processing Systems 33*, pages 6900–6912, 2020.

[18] Gunnar Carlsson and Rickard Brüel-Gabrielsson. Topological approaches to deep learning. In *Topological Data Analysis, The Abel Symposium 2018*, pages 119–146, 2020.

[19] Thomas Gebhart and Paul Schrater. Adversary detection in neural networks via persistent homology. *arXiv:1711.10056*, 2017.

[20] Thomas Gebhart, Paul Schrater, and Alan Hylton. Characterizing the Shape of Activation Space in Deep Neural Networks. In *2019 18th IEEE International Conference on Machine Learning and Applications*, pages 1537–1542, 2019.

[21] Bastian Rieck, Matteo Togninalli, Christian Bock, Michael Moor, Max Horn, Thomas Gumbsch, and Karsten Borgwardt. Neural Persistence: A Complexity Measure for Deep Neural Networks Using Algebraic Topology. In *The 7th International Conference on Learning Representations*, 2019.

[22] Théo Lacombe, Yuichi Ike, Mathieu Carrière, Frédéric Chazal, Marc Glisse, and Yuhei Umeda. Topological uncertainty: Monitoring trained neural networks through persistence of activation graphs. In *2021 International Joint Conference on Artificial Intelligence*, 2021.

[23] Floris Takens. Detecting strange attractors in turbulence. In *Dynamical systems and turbulence, Warwick 1980*, pages 366–381. Springer, 1981.

[24] Jose A. Perea and John Harer. Sliding windows and persistence: An applica-

tion of topological methods to signal analysis. *Foundations of Computational Mathematics*, 15(3):799–838, 2015.

[25] Vinay Venkataraman, Karthikeyan N. Ramamurthy, and Pavan Turaga. Persistent Homology of Attractors For Action Recognition. In *2016 IEEE International Conference on Image Processing*, pages 4150–4154, 2016.

[26] Yuhei Umeda. Time Series Classification via Topological Data Analysis. *Information and Media Technologies*, 12:228–239, 2017.

[27] Marian Gidea. Topological data analysis of critical transitions in financial networks. In *3rd International Winter School and Conference on Network Science*, pages 47–59. Springer, 2017.

[28] Marian Gidea and Yuri Katz. Topological data analysis of financial time series: Landscapes of crashes. *Physica A: Statistical Mechanics and its Applications*, 491:820–834, 2018.

[29] Meryll Dindin, Yuhei Umeda, and Frédéric Chazal. Topological data analysis for arrhythmia detection through modular neural networks. In *Advances in Artificial Intelligence: 33rd Canadian Conference on Artificial Intelligence*, pages 177–188, 2020.

[30] Takehiko Yamanashi, Mari Kajitani, Masaaki Iwata, Kaitlyn J. Crutchley, Pedro Marra, Johnny R. Malicoat, Jessica C. Williams, Lydia R. Leyden, Hailey Long, Duachee Lo, Cassidy J. Schacher, Kazuaki Hiraoka, Tomoyuki Tsunoda, Ken Kobayashi, Yoshiaki Ikai, Koichi Kaneko, Yuhei Umeda, Yoshimasa Kadooka, and Gen Shinozaki. Topological data analysis (TDA) enhances bispectral EEG (BSEEG) algorithm for detection of delirium. *Scientific reports*, 11(1):1–9, 2021.

[31] Gurjeet Singh, Facundo Mémoli, and Gunnar Carlsson. Topological methods for the analysis of high dimensional data sets and 3D object recognition. In *Eurographics Symposium on Point-Based Graphics*, pages 91–100, 2007.

[32] Emerson G. Escolar, Yasuaki Hiraoka, Mitsuru Igami, and Yasin Ozcan. Mapping Firms' Locations in Technological Space: A Topological Analysis of Patent Statistics. *arXiv:1909.00257*, 2019.

[33] Monica Nicolau, Arnold J. Levine, and Gunnar Carlsson. Topology based data analysis identifies a subgroup of breast cancers with a unique mutational profile and excellent survival. *Proceedings of the National Academy of Sciences*, 108(17):7265–7270, 2011.

[34] Li Li, Wei-Yi Cheng, Benjamin S. Glicksberg, Omri Gottesman, Ronald Tamler, Rong Chen, Erwin P. Bottinger, and Joel T. Dudley. Identification of type 2 diabetes subgroups through topological analysis of patient similarity. *Science translational medicine*, 7(311):311ra174, 2015.

[35] Jessica L. Nielson, Jesse Paquette, Aiwen W. Liu, Cristian F. Guandique,

C. Amy Tovar, Tomoo Inoue, Karen-Amanda Irvine, John C. Gensel, Jennifer Kloke, Tanya C. Petrossian, Pek Y. Lum, Gunnar E. Carlsson, Geoffrey T. Manley, Wise Young, Michael S. Beattie, Jacqueline C. Bresnahan, and Adam R. Ferguson. Topological data analysis for discovery in preclinical spinal cord injury and traumatic brain injury. *Nature Communications*, 6(1):1–12, 2015.

[36] Brenda Y. Torres, Jose Henrique M. Oliveira, Ann Thomas Tate, Poonam Rath, Katherine Cumnock, and David S. Schneider. Tracking resilience to infections by mapping disease space. *PLOS Biology*, 14(4):e1002436, 2016.

[37] Alexander Louie, Kyung Han Song, Alejandra Hotson, Ann Thomas Tate, and David S Schneider. How many parameters does it take to describe disease tolerance? *PLOS Biology*, 14(4):e1002435, 2016.

[38] Kaniz Fatema Madhobi, Methun Kamruzzaman, Ananth Kalyanaraman, Eric Lofgren, Rebekah Moehring, and Bala Krishnamoorthy. A visual analytics framework for analysis of patient trajectories. In *Proceedings of the 10th ACM International Conference on Bioinformatics, Computational Biology and Health Informatics*, pages 15–24, 2019.

[39] Yiran Chen and Ismar Volić. Topological data analysis model for the spread of the coronavirus. *PLOS ONE*, 16(8):e0255584, 2021.

[40] Manish Saggar, Olaf Sporns, Javier Gonzalez-Castillo, Peter A. Bandettini, Gunnar Carlsson, Gary Glover, and Allan L. Reiss. Towards a new approach to reveal dynamical organization of the brain using topological data analysis. *Nature communications*, 9(1):1399, 2018.

[41] Yuan Yao, Jian Sun, Xuhui Huang, Gregory R. Bowman, Gurjeet Singh, Michael Lesnick, Leonidas J. Guibas, Vijay S. Pande, and Gunnar Carlsson. Topological methods for exploring low-density states in biomolecular folding pathways. *The Journal of Chemical Physics*, 130(14):144115, 2009.

[42] Abbas H. Rizvi, Pablo G. Camara, Elena K. Kandror, Thomas J. Roberts, Ira Schieren, Tom Maniatis, and Raul Rabadan. Single-cell topological rna-seq analysis reveals insights into cellular differentiation and development. *Nature biotechnology*, 35(6):551–560, 2017.

[43] Mathieu Carrière and Raúl Rabadán. Topological data analysis of single-cell Hi-C contact maps. In *Topological Data Analysis, The Abel Symposium 2018*, pages 147–162, 2020.

[44] Rachel Jeitziner, Mathieu Carrière, Jacques Rougemont, Steve Oudot, Kathryn Hess, and Cathrin Brisken. Two-tier mapper, an unbiased topology-based clustering method for enhanced global gene expression analysis. *Bioinformatics*, 35(18):3339–3347, 2019.

[45] Marc Offroy and Ludovic Duponchel. Topological data analysis: A promising

big data exploration tool in biology, analytical chemistry and physical chemistry. *Analytica chimica acta*, 910:1–11, 2016.

[46] Ludovic Duponchel. Exploring hyperspectral imaging data sets with topological data analysis. *Analytica chimica acta*, 1000:123–131, 2018.

[47] Mustafa Hajij, Paul Rosen, and Bei Wang. Mapper on graphs for network visualization. *arXiv:1804.11242*, 2018.

[48] Rickard Brüel-Gabrielsson and Gunnar Carlsson. Exposition and interpretation of the topology of neural networks. In *2019 18th IEEE International Conference on Machine Learning and Applications*, pages 1069–1076, 2019.

[49] Archit Rathore, Nithin Chalapathi, Sourabh Palande, and Bei Wang. TopoAct: Visually exploring the shape of activations in deep learning. *Computer Graphics Forum*, 40(1):382–397, 2021.

[50] Emilie Purvine, Davis Brown, Brett Jefferson, Cliff Joslyn, Brenda Praggastis, Archit Rathore, Madelyn Shapiro, Bei Wang, and Youjia Zhou. Experimental Observations of the Topology of Convolutional Neural Network Activations. In *Proceedings of the 37nd AAAI Conference on Artificial Intelligence*, pages 9470–9479, 2023.

[51] Frédéric Chazal, Leonidas J. Guibas, Steve Y. Oudot, and Primoz Skraba. Persistence-based clustering in Riemannian manifolds. *Journal of the ACM*, 60(6):1–38, 2013.

[52] Nobuyuki Otsu. A Threshold Selection Method from Gray-level Histograms. *IEEE Transactions on Systems, Man and Cybernetics*, 9(1):62–66, 1979.

[53] Tomoo Yokoyama and Takashi Sakajo. Word representation of streamline topologies for structurally stable vortex flows in multiply connected domains. *Proceedings of the Royal Society A: Mathematical, Physical and Engineering Sciences*, 469(2150):20120558, 2013.

[54] Takashi Sakajo, Yoichi Sawamura, and Tomoo Yokoyama. Unique encoding for streamline topologies of incompressible and inviscid flows in multiply connected domains. *Fluid Dynamics Research*, 46(3):031411, 2014.

[55] Takashi Sakajo and Tomoo Yokoyama. Transitions between streamline topologies of structurally stable hamiltonian flows in multiply connected domains. *Physica D: Nonlinear Phenomena*, 307:22–41, 2015.

[56] Takashi Sakajo and Tomoo Yokoyama. Tree representations of streamline topologies of structurally stable 2D incompressible flows. *IMA Journal of Applied Mathematics*, 83(3):380–411, 2018.

第 2 章　パーシステントホモロジー

[57] Tomoki Uda, Takashi Sakajo, Masaru Inatsu, and Kazuki Koga. Identification of Atmospheric Blocking with Morphological Type by Topological Flow Data Analysis. *Journal of the Meteorological Society of Japan. Ser. II*, 99(5):1169–

1183, 2021.

[58] Tomasz Kaczynski, Konstantin Mischaikow, and Marian Mrozek. *Computational homology*, volume 157. Springer Science & Business Media, 2006.

[59] 田村一郎. トポロジー. 岩波全書 276. 岩波書店, 1972.

[60] 服部晶夫. 位相幾何学. 岩波基礎数学選書. 岩波書店, 1991.

[61] 中岡稔. 位相幾何学：ホモロジー論（復刊）. 共立出版, 1999.

[62] 枡田幹也. 代数的トポロジー. 講座 数学の考え方 15. 朝倉書店, 2002.

[63] Allen Hatcher. *Algebraic Topology*. Cambridge University Press, 2002.

[64] 河澄響矢. トポロジーの基礎（上・下）. 東京大学出版会, 2022.

[65] Peter Franek and Marek Krčál. On computability and triviality of well groups. *Discrete & Computational Geometry*, 56(1):126–164, 2016.

[66] Vin de Silva and Robert Ghrist. Coverage in sensor networks via persistent homology. *Algebraic & Geometric Topology*, 7(1):339–358, 2007.

[67] Herbert Edelsbrunner. Weighted alpha shapes. *Technical Report UIUCDCS-R-92-1760, Department of Computer Science, University of Illinois at Urbana-Champaign*, 1992.

[68] Mickaël Buchet, Frédéric Chazal, Steve Y. Oudot, and Donald R. Sheehy. Efficient and robust persistent homology for measures. *Computational Geometry*, 58:70–96, 2016.

[69] Hirokazu Anai, Frédéric Chazal, Marc Glisse, Yuichi Ike, Hiroya Inakoshi, Raphaël Tinarrage, and Yuhei Umeda. DTM-Based Filtrations. In *Topological Data Analysis, The Abel Symposium 2018*, pages 33–66, 2020.

[70] Herbert Edelsbrunner, David Letscher, and Afra Zomorodian. Topological persistence and simplification. *Discrete & Computational Geometry*, 28(4):511–533, 2002.

[71] Mathieu Carrière, Marco Cuturi, and Steve Oudot. Sliced Wasserstein Kernel for Persistence Diagrams. In *Proceedings of the 34th International Conference on Machine Learning*, pages 664–673, 2017.

[72] David Cohen-Steiner, Herbert Edelsbrunner, and John Harer. Stability of persistence diagrams. *Discrete & Computational Geometry*, 37(1):103–120, 2007.

[73] David Cohen-Steiner, Herbert Edelsbrunner, John Harer, and Yuriy Mileyko. Lipschitz functions have L_p-stable persistence. *Foundations of Computational Mathematics*, 10(2):127–139, 2010.

[74] Frédéric Chazal, David Cohen-Steiner, Leonidas J. Guibas, Facundo Mémoli, and Steve Y. Oudot. Gromov-Hausdorff stable signatures for shapes using persistence. *Computer Graphics Forum*, 28(5):1393–1403, 2009.

[75] Brittany Terese Fasy, Fabrizio Lecci, Alessandro Rinaldo, Larry Wasserman, Sivaraman Balakrishnan, and Aarti Singh. Confidence sets for persistence diagrams. *The Annals of Statistics*, 42(6):2301–2339, 2014.

第 3 章　パーシステントホモロジーの代数的構造

[76] Magnus Bakke Botnan and William Crawley-Boevey. Decomposition of persistence modules. *Proceedings of the American Mathematical Society*, 148(11):4581–4596, 2020.

[77] Steve Y. Oudot. *Persistence theory: from quiver representations to data analysis*, volume 209 of *Mathematical surveys and monographs*. American Mathematical Society, 2015.

[78] Frédéric Chazal, David Cohen-Steiner, Marc Glisse, Leonidas J. Guibas, and Steve Y. Oudot. Proximity of persistence modules and their diagrams. In *Proceedings of the 25th Annual Symposium on Computational Geometry*, pages 237–246, 2009.

[79] Michael Lesnick. The theory of the interleaving distance on multidimensional persistence modules. *Foundations of Computational Mathematics*, 15(3):613–650, 2015.

[80] Frédéric Chazal, Vin De Silva, Marc Glisse, and Steve Oudot. *The structure and stability of persistence modules*, volume 10 of *SpringerBriefs in Mathematics*. Springer, 2016.

[81] Afra Zomorodian and Gunnar Carlsson. Computing persistent homology. *Discrete & Computational Geometry*, 33(2):249–274, 2005.

[82] Gunnar Carlsson and Vin de Silva. Zigzag persistence. *Foundations of computational mathematics*, 10(4):367–405, 2010.

[83] Gunnar Carlsson and Afra Zomorodian. The theory of multidimensional persistence. *Discrete & Computational Geometry*, 42(1):71–93, 2009.

[84] Ibrahim Assem, Daniel Simson, and Andrzej Skowroński. *Elements of the Representation Theory of Associative Algebras: Volume 1: Techniques of Representation Theory*, volume 65 of *London Mathematical Society Student Texts*. Cambridge University Press, 2006.

[85] Peter Gabriel. Unzerlegbare Darstellungen I. *Manuscripta Mathematica*, 6(1):71–103, 1972.

[86] 草場公邦. 行列特論（復刊）. 基礎数学選書 21. 裳華房, 2002.

[87] Zbigniew Leszczyński. On the representation type of tensor product algebras. *Fundamenta Mathematicae*, 144(2):143–161, 1994.

[88] Zbigniew Leszczyński and Andrzej Skowroński. Tame triangular matrix algebras. *Colloquium Mathematicum*, 86(2):259–303, 2000.

[89] Ulrich Bauer, Magnus B. Botnan, Steffen Oppermann, and Johan Steen. Cotorsion torsion triples and the representation theory of filtered hierarchical clustering. *Advances in Mathematics*, 369:107171, 2020.

[90] Mickaël Buchet and Emerson G. Escolar. Every 1D persistence module is a restriction of some indecomposable 2D persistence module. *Journal of Applied*

and Computational Topology, 4(3):387–424, 2020.

[91] Woojin Kim and Facundo Mémoli. Generalized persistence diagrams for persistence modules over posets. *Journal of Applied and Computational Topology*, 5(4):533–581, 2021.

[92] Hideto Asashiba, Emerson G. Escolar, Ken Nakashima, and Michio Yoshiwaki. On approximation of 2D persistence modules by interval-decomposables. *arXiv:1911.01637*, 2019.

[93] Hideto Asashiba, Mickaël Buchet, Emerson G. Escolar, Ken Nakashima, and Michio Yoshiwaki. On interval decomposability of 2D persistence modules. *Computational Geometry*, 105:101879, 2022.

[94] Hideto Asashiba, Emerson G. Escolar, Ken Nakashima, and Michio Yoshiwaki. Approximation by interval-decomposables and interval resolutions of persistence modules. *Journal of Pure and Applied Algebra*, 227(10):107397, 2023.

[95] Magnus Bakke Botnan, Steffen Oppermann, and Steve Oudot. Signed Barcodes for Multi-Parameter Persistence via Rank Decompositions. In *38th International Symposium on Computational Geometry*, pages 19:1–19:18, 2022.

[96] Benjamin Blanchette, Thomas Brüstle, and Eric J Hanson. Homological approximations in persistence theory. *Canadian Journal of Mathematics*, pages 1–24, 2021.

[97] 浅芝秀人. 圏と表現論：2-圏論的被覆理論を中心に. SGC ライブラリ 155. サイエンス社, 2019.

第 4 章 応用に有用な 3 つの理論

[98] Yu-Min Chung and Austin Lawson. Persistence curves: A canonical framework for summarizing persistence diagrams. *Advances in Computational Mathematics*, 48(1):6, 2022.

[99] Peter Bubenik. Statistical topological data analysis using persistence landscapes. *Journal of Machine Learning Research*, 16(3):77–102, 2015.

[100] Henry Adams, Tegan Emerson, Michael Kirby, Rachel Neville, Chris Peterson, Patrick Shipman, Sofya Chepushtanova, Eric Hanson, Francis Motta, and Lori Ziegelmeier. Persistence images: A stable vector representation of persistent homology. *Journal of Machine Learning Research*, 18(8):1–35, 2017.

[101] 赤穂昭太郎. カーネル多変量解析：非線形データ解析の新しい展開. 岩波書店, 2008.

[102] 福水健次. カーネル法入門―正定値カーネルによるデータ解析―. シリーズ・多変量データの統計科学 8. 朝倉書店, 2010.

[103] Genki Kusano, Yasuaki Hiraoka, and Kenji Fukumizu. Persistence weighted Gaussian kernel for topological data analysis. In *Proceedings of the 33rd International Conference on Machine Learning*, pages 2004–2013, 2016.

[104] Tam Le and Makoto Yamada. Persistence Fisher Kernel: A Riemannian Man-

ifold Kernel for Persistence Diagrams. In *Advances in Neural Information Processing Systems 31*, pages 10007–10018, 2018.

[105] Jan Reininghaus, Stefan Huber, Ulrich Bauer, and Roland Kwitt. A stable multi-scale kernel for topological machine learning. In *Proceedings of 2015 IEEE Conference on Computer Vision and Pattern Recognition*, pages 4741–4748, 2015.

[106] Christoph Hofer, Roland Kwitt, Marc Niethammer, and Andreas Uhl. Deep Learning with Topological Signatures. In *Advances in Neural Information Processing Systems 30*, pages 1633–1643, 2017.

[107] Mathieu Carrière, Frédéric Chazal, Yuichi Ike, Théo Lacombe, Martin Royer, and Yuhei Umeda. PersLay: A Neural Network Layer for Persistence Diagrams and New Graph Topological Signatures. In *Proceedings of the 23rd International Conference on Artificial Intelligence and Statistics*, pages 2786–2796, 2020.

[108] Manzil Zaheer, Satwik Kottur, Siamak Ravanbhakhsh, Barnabás Póczos, Ruslan Salakhutdinov, and Alexander J. Smola. Deep Sets. In *Advances in Neural Information Processing Systems 30*, pages 3391–3401, 2017.

[109] Frédéric Chazal, Brittany Terese Fasy, Fabrizio Lecci, Alessandro Rinaldo, and Larry Wasserman. Stochastic convergence of persistence landscapes and silhouettes. In *Proceedings of the 30th Annual Symposium on Computational Geometry*, pages 474–483, 2014.

[110] Sara Kališnik. Tropical coordinates on the space of persistence barcodes. *Foundations of Computational Mathematics*, 19(1):101–129, 2019.

[111] Bartosz Zieliński, Michał Lipiński, Mateusz Juda, Matthias Zeppelzauer, and Paweł Dłotko. Persistence codebooks for topological data analysis. *Artificial Intelligence Review*, 54(3):1969–2009, 2021.

[112] Erin W. Chambers, Jeff Erickson, and Amir Nayyeri. Minimum cuts and shortest homologous cycles. In *Proceedings of the 25th Annual Symposium on Computational Geometry*, pages 377–385, 2009.

[113] Chao Chen and Daniel Freedman. Hardness results for homology localization. *Discrete & Computational Geometry*, 45(3):425–448, 2011.

[114] Emerson G. Escolar and Yasuaki Hiraoka. Optimal cycles for persistent homology via linear programming. In *Optimization in the Real World, Toward Solving Real-World Optimization Problems*, pages 79–96, 2016.

[115] Ippei Obayashi. Volume-optimal cycle: Tightest representative cycle of a generator in persistent homology. *SIAM Journal on Applied Algebra and Geometry*, 2(4):508–534, 2018.

[116] Tamal K. Dey, Anil N. Hirani, and Bala Krishnamoorthy. Optimal homologous cycles, total unimodularity, and linear programming. *SIAM Journal on*

Computing, 40(4):1026–1044, 2011.

[117] Marcio Gameiro, Yasuaki Hiraoka, and Ippei Obayashi. Continuation of point clouds via persistence diagrams. *Physica D: Nonlinear Phenomena*, 334:118–132, 2016.

[118] Adi Ben-Israel and Thomas N. E. Greville. *Generalized Inverses: Theory and Applications*. CMS Books in Mathematics. Springer New York, NY, 2003.

[119] Adi Ben-Israel. A Newton-Raphson method for the solution of systems of equations. *Journal of Mathematical Analysis and Applications*, 15(2):243–252, 1966.

[120] Michael Moor, Max Horn, Bastian Rieck, and Karsten Borgwardt. Topological Autoencoders. In *Proceedings of the 37th International Conference on Machine Learning*, pages 7045–7054, 2020.

[121] Robin Vandaele, Bo Kang, Jefrey Lijffijt, Tijl De Bie, and Yvan Saeys. Topologically regularized data embeddings. In *The 10th International Conference on Learning Representations*, 2022.

[122] Rickard Brüel-Gabrielsson, Bradley J. Nelson, Anjan Dwaraknath, Primoz Skraba, Leonidas J. Guibas, and Gunnar Carlsson. A Topology Layer for Machine Learning. In *Proceedings of the 23rd International Conference on Artificial Intelligence and Statistics*, pages 1553–1563, 2020.

[123] Mathieu Carrière, Frédéric Chazal, Marc Glisse, Yuichi Ike, Hariprasad Kannan, and Yuhei Umeda. Optimizing persistent homology based functions. In *Proceedings of the 38th International Conference on Machine Learning*, pages 1294–1303, 2021.

[124] Michel Coste. *An introduction to o-minimal geometry*. Istituti editoriali e poligrafici internazionali Pisa, 2000.

[125] Alex J. Wilkie. Model completeness results for expansions of the ordered field of real numbers by restricted Pfaffian functions and the exponential function. *Journal of the American Mathematical Society*, 9(4):1051–1094, 1996.

[126] Damek Davis, Dmitriy Drusvyatskiy, Sham M. Kakade, and Jason D. Lee. Stochastic subgradient method converges on tame functions. *Foundations of Computational Mathematics*, 20(1):119–154, 2020.

[127] Christoph Hofer, Florian Graf, Bastian Rieck, Marc Niethammer, and Roland Kwitt. Graph Filtration Learning. In *Proceedings of the 37th International Conference on Machine Learning*, pages 4314–4323, 2020.

第 5 章 パーシステントホモロジーの応用

[128] Takenobu Nakamura, Yasuaki Hiraoka, Akihiko Hirata, Emerson G. Escolar, and Yasumasa Nishiura. Persistent homology and many-body atomic structure for medium-range order in the glass. *Nanotechnology*, 26(30):304001, 2015.

[129] Yasuaki Hiraoka, Takenobu Nakamura, Akihiko Hirata, Emerson G. Escolar,

Kaname Matsue, and Yasumasa Nishiura. Hierarchical structures of amorphous solids characterized by persistent homology. *Proceedings of the National Academy of Sciences*, 113(26):7035–7040, 2016.

[130] Emi Minamitani, Takuma Shiga, Makoto Kashiwagi, and Ippei Obayashi. Topological descriptor of thermal conductivity in amorphous Si. *The Journal of Chemical Physics*, 156(24):244502, 2022.

[131] Akihiko Hirata, Tomohide Wada, Ippei Obayashi, and Yasuaki Hiraoka. Structural changes during glass formation extracted by computational homology with machine learning. *Communications Materials*, 1(1):98, 2020.

[132] Adélie Garin, Teresa Heiss, Kelly Maggs, Bea Bleile, and Vanessa Robins. Duality in persistent homology of images. *arXiv:2005.04597*, 2020.

[133] Jaakko Sauvola and Matti Pietikäinen. Adaptive document image binarization. *Pattern Recognition*, 33(2):225–236, 2000.

[134] Johannes Schindelin, Ignacio Arganda-Carreras, Erwin Frise, Verena Kaynig, Mark Longair, Tobias Pietzsch, Stephan Preibisch, Curtis Rueden, Stephan Saalfeld, Benjamin Schmid, Jean-Yves Tinevez, Daniel James White, Volker Hartenstein, Kevin Eliceiri, Pavel Tomancak, and Albert Cardona. Fiji: an open-source platform for biological-image analysis. *Nature methods*, 9(7):676–682, 2012.

[135] Adélie Garin and Guillaume Tauzin. A topological "reading" lesson: Classification of MNIST using TDA. In *2019 18th IEEE International Conference on Machine Learning and Applications*, pages 1551–1556, 2019.

[136] Renata Turkeš, Jannes Nys, Tim Verdonck, and Steven Latré. Noise robustness of persistent homology on greyscale images, across filtrations and signatures. *PLOS ONE*, 16(9):1–26, 2021.

[137] Shizuo Kaji and Yohsuke Watanabe. Learning visual representation with synthetic images and topologically-defined labels. `https://github.com/shizuo-kaji/PretrainCNNwithNoData`, 2021. Accessed: 2022-05-10.

[138] Ashish Jaiswal, Ashwin Ramesh Babu, Mohammad Zaki Zadeh, Debapriya Banerjee, and Fillia Makedon. A survey on contrastive self-supervised learning. *Technologies*, 9(1), 2021.

[139] Ryan Steed and Aylin Caliskan. Image representations learned with unsupervised pre-training contain human-like biases. In *Proceedings of the 2021 ACM Conference on Fairness, Accountability, and Transparency*, page 701–713, 2021.

[140] Xinlei Chen, Haoqi Fan, Ross Girshick, and Kaiming He. Improved baselines with momentum contrastive learning. *arXiv:2003.04297*, 2020.

[141] Naoya Tanabe, Shizuo Kaji, Susumu Sato, Tomoo Yokoyama, Tsuyoshi Oguma, Kiminobu Tanizawa, Tomohiro Handa, Takashi Sakajo, and Toyohiro

Hirai. A homological approach to a mathematical definition of pulmonary fibrosis and emphysema on computed tomography. *Journal of Applied Physiology*, 131(2):601–612, 2021.

[142] Jian Sun, Maks Ovsjanikov, and Leonidas Guibas. A concise and provably informative multi-scale signature based on heat diffusion. *Computer Graphics Forum*, 28(5):1383–1392, 2009.

[143] Nan Hu, Raif M. Rustamov, and Leonidas Guibas. Stable and informative spectral signatures for graph matching. In *Proceedings of the IEEE Conference on Computer Vision and Pattern Recognition*, pages 2305–2312, 2014.

[144] Max Horn, Edward De Brouwer, Michael Moor, Yves Moreau, Bastian Rieck, and Karsten Borgwardt. Topological Graph Neural Networks. In *The 10th International Conference on Learning Representations*, 2022.

[145] Quoc Hoan Tran, Van Tuan Vo, and Yoshihiko Hasegawa. Scale-variant topological information for characterizing the structure of complex networks. *Physical Review E*, 100(3):032308, 2019.

[146] Saurabh Verma and Zhi-Li Zhang. Hunt For The Unique, Stable, Sparse And Fast Feature Learning On Graphs. In *Advances in Neural Information Processing Systems 30*, pages 88–98, 2017.

[147] Zhang Xinyi and Lihui Chen. Capsule Graph Neural Network. In *The 7th International Conference on Learning Representations*, 2019.

[148] Keyulu Xu, Weihua Hu, Jure Leskovec, and Stefanie Jegelka. How Powerful are Graph Neural Networks? In *The 7th International Conference on Learning Representations*, 2019.

[149] Christoph D. Hofer, Roland Kwitt, and Marc Niethammer. Learning Representations of Persistence Barcodes. *Journal of Machine Learning Research*, 20(126):1–45, 2019.

[150] Muhan Zhang, Zhicheng Cui, Marion Neumann, and Yixin Chen. An end-to-end deep learning architecture for graph classification. In *Proceedings of the 32nd AAAI Conference on Artificial Intelligence*, pages 4438–4445, 2018.

[151] Joseph Minhow Chan, Gunnar Carlsson, and Raul Rabadan. Topology of viral evolution. *Proceedings of the National Academy of Sciences*, 110(46):18566–18571, 2013.

[152] Sebastian Benzekry, Jack A. Tuszynski, Edward A. Rietman, and Giannoula L. Klement. Design principles for cancer therapy guided by changes in complexity of protein-protein interaction networks. *Biology Direct*, 10(1):1–14, 2015.

[153] Vsevolod Salnikov, Daniele Cassese, Renaud Lambiotte, and Nick S. Jones. Co-occurrence simplicial complexes in mathematics: identifying the holes of knowledge. *Applied Network Science*, 3(1):1–23, 2018.

[154] Ann E. Sizemore, Chad Giusti, Ari Kahn, Jean M. Vettel, Richard F. Bet-

zel, and Danielle S. Bassett. Cliques and cavities in the human connectome. *Journal of Computational Neuroscience*, 44(1):115–145, 2018.

[155] Ann E. Sizemore, Jennifer E. Phillips-Cremins, Robert Ghrist, and Danielle S. Bassett. The importance of the whole: Topological data analysis for the network neuroscientist. *Network Neuroscience*, 3(3):656–673, 2019.

[156] Mehmet Emin Aktas, Esra Akbas, and Ahmed El Fatmaoui. Persistence homology of networks: methods and applications. *Applied Network Science*, 4(1):61:1–61:28, 2019.

[157] Alan Hylton, Greg Henselman-Petrusek, Janche Sang, and Robert Short. Performance enhancement of a computational persistent homology package. In *2017 IEEE 36th International Performance Computing and Communications Conference*, pages 1–8, 2017.

[158] Ulrich Bauer. Ripser: efficient computation of Vietoris–Rips persistence barcodes. *Journal of Applied and Computational Topology*, 5(3):391–423, 2021.

[159] Shizuo Kaji, Takeki Sudo, and Kazushi Ahara. Cubical ripser: Software for computing persistent homology of image and volume data. *arXiv:2005.12692*, 2020.

[160] Michael Lesnick and Matthew Wright. Interactive visualization of 2-D persistence modules. *arXiv:1512.00180*, 2015.

[161] Tamal K. Dey and Tao Hou. Fast computation of zigzag persistence. In *30th Annual European Symposium on Algorithms*, pages 43:1–43:15, 2022.

第 6 章　本書のまとめと展望

[162] Justin M. Curry. *Sheaves, cosheaves and applications*. PhD thesis, University of Pennsylvania, 2014.

[163] Masaki Kashiwara and Pierre Schapira. Persistent homology and microlocal sheaf theory. *Journal of Applied and Computational Topology*, 2(1-2):83–113, 2018.

[164] Nicolas Berkouk and Grégory Ginot. A derived isometry theorem for sheaves. *Advances in Mathematics*, 394:108033, 2022.

[165] Nicolas Berkouk and François Petit. Ephemeral persistence modules and distance comparison. *Algebraic & Geometric Topology*, 21(1):247–277, 2021.

[166] Nicolas Berkouk and François Petit. Projected distances for multi-parameter persistence modules. *arXiv:2206.08818*, 2022.

[167] Jacob Leygonie, Mathieu Carrière, Théo Lacombe, and Steve Oudot. A gradient sampling algorithm for stratified maps with applications to topological data analysis. *Mathematical Programming*, pages 1–41, 2023.

[168] Arnur Nigmetov and Dmitriy Morozov. Topological optimization with big steps. *arXiv:2203.16748*, 2022.

[169] Ulrich Bauer, Michael Kerber, Jan Reininghaus, and Hubert Wagner. Phat –

Persistent Homology Algorithms Toolbox. *Journal of Symbolic Computation*, 78:76–90, 2017.

[170] Ulrich Bauer, Talha Bin Masood, Barbara Giunti, Guillaume Houry, Michael Kerber, and Abhishek Rathod. Keeping it sparse: Computing persistent homology revised. *arXiv:2211.09075*, 2022.

[171] Chao Chen and Michael Kerber. Persistent homology computation with a twist. In *Proceedings 27th European Workshop on Computational Geometry*, volume 11, pages 197–200, 2011.

[172] Nina Otter, Mason A. Porter, Ulrike Tillmann, Peter Grindrod, and Heather A. Harrington. A roadmap for the computation of persistent homology. *EPJ Data Science*, 6(1):17, 2017.

[173] Ulrich Bauer, Michael Kerber, and Jan Reininghaus. Distributed computation of persistent homology. In *2014 Proceedings of the Meeting on Algorithm Engineering and Experiments*, pages 31–38, 2014.

[174] Rodrigo Mendoza-Smith and Jared Tanner. Parallel multi-scale reduction of persistent homology filtrations. *arXiv:1708.04710*, 2017.

[175] Christoph Hofer, Roland Kwitt, Marc Niethammer, and Mandar Dixit. Connectivity-Optimized Representation Learning via Persistent Homology. In *Proceedings of the 36th International Conference on Machine Learning*, pages 2751–2760, 2019.

[176] Erik von Brömssen. Computing Persistent Homology in Futhark. In *Proceedings of the 9th ACM SIGPLAN International Workshop on Functional High-Performance and Numerical Computing*, pages 24–36, 2021.

[177] Simon Zhang, Mengbai Xiao, and Hao Wang. GPU-accelerated computation of Vietoris-Rips persistence barcodes. In *36th International Symposium on Computational Geometry*, 70:1–70:17, 2020

[178] Julián B. Pérez, Sydney Hauke, Umberto Lupo, Matteo Caorsi, and Alberto Dassatti. giotto-ph: A Python Library for High-Performance Computation of Persistent Homology of Vietoris-Rips Filtrations. *arXiv:2107.05412*, 2021.

[179] Ippei Obayashi. Stable volumes for persistent homology. *Journal of Applied and Computational Topology*, 2023.

[180] Benjamin Schweinhart. *Statistical Topology of Embedded Graphs*. PhD thesis, Princeton University, 2015. `https://mason.gmu.edu/~bschwei/`.

[181] Leonid Polterovich and Egor Shelukhin. Autonomous Hamiltonian flows, Hofer's geometry and persistence modules. *Selecta Mathematica. New Series*, 22(1):227–296, 2016.

[182] Leonid Polterovich, Egor Shelukhin, and Vukašin Stojisavljević. Persistence modules with operators in Morse and Floer theory. *Moscow Mathematical Journal*, 17(4):757–786, 2017.

[183] Leonid Polterovich, Daniel Rosen, Karina Samvelyan, and Jun Zhang. *Topological Persistence in Geometry and Analysis*. University Lecture Series. American Mathematical Society, 2020.

[184] Tomohiro Asano and Yuichi Ike. Persistence-like distance on Tamarkin's category and symplectic displacement energy. *Journal of Symplectic Geometry*, 18(3):613–649, 2020.

[185] Jun Zhang. *Quantitative Tamarkin Theory*. CRM Short Courses. Springer, 2020.

[186] Gunnar Carlsson. Topology and data. *Bulletin of the American Mathematical Society*, 46(2):255–308, 2009.

[187] Herbert Edelsbrunner and John Harer. *Computational topology: an introduction*. American Mathematical Society, 2010.

[188] Mikael Vejdemo-Johansson. Sketches of a platypus: persistent homology and its algebraic foundations. In *Stanford Symposium on Algebraic Topology: Applications and New Directions*, pages 295–320, 2014.

[189] Gunnar Carlsson and Mikael Vejdemo-Johansson. *Topological Data Analysis with Applications*. Cambridge University Press, 2021.

[190] Tamal K. Dey and Yusu Wang. *Computational Topology for Data Analysis*. Cambridge University Press, 2022.

[191] Henry Adams and Michael Moy. Topology applied to machine learning: From global to local. *Frontiers in Artificial Intelligence*, 4:668302, 2021.

[192] Masao Kimura, Ippei Obayashi, Yasuo Takeichi, Reiko Murao, and Yasuaki Hiraoka. Non-empirical identification of trigger sites in heterogeneous processes using persistent homology. *Scientific reports*, 8(1):1–9, 2018.

[193] Anna Suzuki, Miyuki Miyazawa, James M. Minto, Takeshi Tsuji, Ippei Obayashi, Yasuaki Hiraoka, and Takatoshi Ito. Flow estimation solely from image data through persistent homology analysis. *Scientific reports*, 11(1):1–13, 2021.

[194] Kevin Emmett, Benjamin Schweinhart, and Raul Rabadan. Multiscale topology of chromatin folding. In *Proceedings of the 9th EAI International Conference on Bio-inspired Information and Communications Technologies*, pages 177–180, 2016.

[195] Jonathan Jaquette and Benjamin Schweinhart. Fractal dimension estimation with persistent homology: a comparative study. *Communications in Nonlinear Science and Numerical Simulation*, 84:105163, 2020.

[196] Benjamin Schweinhart. Fractal dimension and the persistent homology of random geometric complexes. *Advances in Mathematics*, 372:107291, 2020.

[197] Benjamin Schweinhart. Persistent homology and the upper box dimension. *Discrete & Computational Geometry*, 65(2):331–364, 2021.

[198] Georg Wilding, Keimpe Nevenzeel, Rien van de Weygaert, Gert Vegter, Pratyush Pranav, Bernard J. T. Jones, Konstantinos Efstathiou, and Job Feldbrugge. Persistent homology of the cosmic web - I. Hierarchical topology in λCDM cosmologies. *Monthly Notices of the Royal Astronomical Society*, 507(2):2968–2990, 2021.

[199] Matteo Biagetti, Alex Cole, and Gary Shiu. The persistence of large scale structures. Part I. Primordial non-Gaussianity. *Journal of Cosmology and Astroparticle Physics*, 2021(04):061, 2021.

[200] Alex Cole and Gary Shiu. Topological data analysis for the string landscape. *Journal of High Energy Physics*, 2019(3):1–31, 2019.

付録 A　ホモロジーに関する補足

[201] Dmitry N. Kozlov. *Organized collapse: An introduction to discrete Morse theory*, volume 207 of *Graduate Studies in Mathematics*. American Mathematical Society, 2020.

付録 B　機械学習の速習

[202] 金森敬文. 統計的学習理論. 機械学習プロフェッショナルシリーズ. 講談社, 2015.

[203] 中山英樹, 二反田篤史, 田村晃裕, 井上中順, 牛久祥孝. 深層学習からマルチモーダル情報処理へ. AI/データサイエンス ライブラリ "基礎から応用へ" 3. サイエンス社, 2022.

付録 C　等長定理の証明の概略

[204] Ulrich Bauer and Michael Lesnick. Induced matchings and the algebraic stability of persistence barcodes. *Journal of Computational Geometry*, 6(2):162–191, 2015.

索　引

著者略歴

池　祐　一
いけ　ゆう　いち
2018 年　東京大学大学院数理科学研究科 数理科学専攻 博士課程修了
現　　在　九州大学 マス・フォア・インダストリ研究所 准教授，博士（数理科学）

エマソン・ガウ エスカラ
2016 年　九州大学大学院数理学府 数理学専攻 博士後期課程修了
現　　在　神戸大学大学院 人間発達環境学研究科 助教，博士（数理学）

大　林　一　平
おお　ばやし　いっ　ぺい
2010 年　京都大学大学院理学研究科 数学・数理解析専攻 数学系 博士後期課程修了
現　　在　岡山大学 AI・数理データサイエンスセンター 教授，博士（理学）

鍛　冶　静　雄
か　じ　しず　お
2007 年　京都大学大学院理学研究科 数学・数理解析専攻 数学系 博士後期課程修了
現　　在　九州大学 マス・フォア・インダストリ研究所 教授，博士（理学）

AI/データサイエンス ライブラリ "基礎から応用へ"=4

位相的データ解析から構造発見へ
パーシステントホモロジーを中心に

2023 年 9 月 10 日 ©　　　　　　　　初 版 発 行

著　者　池　祐一　　　　発行者　森平敏孝
　　　　E.G. エスカラ　　印刷者　山岡影光
　　　　大 林 一 平　　　製本者　小 西 惠 介
　　　　鍛 冶 静 雄

発行所　　株式会社　サ イ エ ン ス 社

〒 151–0051 東京都渋谷区千駄ヶ谷 1 丁目 3 番 25 号
営業 ☎ （03）5474–8500（代）　振替 00170–7–2387
編集 ☎ （03）5474–8600（代）
FAX ☎ （03）5474–8900

印刷　三美印刷（株）　　　　製本　（株）ブックアート

《検印省略》

サイエンス社のホームページのご案内
https://www.saiensu.co.jp
ご意見・ご要望は
rikei@saiensu.co.jp　まで．

ISBN978–4–7819–1580–7

PRINTED IN JAPAN